U0463476

京津冀协同发展视阈下
体育传统项目学校联动机制的
构建与实证研究

曲鲁平 著

天津社会科学院出版社

图书在版编目（CIP）数据

京津冀协同发展视阈下体育传统项目学校联动机制的构建与实证研究 / 曲鲁平著. -- 天津 ：天津社会科学院出版社，2021.1

ISBN 978-7-5563-0718-0

Ⅰ. ①京… Ⅱ. ①曲… Ⅲ. ①学校体育－体育教学－教学研究－华北地区 Ⅳ. ①G807.01

中国版本图书馆 CIP 数据核字(2020)第 265515 号

京津冀协同发展视阈下体育传统项目学校联动机制的
构建与实证研究
JING JIN JI XIETONG FAZHAN SHIYU XIA TIYU CHUANTONG XIANGMU
XUEXIAO LIANTONG JIZHI DE GOUJIAN YU SHIZHENG YANJIJU

———————————————————————————————

出版发行：天津社会科学院出版社
地　　址：天津市南开区迎水道 7 号
邮　　编：300191
电话/传真：（022）23360165（总编室）
　　　　　（022）23075303（发行科）
网　　址：www.tass-tj.org.cn
印　　刷：北京建宏印刷有限公司

———————————————————————————————

开　　本：787×1092　毫米　　　1/16
印　　张：20.25
字　　数：335 千字
版　　次：2021 年 1 月第 1 版　　2021 年 1 月第 1 次印刷
定　　价：68.00 元

———————————————————————————————

 版权所有　翻印必究

绪　　论

随着 2014 年京津冀协同发展上升为重大的国家发展战略、2015 年《京津冀协同发展规划纲要》的审议通过、2016 年国家体育总局《体育发展"十三五"规划》的出台、2016 年京津冀三地《深入推进京津冀体育协同发展议定书》的签署和 2017 年《京津冀青少年体育协同发展框架协议》的签署，京津冀协同发展和京津冀体育协同发展不断升温，京津冀体育协同发展相关问题成为国家领导人和体育工作者共同关注的话题。

体育传统校作为学校体育发展的重要载体，对我国体育事业的发展具有重要的推动作用。京津冀协同发展离不开体育协同发展，离不开体育传统校的协同发展，即京津冀体育传统校的协同发展对京津冀体育协同发展具有重要促进作用。在京津冀一体化背景下，北京市、天津市、河北省的体育传统校如何抓住机遇协同发展？如何在项目发展、竞技体育后备人才培养和学生体质健康促进方面形成京津冀区域特色？如何改变各自为战，实现各传统校的有效衔接，形成"1 + 1 + 1 ≥ 3"的功效？这些将是京津冀体育领域研究的重要理论与实践问题，也是京津冀体育传统校协同发展的内在要求。

本研究采用文献资料法、专家访谈法、调查法、数理统计法和案例研究法，从京津冀体育传统校协同发展的现状入手，分析影响其协同发展的因素，提出协同发展和联动机制构建的必要性；然后，运用机制理论构建京津冀体育传统校协同发展的联动机制，并分析其运行保障和实施举措；在此基础上，结合传统项目，从现状、联动机制和联动方案等方面，探讨京津冀排球传统校家校联动、京津冀田径传统校后备人才联动、京津冀健美操传统校体育教师培训联动和京津冀体育传统校快乐体操教学内容联动；最后，归纳总结京津冀体育传统校协同发展联动机制的实施构想和对策。本研究旨在为丰富京津冀体育协同发展和联动机制构建的理论体系，为京津冀体育传统校协同发展提供可操作的方案，为职能部门政策的制定提供参考和依据，进而促进京津冀体育协同发展的进程。研究结论如下：

联动机制的构建与实证研究

1. 京津冀体育传统校协同发展的调查研究

第一，京津冀有国家级和省(市)级体育传统校 658 所，其中包括国家级 67 所、省(市)级 591 所。北京、天津和河北各占 238 所(26、212)、222 所(22、200)和 198 所(19、179)。受经济因素的影响，区域内体育传统校呈阶梯状分布，北京最好，天津次之，河北省稍弱。

第二，京津冀体育传统校传统项目整体分布不平衡，共开展传统项目 34 个，田径最多(412 所)，篮球第二(251 所)，体操仅 1 所；区域分布，河北省最多(24 个)，北京和天津各 19 个。

第三，京津冀体育传统校训练队训练竞赛协同联动情况、体育教师培训交流、学生体育活动、体育资源等协同情况均有待进一步加强；体育教师对协同发展和联动持肯定态度，并认为加强制度建设、建立京津冀协同发展联动机制、加强体育教师交流、建立组织机构等能有效促进京津冀体育传统校的协同发展。

2. 京津冀体育传统校协同发展联动机制的构建研究

第一，京津冀体育传统校联动机制是指以京津冀体育传统校协同发展为目的，京津冀体育教育部门和体育传统校之间相互合作、联合行动的运行方式。联动机制的设计应遵循可持续发展原则、比较优势原则、动态性原则、务本性原则和创造性原则。

第二，京津冀体育传统校的协同发展离不开联动机制，需要从构造、功能与作用机理、形式与载体三个层面设计京津冀体育传统校联动机制。京津冀体育传统校协同发展联动机制行为人包括京津冀体育传统校协同发展委员会(制定者)、京津冀体育传统校协同发展小组(执行者)和各级体育传统校(参与者)。京津冀体育传统校联动机制的功能包括激励功能、制约功能和保障功能，三者相互作用、相互制约。京津冀体育传统校联动机制的形式与载体主要包括涉及激励标准和经费奖励的激励政策措施，涉及分权、制度、程序、权利的制约政策措施，涉及经费、师资、场馆保障政策和利益补偿政策的保障政策措施。

第三，京津冀体育传统校协同发展联动机制的实施举措，应以京津冀体育传统校为核心，既包括京津冀体育传统校与家庭的联动，又包括京津冀体育传统校后备人才培养的联动、京津冀体育传统校体育教师培训的联动和京津冀体育传统校教学内容的联动设计等；在具体实施过程中，应结合体育传统项目和不同类别、不同地区体育传统校的实际情况进行设计实施。

3. 京津冀体育传统校协同发展联动机制的案例实证研究

第一,京津冀国家级和省(市)级传统校的体育项目包括田径、篮球、足球、乒乓球、健美操等 34 个项目。其中,田径传统校最多,有 412 所(京津冀分别为 128、119、165),排球传统校 64 所(京津冀分别为 33、19、12),健美操传统校 37 所(京津冀分别为 27、1、9),体操传统校仅天津 1 所国家级。京津冀区域分布不均衡,体操项目传统校数量和规模与京津冀区域发展不协调。

第二,选取田径体能主导类、排球技能主导对抗类、健美操和体操技能主导难美类,从家校联动、后备人才培养、教师培训和快乐体操内容设计等入手,基于京津冀体育传统校联动机制,构建京津冀排球传统校家校联动机制、京津冀田径传统校后备人才培养联动机制、京津冀健美操传统校体育教师培训联动机制和京津冀小学快乐体操教学内容体系。

第三,研究设计的京津冀排球传统校排球夏令营和天津市小学排球传统校趣味运动会方案,京津冀田径传统校校际对抗赛和田径夏令营联动方案,京津冀健美操传统校体育教师培训方案和京津冀体育传统校快乐体操教学内容设计等为京津冀体育传统校联动提供可操作性和针对性的方案。

4. 京津冀体育传统校协同发展联动机制的实施构想与对策

第一,京津冀体育传统校协同发展联动机制的实施主要包括初期—基础建设、中期—利益主体之间的博弈与协商和后期—体育传统校联动机制的调整与推广三个阶段。

第二,京津冀体育传统校协同发展联动的对策,包括以机关—学校为核心的顶层设计,统筹管理;优化京津冀体育传统项目布局结构,拓宽人才输送渠道;建立政府为导向的政府购买京津冀体育传统校联赛服务机制;建立体育专业院校为中心的京津冀传统校体育教师培训机制;以市场为导向,让社会资源服务于京津冀体育传统校。

本研究的出版得到天津市高校中青年骨干创新人才项目资助和国家社会科学基金项目(15CTY010)资助。在撰写过程中得到刘洪俊(天津体育学院)、刘爱梅(山东体育学院)、钱长浩(天津体育学院)、靳庆伟(天津体育学院)、郭红(天津市和平区中心小学)、王召红(天津市滨海新区中部新城学校)等的大力支持,在此表示感谢!

鉴于作者水平有限,书中难免会出现许多不足,以及部分引用标注不够全面,恳请各位读者和专家批评雅正。

目　　录

第一章 导 论

第一节 问题的提出

一、选题依据

（一）京津冀协同发展为京津冀体育发展带来新的契机

2014 年，习近平强调京津冀协同发展作为重大的国家发展战略，是面向未来打造新的首都经济圈、推进区域发展体制机制创新的需要。2015 年，审议通过《京津冀协同发展规划纲要》，明确了京津冀整体和京津冀三地各自的发展定位、布局思路，部署了以有序疏解北京非首都功能为发展核心，以交通、生态、产业为率先突破领域，提出促进基本公共服务均等化作为推动京津冀协同发展的重要内容，初步完成顶层设计，至此，京津冀协同发展正式上升为国家战略。① 2016 年京津冀协同发展写入"十三五规划"，与"一带一路""长江经济带"并称我国三大战略，共同构建我国区域发展的新格局。十八届五中全会后，国家以创新、绿色、协调、开放、共享五大发展理念进一步布局三大区域发展战略。京津冀协同发展作为时代发展的产物，其协同发展意义重大。2017 年，党的十九大报告不仅把区域协调发展战略作为决胜全面建成小康社会要坚定实施的七大发展战略之一，而且提出"以疏解北京非首都功能为'牛鼻子'推动京津冀协同发展，高起点规划、高标准建设雄安新区"。2019 年，习近平在京津冀协同发展座谈会上提出，"京津冀如同一朵花上的花瓣，瓣瓣不同，却瓣瓣同心"。这些既显示了习近平对京津冀协同发展和推动区域协调发展的卓越战略思维，也彰显了国家领导人对京津

---

① 京津冀协同发展规划纲要［Z］.2015 - 4 - 30；孙久文.京津冀协同发展 70 年的回顾与展望［J］.区域经济评论，2019（4）：25 - 31.

冀协同发展的高度重视。

体育(Physical Education)作为一种复杂的社会文化现象,对社会发展具有深远的影响。随着国际化、信息化的不断推进,体育的发展规模和水平已经成为衡量一个国家和地区的重要指标。2008年第二十九届夏季奥运会在北京的成功举办、2017年第十三届全运会在天津的完美落幕,以及北京、张家口2022年冬奥会主办权的获得,不仅使与之相联系的高新技术、环保、旅游、金融、商业等行业得到了飞速发展,而且将京津冀自身发展和区域发展紧密地联系在一起。

2016年,国家体育总局出台《体育发展"十三五"规划》,提出积极推进京津冀等区域体育协同发展,构建区域体育协同发展的体制机制,促进京津冀区域在体育资源共享、制度对接、要素互补、待遇互认和指挥协同等方面的良性互动。① 同年,京津冀三地共同签署的《深入推进京津冀体育协同发展议定书》明确了京津冀三地的功能定位,在推动产业升级转移方面,加快产业转型升级,打造立足区域、服务全国、辐射全球的优势产业集聚区。可见,京津冀协同发展为京津冀区域体育发展带来了新的机遇,而京津冀体育协同发展又能有效促进京津冀协同发展。

(二)体育传统校发展对我国体育发展的重要作用

2015年,我国第一部《青少年体育蓝皮书》的颁布和《青少年体育"十三五"规划》的起草,彰显了国家对青少年体育工作的重视。为推动京津冀体育事业的共同发展,深入贯彻落实党的十九大精神和加快推进京津冀协同发展,2017年,京津冀三地再次签署了《京津冀青少年体育协同发展框架协议》。随着京津冀体育协同发展的不断提速和青少年体育工作的不断推进,如何促进京津冀体育协同发展和如何推动青少年体育工作的落实,既成为国家领导人关注的焦点,亦是研究者研究的热点。学校体育作为体育的组成部分,毫无疑问,在推动京津冀体育协同发展和青少年体育工作中承担着重要作用。

我国体育传统项目学校(以下简称"体育传统校")起源于20世纪60年代,兴起于80年代,自1983年由教育部和国家体育总局联合命名以来已有

---

① 国家体育总局发布《体育发展"十三五"规划》[Z].2016-7-13.

30 多年的历史。体育传统校是指有效实施素质教育,学校体育工作成绩突出,学生体质健康水平明显提高,严格执行国家体育与健康课程标准,学生体育活动具有特色,并至少在两个体育运动项目上形成传统,经体育、教育行政部门联合命名的普通中小学校和中等职业学校。2014 年,为进一步推动体育传统校的建设发展,发挥体育传统校在增强青少年体质健康和发掘培养体育后备人才方面的引领示范作用,促进青少年体育健康发展,国家体育总局、教育部修订了《体育传统校管理办法》。自命名以来,体育传统校在推动青少年体育活动、培养竞技体育后备人才、促进青少年体质健康、开展课余体育训练和推广学校传统项目,及体育事业和学校体育工作中具有不可替代的地位。[①] 据统计,京津冀现有国家级、省(市)级和地市级体育传统校 2000 余所,传统项目包括篮球、排球、田径、体操等几十个项目,各项目传统校在京津冀分别占有不同的比例。毫无疑问,京津冀体育传统校对京津冀体育事业的发展具有重要的推动作用。

(三)京津冀体育传统校协同发展对京津冀体育协同发展的促进作用及桎梏

体育传统校作为学校体育发展的重要载体,对我国体育事业发展具有重要的推动作用。随着京津冀协同发展和京津冀体育协同发展的不断升温,京津冀协同发展离不开体育协同发展,离不开学校体育协同发展,离不开体育传统校的协同发展,即京津冀体育传统校的协同发展对京津冀体育协同发展具有重要促进作用。协同理论是由德国物理学家哈肯提出的,主要分析调和系统中各要素之间的异同点,并使这些异同之处能和谐并存,达到整体优化的效果。其最基本的理论是支配控制原理,反映各子系统的协同过程与作用,反映各系统间如何发生作用,如何相互调节,从而达到系统整体优化的效果。基于协同理论,我们将京津冀体育传统校协同发展看作一个复杂的多层次的系统,该系统由多个既相互独立又相互联系的要素构成。京津冀体育传统校的整体发展水平是由京、津、冀区域体育传统校发展相互作用的结果所决定的。

---

① 杨铁黎.我国体育传统校的建立与发展[J].中国学校体育(高等教育),2014,1(5):1-6.

研究表明,京、津、冀各区域体育传统校发展和京津冀体育传统校协同发展过程均在不同层面出现了一些问题。从整体来看,京津冀三地区传统校数量较为均衡,但发展水平参差不齐,学校竞赛制度不够健全,传统项目结构不够合理,各层次交流较少;从师资力量和资源配置方面,河北省的体育传统校明显落后于北京和天津;从传统项目分布来看,河北省体育传统校的传统项目多于北京市和天津市,项目发展广度较好;从后备人才培养方面,依然是只重视传统强项,对新型项目拓展能力差;从组织管理方面,出现体育部门一头热的情况;在京津冀协同合作方面,京津冀体育传统校目前的教学培养模式和运行机制等方面依然处于"自扫门前雪"的状况,京津冀区域间和区域内传统校的协同数量、规模和形式较少,缺乏动力,组织管理和机制建设方面存在不足,尚未建立协同机制,不仅制约了京津冀体育传统校自身的发展,也制约了京津冀体育传统校的协同发展,不利于京津冀体育传统校长期的整体运行和提高。"单打独斗"的时代已然成为历史,京津冀体育传统校应充分发挥区域优势,"拧成一股绳"打造全国体育事业的标杆,共同开创区域发展的新里程。

在京津冀一体化背景下,北京市、天津市、河北省的体育传统校如何抓住机遇协同发展?如何在项目发展、竞技体育后备人才培养和学生体质健康促进方面形成京津冀区域特色?如何改变各自为战,实现各传统校的有效衔接,形成"1 + 1 + 1≥3"的功效?这些将是京津冀体育领域研究的重要理论与实践问题,也是京津冀体育传统校协同发展的内在要求。

(四)联动机制:为京津冀体育传统校协同发展提供路径

2015 年中共中央政治局审议通过了《京津冀协同发展规划纲要》,京津冀协同发展成为国家确立的一项重大战略决策,其主要内容包括要素市场一体化、公共服务一体化和体制机制协同发展。① 京津冀协同发展中,体制机制创新是关键,亟须构建一套新的体制机制来打破现有的"一亩三分地"的思维定式。同样,京津冀体育传统校协同发展的关键亦是体制机制的创新,亟须新的体制机制来构建协同发展的新格局。联动是指若干相关联的

---

① 刘秀晨,傅凡. 在"京津冀一体化"和"建设北京城市副中心"两大战略背景下加快京津冀生态功能区规划的联动实施[J]. 中国园林,2016,32(12):44 – 47.

事物,当某个事物运动或变化时,其他事物也跟着运动或变化,亦有"联合行动"之意。在京津冀协同发展的新形势下,京津冀体育传统校要形成合力,实现整体效应,需要京津冀三地建立联动,形成优势互补。同时,基于当今社会新形势和新任务的要求,为确保体育传统校教育功能的有效发挥,后备人才培养的提升和学生体质健康的促进,体育传统校要寻求社会、家庭等多方资源,与之互动联系,建立体育传统校与社会联动、体育传统校与家庭联动的基础。

机制是指系统的运行方式,在承认系统部分存在的前提下通过协调各部分关系,使其更好地发挥作用。京津冀体育传统校协同发展联动机制是指以京津冀体育传统校协同发展为目的的京津冀体育部门、体育传统校之间和相互之间联合行动的运行方式。该联动机制所要解决的主要问题就是运用联动方式和机制合理配置京津冀区域内体育传统校的师资力量、资源配置、课程设计,协调社会、家庭等各方力量,形成合力,以实现后备人才培养、学生体质健康促进、学生课余体育训练开展和传统项目推广的整体功能,促进京津冀体育传统校的协同发展。

(五)丰富与完善京津冀体育传统校协同发展联动机制的理论体系与实践需求

针对区域经济发展的需求,创新性地提出京津冀协同发展的国家战略,反映了我们党对社会发展和区域协调发展认识的深化,是区域发展理论和实践的重大创新和突破。京津冀体育传统校的发展,虽然取得了一定的成绩和丰富的经验,但是在组织管理、资源共享、协调发展等方面仍存在问题,尚未建立协同发展的联动机制。因此,在京津冀协同发展的背景下,京津冀体育传统校不能停留在各自为政的层面,必须与时俱进,顺应时代发展需要,形成京津冀体育传统校协同发展的新格局。本研究针对京津冀体育传统校协同发展的相关问题进行系统分析,阐释京津冀体育传统校协同发展联动机制的内涵和构建的必要性,构建京津冀体育传统校协同发展的联动机制,有助于丰富京津冀体育传统校协同发展联动机制的理论体系;以家校联动、后备人才培养、快乐体操等为切入点,基于排球、田径、体操等项目设计联动方案,促进体育传统校功能的发挥和可持续发展,为相关政策的制定提供参考,进一步推动京津冀体育协同发展。

二、研究目的与意义

(一)研究目的

第一,调查分析京津冀体育传统校协同发展的现实状态。通过调查京津冀体育传统协同发展的现状,分析各自的优势与不足,为京津冀体育传统校协同发展联动机制的构建提供基础和依据。

第二,构建京津冀体育传统校协同发展的联动机制。在分析京津冀体育传统校协同发展联动机制建立的必要性的基础上,基于协同发展理论和机制设计理论,从联动机制的构造、联动机制的功能与作用机理、联动机制的形式与载体等方面构建京津冀体育传统校协同发展联动机制。

第三,以传统项目为载体,采用案例实证研究,深入剖析制约京津冀不同项目体育传统校协同发展的问题,提出有针对性和可操作性的联动方案,推动京津冀体育传统校的健康、可持续、协同发展。

(二)研究意义

第一,本研究立意于京津冀协同发展的时代背景和我国体育改革的转型期,符合国家、省市、地区和学校发展的需求,促进京津冀体育工作的协同发展,具有一定的时代性和社会适应性。

第二,本研究试图解决目前体育传统校各自为战、缺少衔接和联动的发展瓶颈,有利于促进体育传统校的协同、可持续发展,实现传统校在培养后备人才、提升青少年体质和推广体育传统项目等方面的"1＋1＋1≥3"的功效,彰显研究成果的实践价值。

第三,以项目为载体,探讨京津冀排球、田径、体操、健美操等传统校的联动机制,对促进体育项目发展,及"一校一品"工程的开展落实具有重要的现实意义。

第四,研究成果。理论上,可以丰富京津冀体育协同发展和联动机制的理论体系;实践上,为京津冀体育传统校协同发展的实践提供科技支撑,彰显研究成果的社会价值;同时,本研究的研究路径和方法可为其他地区体育传统校协同发展提供参考。

第二节 文献综述

一、关于京津冀协同发展的相关研究

(一)京津冀区域协同发展的研究

早在 20 世纪 80 年代,我国学术界就针对京津冀区域内部的合作、交流与发展进行了初步的探讨。80 年代中期,作为试点京津冀地区开展全方位的国土整治工作,并在跨区域的交通设施建设、生态环境治理等方面取得效果,为后期区域合作奠定基础。21 世纪初,国家发改委结合北京市新的功能定位和天津市滨海新区的建设,举办京津冀区域合作论坛,提出了公共基础设施、资源和生态环境保护、产业和公共服务等方面加速一体化进程的愿望。与此同时,学术界对京津冀区域合作的研究进入活跃期①,其主要观点如下:"产业合作"观点认为②,实现产业是京津冀协同发展的关键所在。首先,京津冀区域间要打破各自为政的观念;其次,发挥各自优势,重构产业布局;最后,推进软件和硬件建设,同时注重加强生态环境的建设。"协作机制"论认为③,要实现京津冀协同发展,首先,构建区域利益的共享分配机制,建立京津冀合作共赢、利益共享的分配机制;其次,强化区域生态补偿机制,建立长效生态补偿机制,在顶层设计方面要建立严格的约束管理机制。"利益分配"观点认为④,京、津、冀三地需要树立合作共赢的政治观念,建立利益分配机制的协同组织;注重协同发展的顶层设计,建立利益分配和补偿机制;打破既得利益格局,推动生产要素跨区域自由流动。

关于京津冀产业协同发展的研究。杨光宇指出⑤,在京津冀区域一体化

---

① 刘勇,李仙.京津冀区域协同发展的若干战略问题[N].中国经济新闻网.2014 – 10 – 8.

② 赵钊.京津冀协同发展关键在产业合作[J].海内与海外,2014,(7):7 – 9.

③ 梁昊光.环京津地区的生态补偿与生态协同机制[J].科技导报,2014,(26):12.

④ 宋迎昌.京津冀协同发展相关研究文献综述[J].城市,2016(2):21 – 25.

⑤ 杨光宇.区域一体化视角下的京津冀产业协同发展研究[D].兰州大学,2015.

的大背景下,市场经济依然是当下主流的经济发展模式。时刻保持新的经济增长点,利用京津冀地区的资源和政策的优势,创新经济模式,不断寻找新的经济发展动力,强调"协同"和"全面协调可持续"的经济发展原则。在京津冀区域合作的基础上要辐射全国,加强与周边地区甚至全国各个领域各个地区之间的经济合作,让经济发展不再受到地域的限制,不单单只是京津冀地区城市的发展和建设,更带动全国省市的协同发展。孙虎、乔标强调①,目前的京津冀产业存在价值取向单一、市场无活力、承接转移能力差的现实困境,必须在未来建立利益共享和生态补偿机制,并积极培育新兴产业。

关于京津冀协同发展现状的研究。魏进平等②从学术界、京津冀三地政府、中央政府三个层面回顾了京津冀协同发展史,分析了目前京津冀协同发展的困境,提出明确区域功能定位、建立顶层协调机制、采用区域考核评价和加强区域人才交流四大解决途径。薄文广等认为③,京津冀协同发展面临的最大挑战是三地产业结构差异大、发展差距大、没有协同发展组织机制。柳天恩认为④,京津冀协同发展有利于三地各自发展和三地协调,但现实问题是区域发展不均衡和生态破坏严重等,必须通过功能定位、优化空间、加强三地联动和构建协调机制作为解决手段。杨志荣指出⑤,京津冀协同发展不仅是三地经济发展问题,其目标应涉及经济、社会、自然环境和政府工作等多个层级;京津冀协同发展不是区域空间的整合优化和行政区的重组划分,应将重点置于因经济要素飞速流动和社会高度开放而产生的社会及市场空间里来促进区域整体发展;京津冀协同发展不只局限于三地政策上的政府合作,以各地方的自身需求为基点进行考虑,应是采取共同行为的过程;京津冀协同发展不是政策手段超越竞争博弈进行合作就能实现的,而是

① 孙虎,乔标.京津冀产业协同发展的问题与建议[J].中国软科学,2015,(7):68-74.

② 魏进平,刘鑫洋,魏娜.京津冀协同发展的历程回顾、现实困境与突破路径[J].河北工业大学学报(社会科学版),2014,(2):1-6+12.

③ 薄文广,陈飞.京津冀协同发展:挑战与困境[J].南开学报(哲学社会科学版),2015,(1):110-118.

④ 柳天恩.京津冀协同发展:困境与出路[J].中国流通经济,2015,(4):83-88.

⑤ 杨志荣.京津冀协同发展问题研究综述[J].中共青岛市委党校.青岛行政学院学报,2015(6):44-49.

通过实现自我变革、创新和再造,铸就更完善的协同组织形式。

关于京津冀协同发展机制方面的研究。寇大伟强调①,京津冀地区协同发展是绿色的发展,是全面协调可持续的发展,既是阶段性的发展也是全面的发展,但是在这个发展中也存在一定的问题。毛汉英指出②,京津冀协同发展战略的实施,要依据当前不同发展阶段、不同协同发展目标和任务,将人文—经济地理学的自然科学与社会科学的交叉学科优势发挥出来,机制创新的引领作用有待加强,深入研究区域政策保障作用,使各类政策的协同配套程度和可操作性得到提高,这些都是我们今后要努力的方向。赵国钦等提出③,将财政合作纳入京津冀协同发展的顶层设计,突出财政的基础和支柱作用,京津冀由"财政竞争"转向"财政合作",以"财政合作"促进"行政合作"。王雪莹从协同理论研究入手④,提出了构建以动力机制为主,辅以保障机制的区域协同发展机制,分析当前京津冀协同发展机制等方面的内容,并提出对策建议。

关于京津冀协同发展战略方面的研究。孙久文等认为⑤,北京"以疏解促提升"、天津及河北"以吸收促整合"是京津冀协同发展的基本定位;政府、社会组织等多方力量共同出面推动京津冀协同发展,以实现区域间最大限度的资源优化配置。上官珮茹指出⑥,从"京津冀一体化"再到"大北京市"最后到"京津冀经济圈",在扩充区域的同时,也在实现资源的共享。京津冀地区既是经济发展中心,又是政治发展重心,从先进政策的推广到模块化的实现,如设立的雄安新区,创新性地将京津地区的产业向河北省转移,实现资源共享的同时,也解决京津地区人口压力的问题,这种合作关系突破了区

① 寇大伟.京津冀协同发展现状、问题与对策——基于区域协调机制的视角[J].城市观察,2014(3):89-96.

② 毛汉英.京津冀协同发展的机制创新与区域政策研究[J].地理科学进展,2017,36(1):2-14.

③ 赵国钦,宁静.京津冀协同发展的财政体制:一个框架设计[J].改革,2015,(8):77-83.

④ 王雪莹.基于协同理论的京津冀协同发展机制研究[D].首都经济贸易大学,2016.

⑤ 孙久文,原倩.京津冀协同发展战略的比较和演进重点[J].经济社会体制比较,2014(5):1-11.

⑥ 上官珮茹.京津冀协同发展战略探讨[J].发展研究,2015(4):60-63.

域之间的限制,在大政策的指引下,京津冀地区协同合作,共同规划和发展。

关于京津冀协同发展的实现路径方面有"梯次推进""双城联动"和"首都核心"三种较有代表性的观点。"梯次推进"观点认为,京津冀协同发展要以北京为主、天津为辅,河北作为腹地,从环首都圈梯次推进合作,逐渐辐射京津冀全域,最终实现京津冀整个区域的高水平、一体化与可持续发展。①"双城联动"观点认为,推进京津冀协同发展的突破口是北京和天津的双城联动。在京津冀协同发展的过程中,北京要发挥其政治和文化中心的核心功能和科技与人才优势;天津在加快自身经济建设的同时,积极寻求与北京的互动发展,通过港口功能带动京津冀经济发展;河北应立足自身发展,强化经济实力,积极融入京津发展体系,承接京、津两地的产业转移。②"首都核心"观点认为,推进京津冀协同发展,必须发挥北京的核心引领作用,疏解北京的非首都核心功能,提升其城市影响力和控制力,进行产业技术的区域扩散转移,带动北京周边及河北大中小城市的发展。③ 以上三类观点对京津冀协同发展的认同具有一致性,但是在实现路径的认识方面存在差异,大致分为北京核心引领作用、京津互动和京津冀平等协商并适当向弱势方河北倾斜几方面。

上述研究主要发表于 2014 年以后,可见自 2014 年京津冀协同发展上升为国家战略之后,京津冀协同发展成为研究者关注的热门话题,其研究思路和研究成果为本研究选题和思路形成提供了理论支撑。毫无疑问,京津冀协同发展是我国现阶段发展形势下的必然产物,是实现华北地区经济、政治、文化崛起的必由之路,也是提升区域整体竞争力乃至国家竞争力的重要途径。京津冀协同发展自 20 世纪 80 年代至今,已经历了 40 年左右的风雨历程,通过国家战略部署、政策调控和各级人士的大力推动,发现问题、解决问题,政府关注度和人民执行力也得到了有效提高。诚然,京津冀协同发展进程中依然存在着这样那样的缺陷和漏洞,主要集中在区域发展不平衡、资源配置不均等、各地方并未完全打破"一亩三分地"的传统思维模式和仍存在较为突出的地域差异,但是只要各区域政府求同存异、各领域相关人员齐

① 余钟夫,胡睿宪.浅谈京津冀区域的合作发展[J].前线,2014(6):35-37.
② 杨东方.重置利益格局促进京津冀协同发展[J].求知.2015(1):51-53.
③ 杨开忠.京津冀大战略与首都未来构想——调整疏解北京城市功能的几个基本问题[J].前沿,2015(1):72-83+95.

头并进、人民群众坚持不懈,京津冀协同发展进程将会大踏步式前进,对中华民族伟大复兴的中国梦的实现,将是一股巨大的推动和示范力量,是一座新的里程碑。

(二)京津冀教育协同发展的研究

京津冀协同发展为区域教育事业的发展带来了新契机,同样,京津冀教育协同发展对京津冀协同发展起着重要的推动作用。随着京津冀协同发展战略的提出,其教育协同发展成为研究者关注的热点。关于京津冀教育协同发展的研究,不同学者从不同角度展开,取得较为丰硕的成果,为本研究提供了参考。

有的学者从宏观角度对京津冀教育协同发展进行研究。李孔珍提出[①],京津冀教育协同发展中,集中模式、契约模式和自主模式在不同层面发挥着不同的作用,相互补充,缺一不可。京津冀教育协同发展要厘清中央和京津冀三地各层面的关系,促进政府、学校、企业和个体共同参与。薛二勇指出[②],京津冀协同发展的政策内涵包括政策目标、政策手段和政策结果三个方面。针对目前存在的问题,建议加强顶层设计、建立基础教育均衡协同机制、建设高等教育协同发展体系等。李军凯提出[③],京津冀教育实现了一些资源共享与交流活动,但是仅停留在初级阶段,建议以顶层设计为统领、长远共赢发展为原则,建立政府主导下的合理清晰的协同发展策略与机制。另外,郑国萍、高兵等从京津冀教育协同发展供需矛盾、发展路径和发展战略等方面进行探讨[④],认为京津冀财政性教育经费投入悬殊、职业教育结构与区域产业结构不适应、高等教育结构布局不均等导致京津冀教育不均衡,

---

① 李孔珍,张琦.京津冀教育协同发展的三种管理模式研究[J].首都师范大学学报(社会科学版),2016(4):119 – 127.

② 薛二勇,刘爱玲.京津冀教育协同发展政策的构建[J].教育研究,2016,37(11):33 – 38.

③ 李军凯,刘振东.京津冀教育协同发展的现状、问题与对策[J].北京教育(高教),2018(3):20 – 23.

④ 高兵.京津冀教育协同发展的现代化路径探索[J].教育理论与实践,2015,35(22):16 – 20;桑锦龙.推进京津冀教育协同发展的战略性思考[J].教育科学研究,2016(4):16 – 21;郑国萍,陈国华.京津冀教育协同发展供需矛盾及应对策略[J].河北师范大学学报(教育科学版),2017,19(4):95 – 100.

建立多方协调的运作体系和高端引导的现代治理机制是京津冀教育协同发展的现代化路径。上述学者从京津冀教育协同发展的现状、管理模式、发展政策和发展路径等方面展开研究,提出加强顶层设计、加强资源共享等举措。

有的学者对京津冀基础教育协同发展进行研究。曹浩文提出①,基础教育协同发展在京津冀协同发展中具有基础性和先导性地位,但是目前京津冀基础教育差距较大,河北省在基础教育和学前教育阶段师生比低于京津地区。建议建立京津冀基础教育协同发展监测与评价机制、建立约束机制、完善区域教育合作机制、创新财政机制。肖庆顺指出②,推动京津冀基础教育协同发展是京津冀教育协同发展的重要内容,针对目前在资源配置、教育师资等方面的差异,提出在坚持开放合作、分层推进、优势互补的原则,建立顶层规划设计协同机制、组织和保障机制等,推进京津冀基础教育协同发展。靳昕指出③,京津冀基础教育协同发展"四维一体"机制体系:建立帮扶协调机制,加强顶层设计;形成合作共享机制,强化优势互补;共筑多元承接机制,促进三地联动;完善跨区监测评估机制,制定统一标准。曹瑞等提出④,开展跨区域质量监测能有效推进京津冀基础教育协同发展,建议建立以发挥政府主导推动作用,成立跨区域基础教育质量监测机构,以专项项目为载体和抓手的质量监测体系。

有的学者对京津冀高等教育协同发展进行研究。梁旭⑤结合当下京津冀高等教育资源存在的问题,提出京津冀高等教育资源优化配置的路径,建立多方协调的三级运作体系,建立高端引导的现代治理机制,建立现代化高等教育资源优化配置方式,促进京津冀高等教育与区域经济的共同发展。

---

① 曹浩文,李政.京津冀基础教育协同发展:定位、现状与对策[J].上海教育科研,2017(5):13-17+8.

② 肖庆顺,张武升.京津冀基础教育协同发展的政策研究[J].北京师范大学学报(社会科学版),2017(2):5-14.

③ 靳昕,史利平.京津冀基础教育协同发展运行机制研究[J].中国教育学刊,2017(12):14-19.

④ 曹瑞,郑彩华,郭滇华.以跨区域质量监测推进京津冀基础教育协同发展[J].教育科学研究,2018(1):43-46.

⑤ 梁旭,吴星,张凝宁.京津冀协同发展视域下的高等教育资源优化配置[J].教育与职业,2016(13):27-31.

张连春指出①,京津冀高等教育协同发展存在区域合作整体规划不到位、区域发展基础不平衡、资金共享渠道不畅、合作共赢的局面尚未形成等问题。建议加强政府之间的顶层设计,协调联动各地优势,优化整合各区域优质高教资源,实现京津冀高教互利共赢的新局面。另外,杨振军、田汉族、胡莹等②,从京津冀高等教育合作制度、协同发展格局和协同发展内在动力等方面进行研究。冯赵建、冯晶等③分别从师资协同发展路径和平台建设方面对京津冀高校创业教育进行研究。曹雪宏和胥佳慧④,以京津冀协同发展为背景,分别对河北省高等教育发展对策和河北省高校创新创业教育进行研究,这说明随着京津冀协同发展的推进,河北省的高校教育研究逐渐引起了学者的关注。

上述研究分别从不同视角、不同层面对京津冀教育协同发展、京津冀基础教育协同发展和京津冀高等教育协同发展等方面展开,为本研究设计奠定了理论基础和依据。研究表明,第一,京津冀教育协同发展成为研究者关注的热点,越来越多的学者开展研究;第二,加强顶层设计,建立组织机制、保障机制和运行机制;优势互补,实现资源共享等是京津冀教育协同发展的重要路径。

(三)京津冀体育协同发展的研究

京津冀协同发展不仅为京津冀教育发展带来了契机,也为体育协同发

① 张连春,付秀芬,夏建军.京津冀高等教育协同发展机制研究[J].河北经贸大学学报(综合版),2016,16(2):89 – 92 + 104.

② 杨振军.推动形成京津冀高等教育协同发展新格局[J].中国高等教育,2017(8):52 – 54;田汉族,王超.京津冀高等教育合作困境的制度分析[J].首都师范大学学报(社会科学版),2016(5):122 – 132;胡莹."双一流"建设为京津冀高等教育协同发展提供内在动力[J].教育现代化,2018,5(18):169 – 170.

③ 冯赵建,高鑫娣,崔亿久.京津冀高校创业教育师资协同发展路径研究[J].教育评论,2018(4):65 – 67 + 95;冯晶,韩新宝.京津冀协同发展背景下的高校创业教育实践平台建设[J].中国成人教育,2018(4):115 – 117.

④ 曹雪宏.京津冀协同发展背景下河北省高等教育发展对策研究[D].河北科技大学,2018;胥佳慧等.基于SWOT分析的京津冀协同发展背景下河北高校创新创业教育研究[J].产业与科技论坛,2018,17(9):126 – 127.

展和学校体育教育发展提供了新的舞台。①

关于京津冀体育协同发展的研究刚刚起步,相关研究较少。马道强等②运用协同理论提出,京津冀体育协同发展应加强体育部门与教育部门的合作、高校积极引进高水平的运动队、加强体育科研与实际教学的结合,京津冀地区的体育院校应加强合作,进行优势互补;适当调整专业,发挥资源优势。李燕提出③,京津冀在体育经费、体育组织、体育锻炼与活动、体育场组织方面都存在着巨大的差异,并通过京津冀地区城乡体育资源整合发展的区位的优劣势分析,指出京津冀地区城乡体育资源整合发展的区位所面临的机遇和挑战。魏秀芳指出④,雄安新区的设立,为京津冀体育一体化发展提供了巨大的历史机遇,建议利用机遇,贯彻全民建设战略、制定产业联动政策、整合体育资源、发展优势产业以及优化产品和服务供给的集群化发展对策。

有的学者对京津冀体育产业协同发展方面进行了研究,如陈静飞提出⑤,京津冀区域体育休闲市场的发展应建立协同发展模式,使区域内体育休闲市场能够达到优势互补、协调发展;在鼓励区域间自我协调的同时,设立专门的协调机构。陈晓丹⑥结合雄安新区建设的战略意义和京津冀体育产业一体化面临的困境提出,抓住北京市非首都功能体育产业转移的机遇,推进其均衡发展;抓住全国及国际创新要素和资源集聚的机遇,促进产业结构升级;抓住行政体制改革和政策利好机遇,建立完善京津冀体育产业一体化发展的体制机制。另外,李燕认为⑦,京津冀体育场地设施的分布存在严

①　曲鲁平,钱长浩,刘艳明,靳庆伟,李昂,王健.京津冀体育传统项目学校协同发展联动机制的研究[J].武汉体育学院学报,2017,51(05):74 - 79.

②　马道强,许风洪.京津冀体育协同发展研究[J].体育文化导刊,2015(11):1 - 4.

③　李燕,孙志宏,胡海涛.京津冀地区城乡体育协同发展现状及对策研究[J].吉林体育学院学报,2016,32(1):39 - 44.

④　魏秀芳.雄安新区建设促进京津冀体育一体化发展研究[J].广州体育学院学报,2017,37(5):15 - 19.

⑤　陈静飞,袁书娟,许晓峰.基于京津冀区域论述体育休闲业协同发展[J].湖北体育科技,2016,35(10):862 - 864 + 940.

⑥　陈晓丹.雄安新区建设背景下京津冀体育产业一体化发展研究[J].南京体育学院学报(社会科学版),2017,31(4):38 - 44.

⑦　李燕.京津冀全民健身公共服务协同发展的路径选择[J].武汉体育学院学报,2016,50(9):17 - 21.

重的不足且不均衡,且河北的质量层次和服务水平与京津两地差异明显,因此应打破区域壁垒,三地联合,携手推进多元供给新模式。

关于京津冀一体化为背景下学校体育方面的研究较少。刘崇磊[①]则在京津冀一体化背景下,提出"京津冀体院联盟计划"的合作模式,认为京津冀四所体育专业院校应该资源共享、合作共赢。孔一凡对京津冀地区普通高等院校社会体育专业游泳课程设置进行研究。[②] 朱静静[③]通过对京津冀地区体育院校啦啦操运动开展的调查,提出了学校领导重视、加大经费投入、加强体育师资培训和搭建交流平台等发展策略。曲鲁平等[④]从协同视阈的角度提出京津冀学校体育现代化建设的路径,进行京津冀学校体育现代化顶层设计,建立京津冀学生体质健康促进学校—家庭—社区共建模式;以体育特色项目为抓手,加强京津冀"一校一品"校本课程开发;以体育教师胜任力特征为导向,构建京津冀体育教师培训机制;以政策为杠杆,促进京津冀体育场馆资源优化配置与共享。上述研究亦为本研究提供了新的视角和思路。

需要指出,梁捍东、马昆、王海涛、陈静飞等基于京津冀协同发展的背景[⑤],对河北省体育产业发展、河北省公共体育服务均等化发展、河北省体育人才培养模式和河北省体育旅游业展开研究。这表明,京津冀协同发展对河北省体育事业的发展具有重要推动作用,相关问题也是研究者亟待解决的课题。

---

① 刘崇磊.京津冀一体化背景下三省市体育院校合作模式研究[J].科教导刊(中旬刊),2012,(6):211 – 212.

② 孔一凡.京津冀地区普通高等院校社会体育专业游泳课程设置与实践[D].北京体育大学,2013.

③ 朱静静.京津冀地区体育院校啦啦操运动的开展及其发展策略[D].首都体育学院,2017:34 – 37.

④ 曲鲁平,裴珊,杨元博等.协同发展视阈下京津冀学校体育现代化建设的路径分析[J].体育文化导刊,2018(6):142 – 146.

⑤ 梁捍东,郭清梅.京津冀协同创新视阈下的河北省体育产业发展探析[J].河北体育学院学报,2016,30(3):24 – 28;马昆,原儒建,赵凤萍.京津冀协同发展背景下河北省公共体育服务均等化发展的对策研究[J].河北北方学院学报(社会科学版),2017,33(2):106 – 108 + 112;王海涛,杜洁.京津冀协同发展背景下河北省体育人才培养模式研究[J].河北师范大学学报(自然科学版),2015,39(3):273 – 276;陈静飞,袁书娟,王磊.京津冀协同发展中河北体育旅游业研究[J].体育文化导刊,2016(12):134 – 137.

上述研究表明:第一,体育作为教育的重要组成部分,京津冀体育协同发展和学校体育协同发展作为京津冀教育协同发展和京津冀协同发展的重要内容,越来越多的学者关注其相关领域的发展。第二,上述研究多从宏观和理论上对京津冀体育协同发展、体育产业和学校体育协同发展进行了研究,实践研究较少,虽然为京津冀体育协同发展提供了理论支撑,但尚缺少针对性和可操作性的实施路径和方案。第三,京津冀体育协同发展刚刚起步,相关理论和实践研究仍处于探索阶段,需要学者进一步研究和探讨。

二、关于京津冀体育传统项目学校的相关研究

(一)我国体育传统校的研究

随着国家体育总局对体育传统校的命名,许多学者从不同角度对体育传统校展开研究。

关于我国体育传统校现状的研究。该研究主要基于文献资料法和问卷调查法,对我国体育传统校进行现状调查,分析存在的问题,并提出改进和发展的对策。方吉泉指出①,我国体育传统校有着较为悠久的历史,体育传统校虽在接近60年的发展和规划中不断进步,但是仍然存在相应的问题,尤其是在人才培养模式和训练管理两个方面,思维过于陈旧。赵德勋指出②,当前体育传统校面临着严峻的师资问题,教师教练水平存在严重问题,且人数也在逐渐减少,建议加强入职教练的专业技能的培训和深造学习,同时要面向社会吸收更多的新生资源到体育传统校的教师队伍中来。郭晓伟指出③,我国体育传统校为我国体育事业做出巨大贡献,培养了一大批出色的后备人才。体育传统项目的学校应以培养体育后备人才为目标,以提升学生综合体制为教学原则,以为我国体育事业的发展为主要追求。

---

① 方吉泉.我国体育传统校近十五年的发展研究[J].成都体育学院学报,2005(4):112-114.

② 赵德勋,黄玉山.我国体育传统校研究综述[J].中国学校体育,2007(3):12-15.

③ 郭晓伟,张龙在.浅析我国体育传统校发展历程与研究现状[J].体育时空.2013,12(1):78-80.

关于体育传统项目校管理与发展策略的研究。李相如指出①,我国体育传统校对其项目的发展起着一定的先进性和示范性作用,形成了一定的人才培养机制体系。建议与地方业余体校、体育运动学校以及专业运动队等组织建立了良好合作关系;同时,建筑和完善连接小学、初中、高中的"一条龙"式的培养训练系统,建立起后备人才培养网络。包云等②提出体育传统项目发展的建议,第一,在宏观上秉持"体教结合"的核心思想,明确学校的教育准则完善相应的教育教学机制和学校相关的规章制度;第二,重视社会力量和市场的组织作用,制定明确的管理机制和审查制度;第三,在细节方面,要革新教育思维,拓宽教育渠道。惠陈龙等在《我国体育传统校的管理现状分析:成效、问题与对策》一文③中指出,我国体育传统校在发展过程中虽然取得了可喜的成绩,但仍存在很多不足,并提出应出台体育项目传统学校的扶持政策,完备体育传统校的各项工作,坚持普及与提高并重的原则。另外,田丁吉采用问卷调查法对全国体育传统校体育师资培训进行了现状调查④,史学智构建了国家级体育传统校评分标准实施细则⑤。

上述研究可以看出,体育传统校对体育后备人才培养、项目发展以及对我国体育事业发展具有重要作用,但是在发展中也存在以下问题。第一,管理上,体育人才选拔、培养和交流渠道不畅,传统校的发展水平滞后,管理和监督体制不健全,体育教师的训练水平相对较低和运动竞赛相对匮乏等是制约我国体育传统校发展的主要问题。第二,在训练方面,存在初级选材科学性较差、训练经费短缺、训练系统性差等问题⑥,缺乏完善的训练竞争机制、激励机制及相应的设备和基本条件,以及过度关注比赛名次和运动成绩

① 李相如.中国体育传统校发展现状与管理机制研究[J].体育科学,2006(6):16 – 27.

② 包云,洪伟,陈金凤.多元培养模式下体育传统校发展的策略研究[J].运动精品,2013,32(6):78 – 84.

③ 惠陈隆,冯连世,胡利军,郭建军.我国体育传统校的管理现状分析:成效、问题与对策[J].中国体育科技,2017,53(1):9 – 16.

④ 田丁吉.全国体育传统校体育师资培训现状调查研究[D].首都体育学院,2017.

⑤ 史学智.国家级体育传统校评分标准实施细则构建研究[D].首都体育学院,2016.

⑥ 范清惠,李相如.关于北京市体育传统校的调研报告[J].广州体育学院学报,2007(3):113 – 117.

的短期行为。第三,在人才输送方面,学区划分和生源范围是影响传统校选材的重要因素,如何搞好对口衔接成为解决选材问题的关键环节。

(二)京津冀体育传统校的研究

学者对京津冀体育传统项目学的研究主要以不同地区传统校或不同地区不同传统项目为视角进行研究。其相关研究以北京市传统校的研究为最多,河北省和天津市的相关较少。

1.关于北京体育传统校的研究。王晓楠指出[①],北京市的体育传统校为我国体育事业的发展和后备人才的培养做出巨大贡献。结合北京传统校的表率性作用和存在的问题,提出京津冀地区作好联动,定期举办局域性赛事和学校之间的交流。刘丹[②]通过对北京市体育传统校教练员队伍现状的调查表明,第一,教练以男性为主,男女比例存在较大差异;第二,教练员的专业与理论结合的能力急需提高,大部分教练员是专业运动员出身,专业水平较高但是具体理论知识缺乏;第三,教师待遇和补贴不合理;第四,传统项目学校的经费不合理。张芳[③]通过调查认为,北京体育传统校要发展必须进行改革,建议其规模近五年内不宜扩大,从数量向质量进行转变;随着京津冀一体化的推进,北京传统校举行的体育比赛日益增多,层次不断多样化,逐渐形成传统。张荣指出[④],北京市中小学体育传统校体育教师,男教师数量明显高于女教师,年龄结构比较合理,培训机会较少,奖励机制不完善。陈欣指出[⑤],北京市体育传统校后备人才培养主要集中在田径项目,训练动机较为明确且多样化,参加比赛的数量较少,级别一般,赛练结合度有待提高。

① 王晓楠.北京市体育传统校现状的调查研究[D].首都体育学院,2010.
② 刘丹.北京市体育传统校教练员的现状分析及发展对策的研究[D].首都体育学院,2016.
③ 张芳.对北京市体育传统校现状的调查与研究[D].首都体育学院,2016.
④ 张荣.北京市中小学体育传统校体育师资的研究[D].北京体育大学,2013.
⑤ 陈欣.北京市体育传统校后备人才培养的可持续发展研究[D].首都体育学院,2016.

另外,李洪国、魏琰君、苏艳景等①分别对北京市中学篮球传统项目学校人才培养、北京市初中乒乓球传统校现状、北京医科大学附属小学排球传统项目开展情况进行了调查研究。

2. 关于河北省体育传统校的研究。李京提出②,教练员年龄结构比较合理,均承担一定的教学任务,教练员对科研重视程度不够,运动员选材的科学性有待提高。尚守静提出③,运动员参加训练的项目较为广泛,参训的动机主要是兴趣爱好和考学,训练场地较少,参加比赛级别不高,运动员等级不高,训练年限较短,后备人才文化课学习压力大。

3. 关于天津市体育传统校的研究。周亚明提出④,天津市体育传统校教练员年龄结构较为合理,男教练员的数量明显高于女教练员,教练员执教年限相对较短,职称等级和运动等级相对不高,参加培训机会较少,运动训练的时间和强度有待进一步改进,带队比赛较少。陈立刚研究表明⑤,传统校的乒乓球项目较非传统校得到领导和教师的更多重视,学生参与动机没有显著性差异,传统项目的存在推动了课外体育活动的积极开展。

需要指出的是,随着京津冀协同发展的提出和推进,学者开始关注京津冀一体化视角下体育传统校领域的研究。如赵连增指出⑥,京津冀体育传统校处于有序发展阶段,项目布局广泛,设备达标率较高,但场地器材紧缺,场馆开放度较低;学生训练动机广泛,但参赛次数少、级别低;体育传统校运动员、教练员技术水平和经费投入是影响其训练效果的共性因素。曲鲁平等

① 李洪国.北京市中学篮球传统项目学校人才培养现状调查与对策研究[D].首都体育学院,2010;魏琰君.北京市初中乒乓球传统校现状的调查研究[D].首都体育学院,2017;苏艳景.北京医科大学附属小学排球传统项目开展情况的研究[D].首都体育学院,2016.

② 李京.河北省体育传统校教练员现状调查与对策研究[D].首都体育学院,2017.

③ 尚守静.河北省体育传统校后备人才培养的现状调查与对策研究[D].首都体育学院,2017.

④ 周亚明.天津市体育传统校教练员现状与对策研究[D].天津体育学院,2015.

⑤ 陈立刚.天津市乒乓球传统校与非传统校选修课对比研究[D].北京体育大学,2015.

⑥ 赵连增.京津冀一体化背景下体育传统校协同发展影响因素与对策分析[D].首都体育学院,2018.

指出①,京津冀地区体育传统校要想协同发展,必须秉承从实践中来到实践中去的原则,还要根据实际情况做具体分析,这才能促成京津冀地区体育传统校的全面协调可持续发展。研究中重点指出京津冀地区要发挥团结协作能力,最大限度地展现地区优势,形成互补又各司其职,共同制定激励体育传统校发展的政策,消除制约因素,为京津冀地区体育传统校的协同发展提供有效的途径与手段。

由上述研究可以看出,体育传统校对我国体育事业的发展具有重要作用,也是研究者关注的内容。研究表明:第一,关于京津冀体育传统校的研究多集中在不同地区和不同项目的研究,其中,针对北京的研究居多,涉及发展现状、后备人才培养、体育师资和教练员情况等,河北的研究涉及后备人才培养和教练员,天津的研究仅涉及教练员。第二,我国体育传统校发展中,以及北京、天津和河北体育传统校的发展中均存在很多问题,亟待解决。第三,北京、天津和河北体育传统项目校针对不同运动项目的研究较少,仅涉及乒乓球、篮球和排球。第四,从研究方法上看,多以问卷调查为主,研究方法相对单一,研究成果用于教学训练实践的有效性有待提升。第五,京津冀体育传统校协同发展的研究逐渐引起学者的关注。

三、关于京津冀体育传统项目学校协同发展联动机制的相关研究

(一)教育联动机制的研究

国外学校之间联动始于 20 世纪初期,以美洲和欧洲为代表的发达国家鼓励大学间的联盟与合作,并提供专门的资金。美国学校之间联动起源于 1925 年建立的克莱蒙特学院联盟②,由阿姆赫斯特学院、曼特霍利尤克学院、史密斯学院、汉普斯切学院和麻省大学阿姆赫斯特分校组成的马萨诸塞州五校联盟③,成为美国高等教育校际合作史上最为成功的案例典范之一。通过教师互聘、学生跨校选修、图书资料共享、信息技术合作、社区服务合作等

---

① 曲鲁平,钱长浩,刘艳明,靳庆伟,李昂,王健.京津冀体育传统项目学校协同发展联动机制的研究[J].武汉体育学院学报,2017,51(5):74 – 79.

② Frankin Pateson. *college in sonsort.* Jossey – bass,inx,publishers,1974.6.

③ 朱剑.美国的五校联盟探析[J].现代教育科学,2006(2):58 – 60.

方面的联动,实现资源的合理共享,为广大学生提供广阔的发展空间。目前,美国有30余所高校联盟,且均具有明确的管理制度和活动章程,如常春藤联盟、十大联盟、大东方联盟、东南联盟及美国CIC等,既解决了世界级名校发展中的共同问题,也促进资源共享,对区域经济和社会的发展做出重大贡献。欧洲学校之间联动多以集团命名,如由牛津大学、剑桥大学在内的20所世界名校组成的英国"常春藤"的罗素大学集团。与美洲不同的是,他们更加注重提升高校的科研水平、说服政府增加学校收入、高薪聘请世界级优秀教师、招收优质学生及减少政府干预度等,为成员高校争取更多利益。此外,爱尔兰国立大学联盟和法国巴黎大学联盟也具有较高的声誉,并成为本国高等教育体系中的重要组成部分。

国外校际联动的经验为京津冀体育传统项目校协同发展联动提供了很好的借鉴,既能推动学校管理体制改革,也有利于"以人为本"教育理念的落实。

我国学者针对教育联动机制和校际联动机制进行了相关研究。杨楠[1]通过分析我国高等教育校际联动机制影响因素,构建了政策支持机制、制度保证机制、资源整合机制、评估监督机制的校际联动机制。惠晓丽提出[2],影响我国高校教育校际联动机制的因素分为宏观和微观层面,前者包括国家方针政策、经济的发展程度、文化传统等,后者包括联动竞争意识、对象选择、资源配置、制度建设等。段诗云基于资源整合理论提出构建整合队伍、整合平台、整合内容及整合主体的联动机制思路。[3] 李杰构建了动力机制、发生机制、保障机制及评估机制四个维度的区域义务教育均衡发展联动机制模型。[4] 施艳构建了学校内部不断提升"自我"的同时,调控"政府为主导、全民参与"的外在力量的"家、校、社会"三者联动的培养机制。[5] 张志红

① 杨楠. 我国高等教育校际联动机制研究[D]. 大连理工大学,2010.

② 惠晓丽,杨楠,徐鹏. 我国高等教育校际联动机制影响因素研究[J]. 国家教育行政学院学报,2009(12):55-57.

③ 段诗云. 资源整合视角下高校网络思想政治教育联动机制研究[J]. 教育现代化,2017,4(16):157-158+160.

④ 李杰. 区域义务教育均衡发展的联动机制构建——基于整合性分析模型的思考[J]. 现代中小学教育,2016,32(3):1-4.

⑤ 施艳,杜尚荣. 中小学道德教育启用"家、校、社会"联动机制研究[J]. 教育与教学研究,2015,29(5):66-70.

构建了以学校为中心、以公益教育活动为纽带、以家庭为基础、以学校为主体、以社区为依托的家庭—学校—社区联动的公益教育机制。①

上述研究从校际联动机制、影响因素、联动机制构成、家校社联动机制等方面对京津冀体育传统校协同发展联动机制理论和实践研究提供有益的参考和借鉴。

(二)体育联动机制的研究

体育领域中关于联动和联动机制的研究较少。赵洪波构建了动力机制(政府主导)—共享机制(社区、学校、家庭)—协同机制(优势互补)—保障机制(适应功能等)的青少年体质健康促进联动机制。② 马蕊提出③,以信息资源为中心,构建多主体的"点—线—面"相结合的协作供给路径;以居民健身价值诉求为核心,构建"需求、规则、利益、公平"四位一体的多中心协同治理路径。陈星结合高等体育院校学生日常管理的实践,提出部门联动和师生联动的学生服务管理联动机制。④ 向祖兵以社会嵌入理论为视角,从纵横两个维度提出"社会—社会体育组织—社会体育指导员"联动运行机制,其运行的关键是实现社会体育组织实体化和社会体育指导员职业化。⑤ 蔡颖辉提出⑥,建立以学校为主导、家庭为平台、学校和家庭共同承担的体育参与形式的家庭与学校联动机制,其发展策略包括宏观策略和微观策略两方面。曹卫指出⑦,滨海体育赛事联动是指滨海体育赛事与节庆等社会活动紧密结

---

① 张志红.我国公益教育联动机制的构建[J].当代教育与文化,2013,5(6):5 - 12.

② 赵洪波.青少年体育健康促进联动机制研究[J].体育学刊,2018,25(3):44 - 50.

③ 马蕊,贾志强.政府与社区全民健身公共服务联动逻辑及路径创新[J].南京体育学院学报(社会科学版),2017,31(2):41 - 46 + 52.

④ 陈星,王荣波.新时期高等体育院校学生服务管理联动机制探究[J].当代体育科技,2016,6(4):1 - 2.

⑤ 向祖兵,李晓天,汪流.社区—社会体育组织—社会体育指导员联动运行机制研究[J].北京体育大学学报,2017,40(9):23 - 28.

⑥ 蔡颖辉,王越.我国中小学校与家庭体育联动机制的制约因素和发展策略分析[J].吉林省教育学院学报,2016,32(4):24 - 26.

⑦ 曹卫,高翔,郭炎林,施俊华.滨海体育赛事联动的社会功能与波及效应案例分析研究[J].西安体育学院学报,2015,32(3):290 - 293.

合,有机地关联在一起,产生波及效应的活动形式。联动的功能呈现出多元化趋势,有效促进经济和社会发展。

上述研究表明,体育领域中学校与家庭体育、体育赛事等联动发展和联动机制问题逐渐引起学者的关注。

(三)京津冀体育传统校协同发展联动机制研究

关于京津冀体育传统校协同发展联动机制的研究较少见到报道,关于京津冀体育传统校协同发展联动机制领域尚缺少针对性和可操作性的理论与实践研究。

综上所述,京津冀协同发展上升为国家战略,成为研究者关注的焦点。随着京津冀协同发展和教育协同发展的不断加速,京津冀体育协同发展已成为体育工作研究的热点。体育传统校承载着体育后备人才培养、项目发展、学生体质健康等任务,对京津冀协同发展具有重要的促进作用,也成为学者研究的重点。在京津冀协同发展的背景下,京津冀体育传统项目校协同发展系列问题成为研究者关注的焦点。上述关于京津冀协同发展、京津冀教育和体育协同发展、京津冀体育传统校的相关研究,为本研究思路的形成和框架的设计奠定了坚实的基础。但相关研究集中表现为:(1)有关京津冀协同发展和京津冀教育协同发展的研究相对较多,但是涉及京津冀体育协同发展的研究较少;(2)涉及京津冀各地区体育传统校现状调查的研究较多,而关于京津冀体育传统校协同发展的研究较少;(3)京津冀体育传统校协同发展联动机制的研究刚刚起步,直接的、有针对性地对京津冀体育传统校协同发展联动机制的相关研究其少。在京津冀协同发展的格局下,以京津冀体育传统校作为切入点进行联动发展,能有效提升京津冀体育的发展,也能为我国教育事业的创新发展开辟道路。

第三节　相关概念的界定与理论基础

一、相关概念的界定

(一)协同与协同发展

协同是指系统中子系统(要素)间在操作、运行过程中的相互匹配、形成协调、合作之势,发生不同于原状态的质变过程。[①]

协同发展是系统及系统内部子系统之间的相互适应、相互协作、相互配合和相互促进,耦合而成的同步发展的良性循环态势的过程。协同发展不是单个系统的事情,是一种"整体性""综合性"和"内生性"的同步发展的聚合,它是若干个子系统之间动态的相互促进、相互作用关系及其程度的反映。

(二)联动、机制与联动机制

联动是指若干个相关联的事物,当某个事物运动或变化时,其他事物也跟着运动或变化。在学术界一部分学者将联动定义为在新产品、新技术、新工艺从概念萌发到商品流通的技术创新过程中,每两个或多个环节之间的联系和互动,这种联系和互动能够引发对方或多方产生持续的变化,以达到满意的效果。[②]

机制是指对事物变化的枢纽或关键起制衡的限制、协调作用的力量、机构和制度等。在社会科学领域,机制的内涵包括机制的构造、功能、作用机理及机制的形式和载体等。[③]

联动机制是指问题目标形成之后,各相关行为主体之间通过沟通和交流,摒除信息不对称、资源分散,通过集体行动,互补互助,协调处理问题的

[①]　李娜.基于协同理论的京津冀都市圈合作治理研究[D].天津商业大学,2014.

[②]　卢涛,周寄中.我国物联网产业的创新系统多要素联动研究[J].中国软科学,2011(3):33-45.

[③]　李以渝.机制论:涵义、原理与设计[J].四川工程职业技术学院学报,2006,(4):56-59.

规律性运行方式。①

（三）体育传统校

体育传统校是指有效实施素质教育,学校体育工作成绩突出,学生体质健康水平明显提高,严格执行国家体育与健康课程标准,学生体育活动具有特色,并至少在两个体育运动项目上形成传统,经体育、教育行政部门联合命名的普通中小学校和中等职业学校。② 体育传统校分为国家级、省级、地市级三种,实行审定命名制度。

（四）京津冀体育传统校协同发展

京津冀体育传统校协同发展是指京津冀体育传统校系统及系统内部子系统之间的相互适应、相互协作、相互配合和相互促进,耦合而成的同步发展的良性循环态势的过程。京津冀体育传统校协同发展涉及京津冀体育部门和教育部门、京津冀体育传统校区域内和跨区域相互之间等多个层次和维度。例如,京津冀体育传统校体育教师的协同发展、京津冀体育传统校后备人才培养的协同发展、京津冀体育传统校学生体育活动的协同发展、京津冀体育传统校学生体质健康的协同发展、京津冀体育传统体育资源的协同发展等。

（五）京津冀体育传统校协同发展联动机制

京津冀体育传统校协同发展联动机制是指以京津冀体育传统校协同发展为目的的京津冀体育部门、体育传统校之间和相互之间联合行动的运行方式。该联动机制探讨京津冀一体化背景下,京津冀体育传统校组织管理、制度体系、资源整合和激励机制等内容。

二、理论基础

（一）协同理论

协同理论是由哈肯教授提出的研究不同事物的共同特征及其协同机理

---

① 林洁.长三角跨区域风险治理联动机制研究[D].中共上海市委党校,2016.
② 体育总局,教育部.体育传统项目学管理办法(体青字[2013]10号)[Z].2014.

的新兴学科,主要研究远离平衡态的开放系统在与外界有物质或能量交换的情况下,如何通过自己内部的协同作用,自发地出现时间、空间和功能上的有序结构。①

京津冀体育传统校在各校内部、各校之间、各校与社会环境之间均存在联系,并形成系统,其外界环境和内部因素影响着系统结构与功能。其中内部因素占主导地位,在缺少外部因素时,系统内部也可通过一定的规则自发积累,最终形成质变,实现"1+1+1≥3"的效应,为构建京津冀体育传统校协同发展联动机制奠定理论基础。

(二)机制设计理论

20世纪40年代,美国科学家维纳提出控制论,"机制"一词被引入社会科学,后被运用在人类学、经济学等领域,泛指事物内部结构及其运行规律中,对事物变化的枢纽或关键起制衡的限制、协调作用的力量、机构和制度等。机制设计理论由赫维茨、马斯金等提出,指在信息不完全、资源有限的条件下,设计一套博弈规则,能够有效激励机制参与者的行动模式选择,使参与者在利益选择的同时实现社会总目标。②

在社会科学领域,机制分为"硬件技术性"机制和"软件制度性"机制。前者指物质、技术和方法的运用,后者指使制度或体制能够正常运行并发挥预期功能的配套制度,是具体的制度安排,包括相关的政策、法规、措施、方法等。其内涵包括机制的构造、功能、作用机理及机制的形式和载体等。③在机制的构成方面,完整的机制由机制的行为人、规则、得益方式及反馈系统等要素构成。④ 机制的行为人指机制规则的制定者和实施者;机制规则是机制的核心内容,指对机制行为人各类行为、权利和义务的规定;得益方式是通过机制实施获得收益的具体方式;反馈系统是一个机制不断发展的基

---

① 张仙,刘云华,王艳伟,张慧,马蓉,刘苗苗.基于协同理论的经管类本科人才培养的探索[J].中国管理信息化,2015(3):217-220.

② 杨文芳.机械设计理论视域下校企协同育人机制设计探索——以五邑大学"综合实验班"为例[J].时代教育,2015(17):41-44.

③ 李以渝.机制论:涵义、原理与设计[J].四川工程职业技术学院学报,2006,(4):56-59.

④ 陈静漪.中国义务教育经费保障机制研究[D].东北师范大学,2009.

础,通过反馈系统,机制才能不断升级并做出正确的调整和革新。在机制的功能方面,一个有效的机制具备激励功能、制约功能和保障功能。激励功能是指该机制能有效激励行为人按照整体最优方式运作的功能;制约功能是指该机制无须通过过多的第三方机构对本机制内部行为人进行监督,依靠自身设定就足以保证其实施的功能;保障功能是指该机制能不断在实施中做出调整和革新,从而保障机制的正常运行的功能。机制的形式和载体主要包括:机制管理的机构和组织;指导机制活动的方针、政策和规定。主要指有关计划、人力、财政、物资等方面的政策规定,以及为指导机制活动所采取的具体措施。

机制设计理论启示我们,机制设计要满足资源的有效配置、信息的有效利用和激励相容三个要求。联动机制作为机制的下位概念,其构建应从机制构成、机制功能、形式和载体等方面展开。京津冀体育传统校协同发展联动机制的目标是促使京津冀整体效应最大化,同时达成京津冀各地区、各体育传统校预期收益最大化。鉴于此,京津冀联动机制设计需要满足激励相容、显示原理和实施理论三个部分①,且不断地修改和革新,以适应社会目标的需求。

---

①　张东辉.经济机制理论:回顾与发展[J].福建论坛(经济社会版),2003(8):2 - 6.

第四节　研究对象与研究方法

一、研究对象

本研究以京津冀体育传统校及其协同发展联动机制为研究对象。所有数据来源于国家体育总局官网、北京市体育局官网及天津市和河北省公布的体育传统校名单。国家级指由国家体育总局分别于 2003、2005、2008、2011 和 2014 年评选的京津冀国家级体育传统校共 67 所,其中北京 26 所、天津 22 所、河北 19 所;省(市)级指北京市评选的 2016—2018 年的市级校 212 所,天津市评选的 2016—2018 年的市级校 209 所(其中 9 所在国家级中出现),河北省评选的 2015—2018 年的省级校 188 所(其中 9 所在国家级中出现),为统一标准,国家级和省级重叠的名单,仅选取最高级纳入统计,天津市和河北省省(市)级与国家级重复出现的 18 所在省市级中不再出现,故共得到京津冀国家级和省(市)级体育传统校 658 所(见附件三)。

二、研究方法

(一)文献资料法

查阅整理京津冀协同发展、体育传统校、联动机制、家校联动、篮球、排球、体操、健美操、体育教师培训、后备人才培养等相关文献,了解京津冀体育协同发展、体育传统校、联动机制的研究现状,为本研究内容和框架设计奠定理论基础。

(二)专家访谈法

第一阶段,针对京津冀体育传统校协同发展的现状和京津冀体育传统校协同发展联动机制构建的相关问题设计访谈提纲(见附件 1－1),走访京津冀体育局相关领导,中小学主管体育的校长、体育部主任和部分高级职称的体育教师,以及部分高校学校体育研究领域的具有副教授及以上职称的14 名学者(见表 1),整理其相关意见,为本研究提供思路和理论支撑。

第二阶段,结合京津冀体育传统校协同发展联动机制,针对排球传统校家校联动、田径传统校后备人才培养、健美操传统校教师培训和快乐体操教学内容的现状与联动机制构建的相关问题(见附件1-2),走访体育局、部分高校和体育传统校的具有中级及以上职称的16名专家(见表1),整理相关意见,为实证部分研究内容的撰写提供借鉴。

表1 专家情况一览表 N=24

编号	姓名	职称	研究方向	单位	阶段
1	×××	局长	体育管理	天津市体育局	第一阶段
2	××	副局长	运动训练	天津市体育局	第一、二阶段
3	×××	处长	体育管理	国家体育总局	第一阶段
4	×××	教授	体育教学	天津体育学院	第一、二阶段
5	×××	教授	运动训练	北京体育大学	第一、二阶段
6	×××	教授	体育教学	河北师范大学	第一阶段
7	×××	教授	体育人文	福建师范大学	第一阶段
8	×××	教授	体育人文	华中师范大学	第一阶段
9	×××	副教授	运动训练	首都经济贸易大学	第一、二阶段
10	×××	副教授	体育人文	福建师范大学	第一阶段
11	××	副教授	学校体育	武汉体育学院	第一阶段
12	××	副教授	学校体育	天津体育学院	第一阶段
13	××	高级	体育教学	北京市第一七一中学	第一、二阶段
14	×××	高级	学校体育	天津市南开中学	第一、二阶段
15	×××	一级	体育教学	河北省承德市丰宁县第二中学	第一、二阶段
16	××	一级	学校体育	天津市实验中学	第一、二阶段
17	×××	教授	体育教学	天津体育学院	第二阶段
18	××	教授	运动训练	天津体育学院	第二阶段
19	×××	教授	体育教学	河北体育学院	第二阶段
20	×××	教授	体育教学	天津商业大学	第二阶段
21	×××	副教授	体育教学	天津财经大学	第二阶段
22	×××	特级	体育教学	河北省石家庄市第二中学	第二阶段
23	×××	高级	体育教学	天津市第一中学	第二阶段
24	×××	高级	体育教学	北京市第六十六中学	第二阶段

（三）调查法

1. 特尔菲法

通过三轮专家调查，构建京津冀体育传统校联动机制（见附件 2 - 2）。通过对相关研究领域具有副教授（或相当职称）及以上职称的 16 名专家进行问卷调查（见表 2），根据专家对问卷的有效性评分，计算各项内容的总分和平均分。首先，在查阅整理文献和访谈专家的基础上，针对京津冀体育传统校协同发展联动机制的构造、功能与作用机理、形式与载体等问题设计成第一轮专家评定量表（见附件 2 - 2 - 1）。量表采用五级标准，由"非常满意/赞同""比较满意/赞同""满意/赞同""比较不满意/不赞同"和"非常不满意/不赞同"组成，为方便统计，分别赋值"5 分、4 分、3 分、2 分和 1 分"，回收后计算得分（见附件 2 - 2 - 2），在征求专家意见，选取平均分 >4.00 分的内容。其次，结合专家意见，对联动机制主体内容进行删减、修改与补充，形成第二轮专家评定量表（见附件 2 - 2 - 3），发放回收后再次计算专家对各项内容评价的平均分，得分均 >4.00 分，据此形成联动机制主体内容。最后，将第二轮得到的联动机制的内容和得分情况形成量表（见附件 2 - 2 - 4），再次发给上述专家，专家对研究设计的联动机制主体内容一致表示赞同。据此，形成京津冀体育传统校协同发展联动机制的主体内容。

表 2　访谈专家情况一览表　N = 16

姓名	职称	研究方向	单位	备注
××	副局长	运动训练	天津市体育局	
×××	处长	体育管理	国家体育总局	
×××	教授	体育教学	河北师范大学	
××	教授	体育教学	山西师范大学	
×××	教授	体操教学训练	曲阜师范大学	
××	教授	体操教学训练	天津体育学院	
×××	教授	体操教学训练	天津体育学院	
×××	副教授	健美操教学训练	天津体育学院	
×××	副教授	健美操教学训练	天津体育学院	

姓名	职称	研究方向	单位	备注
×××	副教授	民族体育	西安体育学院	
×××	副教授	体操教学训练	上海体育学院	
××	副教授	体育教学	北京体育大学	
×××	高级	体育教学	北京市第六十六中学	
×××	中级	体育教学	河北省唐山市汉沽第一小学	教龄
××	中级	体育教学	天津市滨海新区广州道小学	15 年
×××	中级	体育教学	天津市静海区模范学校	以上

2. 问卷调查法

第一阶段,2017 年 3—5 月,针对京津冀体育传统校的现状和协同发展设计《京津冀体育传统校现状与协同发展的调查问卷》教师版和学生版问卷进行调查。

第二阶段,2017 年 11 月—2018 年 4 月,针对京津冀排球、田径、健美操项目传统校协同发展的现状和联动机制设计的相关问题设计调查问卷进行调查。

(1)问卷的抽样

第一阶段:以京津冀区域内国家级和省(市)级体育传统校的体育教师和学生为主要调查对象。首先,从北京、天津和河北分别抽取 9、8、5 个区域;其次,在选取的区域中分别抽取北京市 47 所、天津市 39 所和河北省 26 所传统校;最后,在上述选取的传统校中,每所学校抽取 3~5 名教师和 20 名学生。

第二阶段:以京津冀田径、健美操、排球传统校的教师和排球传统校的学生家长为调查对象。根据各项目传统校数量和抽样比例,田径(412 所)、排球(64 所)、健美操(37 所)传统校按 30%、60%、100% 的比例抽样,抽取田径传统校 121 所(京津冀各 38、34、49)、排球传统校 38 所(京津冀各 20、11、7)、健美操传统校 37 所(京津冀各 27、1、9),每所学校抽取 3~5 名体育教师,每所排球传统校抽取 6 名学生家长。

(2)问卷的设计

第一阶段:首先,在查阅资料和专家访谈的基础上,从京津冀体育传统校学校体育教师、训练队、学生体质健康和体育活动、体育场地器材、协同交流和京津冀传统校协同发展等方面设计教师问卷;从学生基本情况、体质健康及体育课(活动)情况和对京津冀传统校协同发展等方面设计学生问卷。其次,征求专家和老师的意见,反复论证和修改,形成第二稿问卷。最后,让部分教师和学生进行试验性填写,针对出现的问题再次修改,最终形成《京津冀体育传统校现状与协同发展的调查问卷—教师版》和《京津冀体育传统校现状与协同发展的调查问卷—学生版》。(见附件2-1)

第二阶段:在访谈专家第一阶段调查的基础上,从排球家校联动、田径后备人才培养、健美操教师交流培训、体育教师对协同发展的态度等方面设计《京津冀体育传统校协同发展实证研究调查问卷》,通过试验性填写和修改,形成最终问卷。(见附件2-3)

(3)问卷的信、效度检验

信度检验:采用再测法进行信度检验。在第一次发放问卷的15天后,从第一次填写问卷的教师和学生中分别抽取30和50人再次填写,统计两次问卷调查的结果,计算其 Alpha 系数,得到第一阶段教师和学生问卷的 a 系数分别为 0.85 和 0.81 > 0.80,第二阶段教师问卷和学生家长问卷的 a 系数分别为 0.87 和 0.82 > 0.80,说明设计的问卷信度较高,能够用于本次调查研究。

效度检验:分别请参与访谈的专家(见表1),对问卷的内容效度和结构效度进行检验。按照"非常赞同、赞同和不赞同"三个等级进行评定,结果如表3所示。100%的专家对两个阶段问卷的内容和结构效度均选择非常赞同和赞同,说明所设计问卷的效度较高,能够反映调查的主题。

表3　问卷效度专家评测表　N = 16

阶段	问卷	效度	非常赞同	赞同	不赞同
			人数(%)	人数(%)	人数(%)
第一阶段	教师问卷	内容效度	8(50%)	8(50%)	0
		结构效度	7(43.75%)	9(56.25%)	0
	学生问卷	内容效度	6(37.50%)	10(62.50%)	0
		结构效度	9(56.25%)	7(43.75%)	0

续表

阶段	问卷	效度	非常赞同	赞同	不赞同
			人数(%)	人数(%)	人数(%)
第二阶段	教师问卷	内容效度	9(56.25%)	7(43.75%)	0
		结构效度	7(43.75%)	9(56.25%)	0
	学生问卷	内容效度	8(50.00%)	8(50.00%)	0
		结构效度	9(56.25%)	7(43.75%)	0

（4）问卷的发放与回收

采用邮寄、电子邮件和微信等方式发放问卷。第一阶段共发放教师问卷448份和学生问卷2240份，回收373份和1791份；剔除不合格问卷，分别得到有效问卷311份和1478份，有效回收率为83.38%和82.52%（见表4）。第二阶段共发放田径、排球、健美操传统校教师问卷701份和排球传统校学生家长问卷228份，回收626份和208份；剔除不合格问卷，分别得到有效问卷596份和202份，有效回收率为95.21%和97.12%。运用Spss20.0对所得数据进行统计处理，据此分析京津冀体育传统校协同发展和联动的现状。

3.实地考察法

为深入了解京津冀体育传统校的现状和协同发展情况，走访了部分京津冀体育传统校，实地考察其教学、训练、竞赛、经费等情况，并访谈相关体育教师，为京津冀体育传统校的联动机制的设计和相关联动方案的设计提供依据。

（四）数理统计法

运用Excel 2007和Spss 20.0对调查所得数据进行统计处理，据此分析京津冀体育传统校协同发展、家校联动机制、后备人才培养等现状。

表4　京津冀体育传统校发展现状调查问卷表

阶段	问卷类型		地区	发放问卷	回收问卷	有效问卷	回收率	有效回收率
第一阶段	教师问卷		北京(47)	188	154	127	81.91%	82.47%
			天津(39)	156	141	120	90.38%	85.11%
			河北(26)	104	78	64	75.00%	82.05%
			合计(112)	448	373	311	83.26%	83.38%
	学生问卷		北京(47)	940	760	628	80.85%	82.63%
			天津(39)	780	660	558	84.62%	84.54%
			河北(26)	520	371	292	71.35%	78.71%
			合计(112)	2240	1791	1478	79.96%	82.52%
第二阶段	教师问卷	田径	北京(38)	114	106	101	92.98%	95.28%
			天津(34)	102	94	89	92.16%	94.68%
			河北(49)	147	136	125	92.52%	91.91%
			小计(121)	363	336	315	92.56%	93.75%
		排球	北京(20)	100	90	88	90%	97.78%
			天津(11)	55	46	46	83.64%	100%
			河北(7)	35	32	31	91.43%	97.88%
			小计(38)	190	168	165	97.67%	98.21%
		健美操	北京(27)	108	89	87	82.41%	97.75%
			天津(1)	4	4	4	100%	100%
			河北(9)	36	29	25	80.56%	86.20%
			小计(37)	148	122	116	82.43%	95.08%
		合计	北京(85)	322	285	276	88.51%	96.84%
			天津(46)	161	144	139	89.44%	96.53%
			河北(93)	218	197	181	90.37%	91.88%
			小计(224)	701	626	596	89.30%	95.21%

续表

阶段	问卷类型		地区	发放问卷	回收问卷	有效问卷	回收率	有效回收率
第二阶段	家长问卷	排球	北京（20）	120	109	107	90.83%	98.17%
			天津（11）	66	59	57	89.39%	96.61%
			河北（7）	42	40	38	95.24%	95%
			小计（38）	228	208	202	99.05%	97.12%

（五）案例研究法

首先，针对构建的京津冀体育传统校联动机制进行案例分析；其次，分别从排球家校联动、后备人才培养、体育教师培训、教学内容联动等视角，设计京津冀排球传统校、田径传统校、健美操传统校协同发展联动机制方案和京津冀传统校小学快乐体操教学内容，为京津冀体育传统校协同发展提供可操作的联动方案。

第五节　研究内容与研究步骤

一、研究内容

第一,京津冀体育传统项目学校协同发展的调查研究。

调查京津冀体育传统校规模与分布、师资力量、体育资源利用、传统项目发展、学生体质健康、学生体育活动等协同发展的现状,分析影响京津冀体育传统校协同发展的因素,找出导致其协同发展桎梏的关键点,旨为京津冀体育传统校协同发展和联动机制的构建提供现实依据和参考,促进京津冀体育协同发展。

第二,京津冀体育传统项目学校协同发展联动机制的构建研究。

依据机制设计理论,阐释京津冀体育传统校联动机制的内涵和目标,从联动机制的构造、功能与作用机理、形式与载体三个方面,设计京津冀体育传统校联动机制;分析探讨京津冀体育传统校协同发展联动机制的运行和实施举措。

第三,京津冀体育传统项目学校协同发展联动机制的案例实证研究。

以后备人才培养、家庭、体育教师培训和快乐体操为切入点,在京津冀体育传统校协同发展联动机制的基础上,构建京津冀排球传统校家校联动机制、京津冀田径传统校后备人才培养联动机制、京津冀健美操传统校协同发展联动机制和京津冀小学快乐体操教学内容,并设计不同的联动方案,旨为不同项目体育传统校协同发展提供可操作的联动方案,进而促进京津冀体育传统校的协同发展。

第四,京津冀体育传统项目学校协同发展联动机制的实施构想与对策。

提出京津冀体育传统校协同发展联动机制的实施构想(初期、中期和后期),并提出其对策,为联动机制的实施提供可操作路径。

二、研究步骤

从图 1 研究步骤流程图可以看出,本研究的主要步骤思路如下:

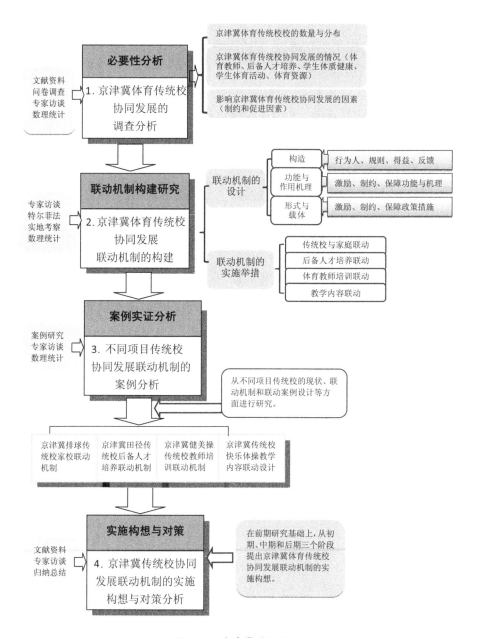

图 1 研究步骤流程图

首先,运用专家访谈法、问卷调查法和实地考察法等方法,对京津冀体育传统校协同发展相关研究现状、时代背景做出整体性地认识和了解,构思

37

调研方案,选取适合、适量和必要的调查指标对京津冀体育传统校的整体情况及协同发展的现状展开调查,剖析影响京津冀体育传统校协同发展的因素,探讨协同发展的必要性。

其次,运用问卷调查法、实地调查法、专家访谈法等方法,从构造、功能与作用机理、形式与载体三个方面构建京津冀体育传统校联动机制,并探讨联动机制的运行保障。在此基础上,以联动机制为导向,以体育传统校为核心,提出京津冀体育传统校与家庭联动、京津冀体育传统校后备人才培养联动、体育教师培训联动和教学内容联动等实施举措,为案例实证分析提供依据。

再次,运用专家访谈法、问卷调查法、实地考察法和案例设计法等方法,以体育传统项目为载体,从不同项目传统校现状、联动机制和联动方案设计方面,针对京津冀排球传统校家校联动、京津冀田径传统校后备人才培养联动、京津冀健美操传统校体育教师培训联动和京津冀快乐体操教学内容联动设计等进行案例实证分析。

最后,在前述研究基础上,进行归纳总结,提出京津冀体育传统校协同发展联动机制的实施构想,包括初期、中期和后期三个阶段,并提出对策。

第二章　京津冀体育传统校
协同发展的调查分析

　　京津冀体育传统校作为学校体育发展的重要载体,其协同发展对青少年体育协同发展具有重要的促进作用。京津冀共有国家级和省(市)级体育传统校658所,那么,在京津冀协同发展的背景下,这些体育传统校的区域分布与项目布局如何? 其训练队、体育教师的现状与协同情况如何? 体育教师对京津冀协同发展的态度如何? 学生体质健康水平如何? 学校体育资源(场地设施、经费)情况如何? 影响京津冀体育传统校协同发展的因素有哪些? 毫无疑问,上述问题的调查分析对京津冀体育传统校协同发展具有重要的作用,是京津冀体育传统校协同发展联动机制构建的基础和依据。

　　因此,本章内容通过专家访谈法、问卷调查法和实地考察法,调查京津冀体育传统校规模与分布,体育传统校体育教师、后备人才培养、学生体质健康、学生体育活动、体育资源利用等协同发展情况,以及影响协同发展的因素,找出可能制约其协同发展的关键点,为京津冀体育传统校协同发展和联动机制的构建提供参考,进而推动京津冀体育协同发展。

第一节　京津冀体育传统校的数量与分布情况

一、体育传统校的数量

　　从图2可知,京津冀共有国家级体育传统校和省(市)级体育传统校658所,其中,国家级体育传统校67所,占总数的10.18%,远远高于全国平均水平1.74%[1],说明京津冀体育传统校发展规模较好。京津冀三个省市中,北京市以238所体育传统校位居首位,占总数的36.17%,其中国家级体育传

────────────

　　① 李相如.中国体育传统校发展现状与管理机制研究[J].体育科学,2006(6):16－27.

统校26所,省(市)级体育传统校212所;排在第二的是天津市,以222所占总数的33.74%,其中国家级体育传统校22所,省(市)级体育传统校200所(不包含9所国家级);排在第三位的是河北省,以198所占总数的30.09%,其中国家级体育传统校19所,省(市)级体育传统校179所(不包含9所国家级)。上述数据表明,虽然京津冀体育传统校总数、国家级和省(市)级数量不一致,但其数量基本相当,而且国家级占总数的比例也基本相当,这说明京津冀三个地区体育传统校数量结构比较均衡。

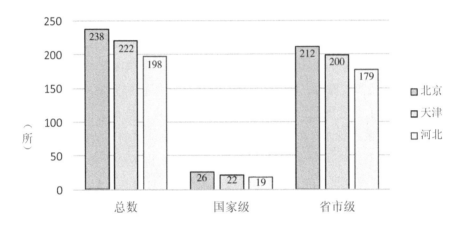

图2 京津冀体育传统校数量分布图

二、体育传统校的区域分布

图3调查数据显示,在北京市的238所体育传统校中,国家级别的有26所,约占总数的10.92%。各区(县)分布如下:东城区39所,其中国家级6所;西城区30所,其中国家级5所;朝阳区15所,其中国家级1所;海淀区29所,其中国家级6所;丰台区14所,其中国家级1所;石景山区6所,其中国家级1所;门头沟区8所;房山区6所;通州区12所,其中国家级1所;顺义区15所,其中国家级2所;昌平区11所,其中国家级1所;大兴区8所;平谷区5所;怀柔区6所;密云区3所,其中国家级1所;延庆区4所;职教体协27所,其中国家级1所。这说明,北京市的体育传统校主要分布在东城区,数量为39所,其中国家级为6所;西城区居于第二位,数量为30所,其中国家级

5 所。北京市不但是三所城市中传统校总数最多的,而且国家级体育传统校也是最多的。

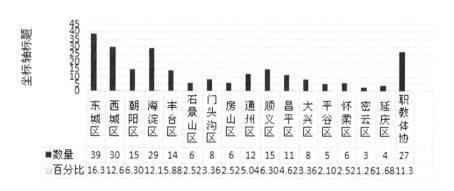

图 3　北京市各行政区域体育传统校分布图

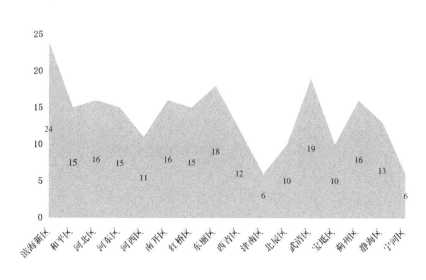

图 4　天津市各行政区体育传统校分布图

图 4 数据显示,天津市的 222 所体育传统校中,国家级 22 所,约占总数的 9.91%。各区(县)分布如下:滨海新区 24 所,其中国家级 4 所;和平区 15 所,其中国家级 2 所;河北区 16 所,其中国家级 1 所;河东区 15 所,其中国家级 2 所;河西区 11 所,其中国家级 2 所;南开区 16 所,其中国家级 2 所;红桥

区 15 所,其中国家级 1 所;东丽区 18 所,其中国家级 1 所;西青区 12 所;津南区 6 所,其中国家级 2 所;北辰区 10 所,其中国家级 2 所;武清区 19 所;宝坻区 10 所,其中国家级 1 所;蓟州区 16 所,其中国家级 1 所;静海区 13 所,其中国家级 1 所;宁河区 6 所。

进一步对比分析天津市体育传统校的行政区域分布可以发现,当前天津市的体育传统校分布数量较多的是滨海新区,其中国家级 4 所;排在第二位的是武清区,占总学校数量的 8.56%。由此可以看出,体育传统校在天津的分布较多的是在行政区域面积较大且与其他省市接壤的行政区域。

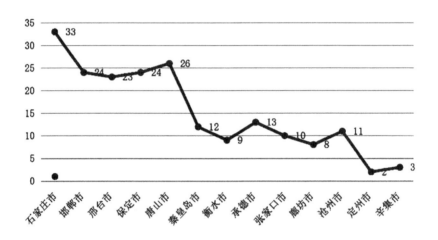

图 5　河北省各行政区体育传统校分布图

图 5 数据显示,河北省的 198 所体育传统校中,国家级 19 所,约占总数的 9.60%。各市(区)分布如下:石家庄市 33 所,其中国家级 3 所;邯郸市 24 所,其中国家级 2 所;邢台区 23 所,其中国家级 2 所;保定市 24 所,其中国家级 2 所;唐山市 26 所,其中国家级 2 所;秦皇岛市 12 所,其中国家级 1 所;衡水市 9 所,其中国家级 1 所;承德市 13 所,其中国家级 2 所;张家口市 10 所,其中国家级 1 所;廊坊市 8 所,其中国家级 1 所;沧州市 11 所,其中国家级 1 所;定州市 2 所;辛集 3 所,其中国家级 1 所。

进一步对比分析河北省体育传统校的行政区域分布可以发现,当前河北省的体育传统校分布数量较多的是石家庄市(33 所),其中国家级 3 所;唐山市排在第二位。由此可以看出,体育传统校在河北省的分布较多的是在行政区域经济发展水平相对较高的行政区域。究其原因,是这些行政区域的经济水平发展较快,行政区政府对发展体育较为重视,因此体育传统校数量较多。

三、体育传统校的项目布局

表 5 京津冀体育传统校传统项目分布表

项目	北京	天津	河北	合计
田径	128	119	165	412
游泳	27	10	5	42
健美操	27	1	9	37
体操	0	1	0	1
女足	0	1	0	1
足球	53	51	63	167
篮球	89	72	90	251
排球	33	19	12	64
乒乓球	34	28	26	88
羽毛球	10	2	4	16
网球	1	1	2	4
击剑	0	3	0	3
射击	1	1	2	4
武术	19	7	11	37
曲棍球	2	1	0	3
棒球	15	2	1	18
垒球	9	1	0	10
举重	0	1	4	5
高尔夫球	1	0	0	1
定向运动	7	0	0	7
跆拳道	10	0	3	13
手球	2	0	0	2
射箭	2	0	0	2

续表

项目	北京	天津	河北	合计
象棋	0	0	1	1
国际象棋	0	0	2	2
赛艇	0	0	1	1
皮划艇	0	0	1	1
散打	0	0	1	1
摔跤	0	0	1	1
毽球	0	0	5	5
空竹	0	0	1	1
柔道	0	0	1	1
花毽	0	1	0	1
跳绳	0	0	2	2

从表5统计数据可以看出,京津冀体育传统校共开展传统项目34个,河北省开展项目最多,有24个,北京和天津各19个;进一步分析可以发现,田径、篮球和足球分别以412所、251所、167所学校占据前三位,4~8位的是乒乓球(88)、排球(64)、游泳(42)、武术(37)、健美操(37);体操、女足、高尔夫球、象棋、赛艇、皮划艇、散打、空竹、柔道、摔跤和花毽各有1所学校开展;作为群众基础较好的网球只有4所学校开展,中小学生较为喜爱的跆拳道仅有13所学校开展;开展击剑、射击、举重、毽球和垒球的学校分别为3、4、5、5和10所。

进一步分析京津冀体育传统校项目分布可以看出,虽然当前京津冀地区体育传统校所分布的项目种类整体数量较多,但是体育传统项目分布相对比较集中,主要集中于田径和篮球这些发展历史较为悠久的项目,其他项目虽然也有,但是涉及数量极少,这说明京津冀体育传统校的项目分布非常不平衡。

第二节　京津冀体育传统校协同发展的现状调查

一、京津冀体育传统校体育教师的协同情况

(一)体育教师的基本情况

1. 体育教师的在编情况

通过对京津冀体育传统校的体育教师在编状况进行调查研究可知,如表 6 所示,参与本次调查的体育教师中,北京市体育教师在编人数为 123 人,占该地区调查总人数的 96.85%;天津市体育教师在编人数为 114 人,占该地区调查总人数的 95.00%;河北省体育教师在编人数为 62 人,占该地区调查总人数的 96.88%。从人数和比例上看,京津冀三个地区在编教师人数基本持平。通过对京津冀地区体育教师在编人数进行单因素方差分析得到 P > 0.05(见表 6),进一步说明参与调查的京津冀地区体育教师在编人数比例不存在显著差异。这说明,京津冀地区体育教师以在编教师为主,外聘教师为辅,这有利于体育传统校的发展和项目的开展。建议进一步对体育教师职工进行编制管理和岗位培训,激发教师工作的积极性。

表 6　京津冀体育传统校体育教师在编情况统计表　N = 311

级别	北京市	天津市	河北省	DF	Sig	P
在编人数	123	114	62	16	0.785	> 0.05
比例	96.85%	95.00%	96.88%			

2. 体育教师的年龄情况

体育教师是推动京津冀体育传统校协同发展的重要主体,教师的各方面信息以及知识技能水平都会对京津冀体育传统项目协同发展的推进产生直接影响。在学校体育教学中,教师的年龄也会对教师的教学经验和能力产生较大影响,年龄较小的教师在教学方法和教学内容创新上要优于年纪偏长的教师,但是在教学经验上年轻教师就远远比不上年纪偏长的教师,两者均有各自的优势与不足。

表 7 显示,京津冀体育传统校参与调查的 311 名教师中,20～30 岁的体育教师有 150 名,其中,北京市 56 名,占 44.09%;天津市 63 名,占 52.50%;河北省 31 名,占 48.44%。31～40 岁的体育教师有 72 名,其中,北京市 32 名,占 25.20%;天津市 25 名,占 20.83%;河北省 15 名,占 23.44%。41～50 岁的体育教师有 56 名,其中,北京市 24 名,占 18.90%;天津市 21 名,占 17.50%;河北省 11 名,占 17.19%。51 岁及以上的体育教师有 33 名,其中,北京市 15 名,占 11.81%;天津市 11 名,占 9.17%;河北省省 7 名,占 10.93%。

表 7 京津冀体育传统校体育教师的年龄统计表 N=311

分组	北京			天津			河北			
	N	P%	M±SD	N	P%	M±SD	N	P%	M±SD	
20～30 岁	56	44.09	24.3±3.17	63	52.50	25.0±2.99	31	48.44	26.1±2.16	BG=2.8 WG=73.8
31～40 岁	32	25.20	33.4±3.01	25	20.83	34.8±3.65	15	23.44	33.6±5.33	T=74.2 DF=12
41～50 岁	24	18.90	46.1±4.13	21	17.50	44.1±5.21	11	17.19	45.2±3.18	Sig=0.368
≥51 岁	15	11.81	55.6±2.92	11	9.17	53.98±4.44	7	10.93	54.6±3.09	P>0.05

这说明,京津冀体育传统校体育教师的年龄以 20～30 岁年龄段为主,随着年龄的增长,教师人数不断减少,各地区的学校教师的年龄结构分布合理,在每一年龄阶段都有一定的教师数量,以青年教师为主恰巧符合当前对体育教育新课程改革的需求,同时保证一定数量的年长教师进行教学实践指导。通过对京津冀地区传统体育项目学校体育教师不同年龄段教师人数的单因素方差分析得出,京津冀体育传统校体育教师不同年龄段的 P>0.05,说明三个地区体育教师各年龄阶段人数不存在显著差异,教师年龄分布大致相同,并以青年教师为主的基本状态。建议充分调动青年教师的积极性和创新能力,发挥老师的传帮接代作用,相互帮助,共同提高,共同促进京津冀体育传统校体育教师的整体素质。

3.体育教师的学历、职称情况

从表 8 可以看出,北京市 127 名教师中,有 4 名专科及以下学历的教师,占 3.15%;53 名本科学历教师,占 41.73%;68 名硕士研究生学历教师,占 53.54%;2 名博士研究生学历教师,占 1.57%。其中二级教师 67 名,占 52.76%;一级教师 36 名,占 28.35%;高级教师 23 名,18.11%;正高级教师

1 名,占 0.79%。天津市 120 名教师中,专科及以下学历教师 6 名,占
5.00%;本科学历教师 54 名,占 45.00%;硕士研究生学历教师 60 名,占
50.00%。其中,二级教师 73 名,占 60.83%;一级教师 29 名,占 24.17%;高
级教师 18 名,占 15.00%。河北省 64 名教师中,有 5 名专科及以下学历的教
师,占7.81%;33 名本科学历教师,占 51.56%;26 名硕士研究生学历教师,
占 40.63%。其中二级教师 42 名,占 65.63%;一级教师 14 名,占 21.88%;
高级教师 8 名,占 12.50%。天津市和河北省均无博士研究生学历的体育教
师及正高级职称体育教师。

表 8 京津冀体育传统校体育教师的学历、职称情况统计表 N = 311

项目	分组	北京 127		天津 120		河北 64	
		数量	百分比	数量	百分比	数量	百分比
学历	专科及以下	4	3.15	6	5.00	5	7.81
	大学本科	53	41.73	54	45.00	33	51.56
	硕士研究生	68	53.54	60	50.00	26	40.63
	博士研究生	2	1.57	0	0.00	0	0.00
职称	二级	67	52.76	73	60.83	42	65.63
	一级	36	28.35	29	24.17	14	21.88
	高级	23	18.11	18	15.00	8	12.50
	正高级	1	0.79	0	0.00	0	0.00

我们知道,体育教师学历水平的高低在一定程度上反映了教师的教学
能力水平,体现了教师受教育程度的高低。而职称结构则在一定程度上体
现了教师在执教生涯中不断学习进取的职业发展状况,职称越高,教师相应
的执教水平以及科研能力会随之提高。

进一步分析表 8 可知,当前京津冀体育传统校的体育教师学历以本科
和硕士研究生为主,专科及以下和博士的教师数量非常小,可以忽略不计,
这表明当前京津冀体育传统校体育教师招聘门槛越来越高,对学历和个人
能力要求非常严格,对于推动京津冀体育传统校的整体发展及教师科研整
体水平提高有重要作用;从职称结构来看,传统校体育教师职称以二级和一
级为主,高级和正高级职称的教师数量相对较少,这与其年龄结构是相匹配

的,教师职称的高低与年龄结构存在一定联系,职称的上升与其执教年限也存在很大的关系。总之,不断提升体育教师的学历水平和职称等级是推动京津冀体育传统校协同发展的有效途径。

4.体育教师的执教年限情况

教师的执教年限在一定程度上反映了教师的教学经验状况,正常状态下,教师的教学经验会随着其执教年限的增长而增加,教学经验越丰富,在解决教学中的各种突发事件时就会有更好的应对态度和措施,而教学经验相对较少的教师在教学过程中更加容易犯错,甚至导致教学失误。参与教学培训也是提高教师自身专业教学水平和科研水平以及学习新型教学方式手段的重要方式,通过参与培训,不断提高教师的执教水平和执教能力。

从表9可以看出,当前京津冀体育传统校体育教师整体执教年龄以6~10年教龄的体育教师为主,共137人,占总人数的44.05%;其次是0~5年教龄的体育教师,共76人,占总人数的24.44%。相对而言,其体育教师执教年限处于中等偏低水平,执教年限相对较长和较短的教师人数也占有一定比例,在教师结构搭配上存在一定的合理性。为了进一步分析京津冀传统校体育教师执教年限分布的差异性,对其分布进行单因素方差分析,结果表明,京津冀体育传统校体育教师执教年限人数分布不存在显著差异($P > 0.05$)。

表9　京津冀体育传统校体育教师的执教年限统计表　N = 311

分组	北京			天津			河北			
	N	P%	M ± SD	N	P%	M ± SD	N	P%	M ± SD	
0~5年	23	18.11	5.12±0.12	31	25.83	3.97±0.62	22	34.38	3.85±1.11	BG = 14.1
6~10年	59	46.46	7.93±2.01	52	43.33	8.12±0.32	26	40.63	7.03±1.02	WG = 151.4
11~20年	13	10.24	17.12±2.12	11	9.17	15.51±0.45	4	6.25	15.05±0.25	T = 161.1 DF = 19
21~30年	19	14.96	26.85±1.20	16	13.33	25.03±0.52	6	9.38	21.97±2.35	Sig = 0.087
≥31年	13	10.24	32.98±1.02	10	8.33	33.14±1.02	4	6.25	32.14±1.03	P > 0.05

5.体育教师的运动技术等级和专项裁判等级情况

表10显示,在调查的京津冀体育传统校的311名体育教师中,运动等级所占比重排在第一位的是二级,有163名体育教师,占52.41%,其中北京市

68 名,天津市 58 名,河北省 37 名;排在第二位的是运动等级为三级的教师,有 61 名,占 19.61%,其中北京市 24 名,天津市 26 名,河北省 11 名;排在第三位的是运动等级为一级的教师,有 48 名,占 15.43%,其中北京市 22 名,天津市 20 名,河北省 6 名;第四位的是无运动等级的体育教师,共计 25 名,占 8.04%,其中,北京市 7 名,天津市 11 名,河北省 7 名;排在最后一位的是运动等级为健将级的教师,有 14 名,占 4.5%,其中北京市 6 名,天津市 5 名,河北省 3 名。可见,二级运动等级的体育教师占据一半以上,一级、二级和三级运动等级体育教师共占 87.45%,这说明京津冀体育传统校体育教师运动等级情况较好,有利于运动训练的进行。

表 10　京津冀体育传统校体育教师运动技能等级和裁判等级统计表　N = 311

项目	分组	北京 127	天津 120	河北 64	合计	%
运动技术等级	健将级	6	5	3	14	4.5
	一级	22	20	6	48	15.43
	二级	68	58	37	163	52.41
	三级	24	26	11	61	19.61
	无等级	7	11	7	25	8.04
专项裁判等级	国际级	3	1	0	4	1.19
	国家级	10	7	5	22	7.09
	一级	50	43	28	121	38.91
	二级	41	45	14	100	32.15
	三级	16	14	7	37	11.90
	无等级	7	10	10	27	8.68

在调查的 311 名京津冀体育传统校体育教师的裁判等级显示,排在第一位的是裁判等级为一级的教师,有 121 名,占 38.91%,其中北京市 50 名,天津市 43 名,河北省 28 名;紧随其后的是裁判等级为二级的教师,有 100 名,占 32.15%,其中北京市 41 名,天津市 45 名,河北省 14 名;排在第三位的是裁判等级为三级的教师,有 37 名,占 11.90%,其中北京市 16 名,天津市 14 名,河北省 7 名;排在第四位的是无等级的教师,有 27 名,占 8.68%,其中北京市 7 名,天津市和河北省各 10 名;排在第五位的是裁判等级为国家级的教

师,有 22 名,占 7.09%,其中北京市 10 名,天津市 7 名,河北省 5 名;排在最后一位的是国际级的教师有 4 名,占 1.19%,其中北京市 3 名,天津市 1 名,河北省没有。可见,裁判员等级为二级的体育教师所占比例最大,一级、二级和三级所占比例为 82.96%,这说明京津冀体育传统校体育教师裁判员等级较好,有利于运动竞赛的组织和举办。

我们知道,在京津冀体育传统校协同发展政策下,应当加强高水平教师的流动教学。进一步分析表 10 京津冀体育传统校体育教师运动技能等级和裁判等级状况可以得出,高水平的优秀教师多集中于北京市,这与北京市优厚的人才政策相关,优秀的教师更愿意到京就业,而天津和河北省虽然也有一部分优秀人才,但是与北京相比,仍然还有差距。为了进一步推动京津冀体育传统校优秀师资的合理配备,一方面河北省和天津市应优化人才待遇;另一方面,北京市要主动进行人才派遣,协同推动京津冀地区体育传统校的整体发展。

(二)体育教师参与培训交流的协同情况

1. 体育教师参与培训的情况

表 11   京津冀体育传统校体育教师的参与培训统计表   N = 311

分组	北京			天津			河北			
	N	P%	M ± SD	N	P%	M ± SD	N	P%	M ± SD	
0 次/年	0	0	0	0	0	0	0	0	0	BG = 19.3
1 ~ 2 次/年	30	23.62	1.62 ±0.5	34	28.33	1.46 ±0.4	21	32.81	1.54 ±0.5	WG = 324.2
3 ~ 4 次/年	68	53.55	3.47 ±0.3	64	53.34	3.46 ±0.5	32	50	3.29 ±0.4	T = 351.5 DF = 18
≥5 次	29	22.83	4.6 ±0.1	22	18.33	4.28 ±0.2	11	17.19	4.8 ±0.1	Sig = 0.034
合计	127	100	/	120	100	/	64	100	/	P < 0.05

表 11 显示,京津冀体育传统校体育教师参与培训以每年 3 ~ 4 次为主,共 164 人次,占 52.73%;每年 1 ~ 2 次的共 85 人次,占 27.33%;每年参与 5 次及以上的有 62 人次,占 19.94%。进一步分析表 11 可以看出,相对而言北京市体育传统校体育教师对参与教学培训的积极性较高。为了进一步分析京津冀地区体育传统校体育教师参与培训状况人数分布的差异性,对其

参与培训状况人数分布进行方差分析,其结果表明京津冀三个地区体育教师参与培训人数分布存在显著差异($P < 0.05$)。另外,在访谈中得知,京津冀体育传统校体育教师参与培训的时间大致安排在寒暑假期间。这提示我们,体育教师的培训交流活动可根据教师的时间情况,时间较长的培训尽量安排在寒暑假进行,短期的安排可安排在平时的上课时间,各部门应积极配合,鼓励体育教师参与培训交流。

2. 体育教师交流情况

体育教师应具备扎实的体育理论知识和多种先进的教学方法与教学技能,培训交流是提升的重要途径。在京津冀体育传统校协同发展的大环境影响下,加强传统校间体育教师的交流与沟通是促进其协同发展的重要途径之一,通过交流促进学校间相互借鉴其先进的教学手段和有效的教学计划,将自身的短板逐渐补齐,带动整个京津冀地区体育传统校教学的整体发展。从表 12 体育教师参与交流情况可以看出:第一,京津冀地区体育传统校体育教师每年都会参加不同层次的培训交流,虽然培训交流情况各不相同,但是整体的交流次数较少,主要以 1～2 次为主;第二,北京市的体育教师队伍参与交流状况高于其他两地区,但是省(市)级交流依然相对很少,这也是京津冀体育传统校协同发展的短板之一。建议加强区域互动,充分发挥京津冀地区体育专业院校的优势(北京体育大学、首都体育学院、天津体育学院和河北体育学院四所体育专业院校),建立以体育专业院校为核心的京津冀体育传统校体育教师培训机制,组织体育教师师资培训,提升京津冀体育教师的胜任力。

表 12　京津冀体育传统校体育教师交流状况统计表　N = 311

次数 /规模	北京			天津			河北		
	省 (市)级	地 (市)级	区 (县)级	省 (市)级	地 (市)级	区 (县)级	省 (市)级	地 (市)级	区 (县)级
0 次									
1～2 次	√			√	√	√	√	√	√
3～4 次		√	√						
5 次及以上									

（三）体育教师对京津冀体育传统校协同发展的态度

1.体育教师对协同发展的了解情况

表 13　体育教师对京津冀体育协同发展的了解状况调查表　N = 311

程度	非常了解	较了解	一般	不了解	非常不了解	合计	DF	Sig	P
北京	44	56	27	0	0	127			
	34.65%	44.09%	21.26%	0.00%	0%	100%			
天津	43	47	30	0	0	120	22	0.038	<0.05
	35.83%	39.17%	25.00%	0.00%	0%	100%			
河北	20	23	20	1	0	64			
	31.25%	35.94%	31.25%	1.56%	0%	100%			
合计	107	126	77	1	0	311			
	34.41%	40.51%	24.76%	0.32%	0%	100%			

　　通过对京津冀体育传统校的教师对京津冀协同发展政策的了解状况进行调查可以发现（见表 13），选择"非常了解"和"较了解"的分别占 34.41%（107 人）和 40.51%（126 人），选择"一般"的占 24.76%（77 人），选择"不了解"的仅 1 人，占 0.32%。这说明京津冀体育传统校体育教师对这政策较为了解，该政策已经引起了体育教师的重视与关注。需要指出的是，访谈中了解到，有不少教师对这一政策的了解非常表面或仅仅是听过这一政策的名称，对其中具体的政策实施并不了解。相比较而言，北京市体育教师对京津冀协同发展政策的了解程度好于天津和河北，北京市"非常了解"和"较了解"的教师占 78.74%（100 人），天津和河北分别占 75%（90 人）和 67.19%（43 人）。为了进一步检验三地区的差异性，对京津冀地区体育教师对协同发展政策的了解程度进行了单因素方差分析，$P < 0.05$，这说明京津冀三个地区的体育教师对这一政策的了解程度存在显著的差异，北京市教师了解程度较高，河北省教师了解程度较低。鉴于此，建议京津冀体育传统学校的领导要加强对这一政策的宣传与解读，帮助体育教师真正的认知和理解京津冀协同发展这一政策，为推动京津冀体育传统校协同发展贡献力量。

2.体育教师对"京津冀体育传统校协同发展"的态度

从表 14 可以看出,京津冀体育传统校体育教师对"京津冀体育传统校协同发展"整体上持有积极态度。认为"非常重要"的教师 112 名,占 36.01%,其中北京市 48 名,占北京市被调查教师的 37.80%;天津市 45 名,占天津市被调查教师的 37.50%;河北省 19 名,占河北省调查教师的 29.69%。认为"较重要"的教师共 119 名,占 38.26%,其中北京市 53 名,占北京市被调查教师的 41.73%;天津市 44 名,占天津市被调查教师的 36.67%;河北省 22 名,占河北省被调查教师的 34.88%。认为"一般"的教师为 79 名,占 25.40%,其中北京市 26 名,占北京市被调查教师的 20.47%;天津市 31 名,占天津市被调查教师的 25.83%;河北省 22 名,占河北省被调查教师的 34.88%。认为"不重要"的教师仅有河北省的 1 名教师,仅占河北省被调查教师的 1.56%。在京津冀 311 名被调查的体育教师中,无一人认为"京津冀体育传统校协同发展"毫无意义。通过单因素方差分析京津冀地区体育教师对协同发展态度的差异得出 $P < 0.05$,这说明京津冀三个地区体育传统校体育教师对"京津冀体育传统校协同发展"的态度存在显著的差异,这一调查结果与体育教师对协同发展政策了解情况的结果一致。

表 14 体育教师对"京津冀体育传统校协同发展"的态度　N = 311

程度	非常重要	较重要	一般	不重要	毫无意义		DF	Sig	P
北京	48	53	26	0	0	127			
	37.80%	41.73%	20.47%	0%	0%	100%			
天津	45	44	31	0	0	120			
	37.50%	36.67%	25.83%	0%	0%	100%	18	0.023	<0.05
河北	19	22	22	1	0	64			
	29.69%	34.38%	34.88%	1.56%	0%	100%			
合计	112	119	79	1	0	311			
	36.01%	38.26%	25.40%	0.32%	0%	100%			

进一步分析表 14 可以看出,当前京津冀体育传统校体育教师对协同发展整体持肯定态度。其中,北京市传统校体育教师的态度明显好于天津和

河北。北京体育教师认为协同发展"非常重要"和"较重要"的有101人（79.53%），天津体育教师认为"非常重要"和"较重要"的有89人（74.17%），河北体育教师认为"非常重要"和"较重要"的有41人（64.06%）。这就提示我们，上级部门和学校加强京津冀协同发展的宣传教育，同时加强体育教师的交流培训，使其从思想上认识到协同发展的重要性，并付诸实践行动，践行到教学、训练和竞赛中。

3. 体育教师对当前"京津冀体育传统校协同发展"现状的满意度

表15　体育教师对"京津冀体育传统校协同发展"现状的满意度　N＝311

地区	非常满意	较满意	一般	不满意	非常不满意	合计	df	sig	P
北京	0	24	59	44	0	127			
	0.00%	18.90%	46.46%	34.65%	0.00%	100%			
天津	0	32	43	45	0	120	22	0.451	>0.05
	0.00%	26.67%	35.83%	37.50%	0.00%	100%			
河北	1	13	33	17	0	64			
	1.56%	20.31%	51.56%	26.56%	0.00%	100%			
合计	1	69	135	106	0	311			
	0.32%	22.19%	43.41%	34.08%	0.00%	100%			

从表15可以看出，当前体育教师对京津冀体育传统校协同发展现状的态度，仅有1人表示"非常满意"，表示"较满意"的也只有69人，占22.19%，持"一般"态度的有135人，占43.41%，另有106人表示"不满意"，占34.08%。这说明，虽然随着京津冀协同发展和体育协同发展的不断推进，京津冀体育教师对相关政策有所了解，但是对于京津冀体育传统校协同发展现状的满意度有待提升，进而说明京津冀体育传统校协同发展的推进和提升空间很大，相关部门应采取措施，积极推进。从表15可以得出，天津市体育教师对体育传统校协同发展现状的态度稍好于北京和河北，天津市体育教师"非常满意"和"较满意"的占26.67%，北京和河北分别占18.90%和21.87%，但是单因素方差分析得出，京津冀体育传统校体育教师对当前京津冀体育传统校协同发展政策的开展满意度不存在显著差异（P＞0.05）。进

一步说明,京津冀体育传统项目协同发展势在必行,而如何制定政策,如何协同,如何落实等系列问题将是我们亟待解决的重要课题。

二、京津冀体育传统校后备人才训练竞赛的协同情况

(一)传统项目训练队训练的协同情况

1.训练队的训练频率

系统训练是提高学生运动训练水平的前提和保障。图6所示,在调查的112所京津冀体育传统校中,训练队的周训练频次主要集中在4~6次,稍低于全国国家级传统校平均每周训练6次的结果。[①] 北京周训练频次为4、5、6次的分别有12所、28所和7所,说明北京体育传统校训练队周训练频次以5次为主;天津和河北相对比较各频次学校数相对而言差别不大,天津分别为14所、10所、15所,河北分别为8所、9所和9所。这说明,目前京津冀体育传统校训练队训练在周频次安排各不相同,即使同一地区也存在很大的差异,缺乏统一性和协调性。在访谈中了解到,虽然这样有利于各个学校和老师根据实际情况组织和安排训练,但是由于缺少指导性,使其随意性较强,责任心较强的老师安排的次数会相应地增多。需要指出的是,北京80%以上的传统校会为学生建立训练档案,天津有50%,而河北只有不足30%,建议建立天津和河北的传统校学生训练档案,以监测学生训练过程。建议在京津冀体育传统校协同发展的背景下加强三个区域学校训练队之间的交流与借鉴,互相学习对方的先进训练手段和训练安排,进而推动京津冀体育传统校训练队的协同发展。

---

① 惠陈隆,冯连世,胡利军,郭建军,温悦萌,郭妍,吴卅.国家级体育传统校现状调查与发展对策研究[J].中国体育科技,2016,52(1):53-59.

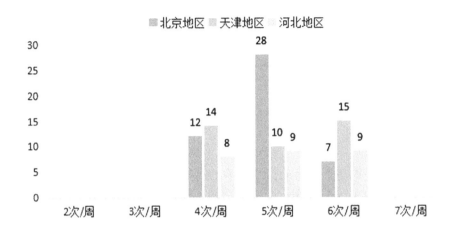

图 6　京津冀体育传统校训练队的周训练频率统计图　N = 112

2. 训练队的训练计划制定

训练计划是指组织实施训练的具体安排和基本依据。如表 16 调查表明,在周训练计划和课时训练计划制定方面,京津冀三个地区传统校做得都非常好,均达到 100%;在年度训练计划方面,天津以 80% 排在首位,北京以 76.38% 紧随其后,而河北以 53.13% 排在第三位;在多年训练计划方面,北京和天津分别占 55.91% 和 46.67%,而河北仅有 14.06%。这表明,京津冀传统校短期训练计划方面做得比较好,但是长期计划方面稍差,缺少长远规划,不利于其长期可持续发展。在访谈中得知,部分体育教师表明,有时课时计划和周计划只是为了应付检查,而在平时训练中并未按照其实施,可见,训练过程的监督和管理机制尚不完善。

表 16　京津冀体育传统校训练队训练计划制定情况　N = 311

地区/训练计划	北京(N = 127)		天津(N = 120)		河北(N = 64)	
	频数	%	频数	%	频数	%
制定多年训练计划	71	55.91	56	46.67	9	14.06
制定年度训练计划	97	76.38	96	80	34	53.13
制定周训练计划	127	100	120	100	64	100

续表

地区/训练计划	北京（N＝127）		天津（N＝120）		河北（N＝64）	
	频数	％	频数	％	频数	％
制定课时训练计划	127	100	120	100	64	100
无计划	0	0	0	0	0	0

3.训练队的训练组织形式

在京津冀体育传统校协同发展的背景下,加强京津冀地区体育传统校训练队的训练交流,彼此切磋,共同发展提高。

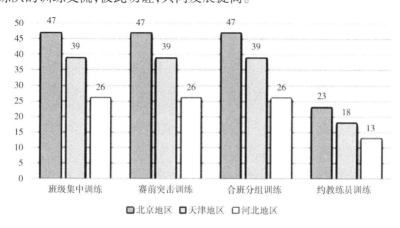

图7　京津冀体育传统校训练队的训练组织形式统计图　N＝112

从图7京津冀体育传统校训练队的训练组织形式的统计数据可以看出,当前训练队训练的组织形式以班级集中训练、赛前突击训练、合班分组训练为主,约教练员训练为辅。虽然班级集中训练更具代表性,但也有一定的不足。如参与班级集中训练的队员彼此较为熟悉,但对班级外队员缺少了解,不利于学生竞争意识的培养和运动成绩的提高。

(二)传统项目训练队交流的协同情况

表17显示,当前在京津冀传统项目训练队的交流状况中,北京市的交流以省(市)级为主,占50％,次数为1～2次,市(区)级和区(县)级的次数为3～4次,分别占30％和20％;天津省(市)级、市(区)级和区(县)级的交

流状况基本平均,分别占 35% 、33% 和 32% ,省(市)级占比略高,但是次数
较多的还是市(区)级交流;河北省则以区(县)级交流为主,占 65% 。这说
明与北京和天津两地区相比,河北省体育传统校传统项目训练队跨区域较
大的交流占比较少。

表 17 京津冀体育传统校传统项目训练队交流状况一览表 N = 112

次数/规模	北京			天津			河北		
	省(市)级	地(市)级	区(县)级	省(市)级	地(市)级	区(县)级	省(市)级	地(市)级	区(县)级
0 次				35%					
1 ~ 2 次	50%				33%	32%		15%	65%
3 ~ 4 次		30%	20%				20%		
5 次及以上									

在京津冀体育传统校协同发展的大环境影响下,加强学校间传统项目
训练队的交流与沟通是促进其协同发展的重要途径之一,通过交流才能够
相互借鉴对方学校先进的训练手段以及有效的训练安排计划,将自身的短
板逐渐补齐,带动整个京津冀地区体育传统校的发展。调查表明,当前三大
区域在其传统项目训练队参与区域交流状况各不相同。进一步访谈可知,
天津市的训练队参与交流状况不如京冀两地区,省(市)级交流一场都未参
加,这是京津冀体育传统校协同发展的短板之一,建议加强区域互动,北京
发挥带动作用,促进天津市体育传统校训练队的交流参与度。

(三)传统项目训练队参与竞赛的情况

竞赛是进行交流的另一种手段,也是推动京津冀体育传统校协同发展
的重要手段之一。京津冀体育传统校能够通过体育竞赛发现自身项目发展
中存在的问题与不足,了解其他地区学校体育项目发展的优势,经过交流加
以借鉴运用,从而达到促进京津冀体育传统校协同发展的重要目标。

表 18　京津冀体育传统校训练队参与竞赛状况一览表　N＝112（多选）

级别	国家级	省（市）级	市（区）级	校级
北京	60%	100%	78%	90%
天津	46%	54%	63%	82%
河北	33%	42%	53%	61%

从表 18 可知,近三年,京津冀的体育传统校均参加了国家级、省（市）级、市（区）级及校级体育竞赛,参赛的整体状况良好。其中,北京市有 60% 的传统校训练队参与国家级竞赛,100% 的传统校训练队参与省（市）级竞赛（北京市每年定期举办传统校比赛）,78% 的传统校训练队参与市（区）级竞赛,90% 的传统校训练队参与校级竞赛。天津市有 46% 的传统校训练队参与国家级比赛,54% 的传统项校训练队参与省（市）级比赛,63% 的传统校训练队参与市（区）级竞赛,82% 的传统校训练队参与校级比赛。河北省有 33% 的传统校训练队参与国家级比赛,42% 的传统校训练队参与省（市）级比赛,53% 的传统校训练队参与市（区）级比赛,61% 的传统校训练队参与校级比赛。京津冀体育传统校参与不同级别体育竞赛有利于推动京津冀体育传统校的协同发展。

三、京津冀体育传统校学生体质健康促进的协同情况

（一）学生体质健康水平的协同发展

从表 19 京津冀体育传统校的学生体质状况可以发现,体质健康状况为优秀的有 521 人,占 35.25%,良好的有 382 人,占 25.85%,合格的有 445 人,占 30.11%,不合格的有 130 人,占 8.80%。其中,北京市体质健康状况优秀的学生为 314 名,占北京市被调查学生总数的 50%;良好的为 157 名,占 25%;合格的为 125 名,占 19.90%;不合格的为 32 名,占 5.10%。天津市体质健康状况优秀的学生有 145 名,占天津市被调查学生总数的 25.98%;良好的有 153 名,占 27.42%;合格的有 203 名,占被调查学生总数的 36.38%;不合格的有 57 名,占 10.22%。河北省体质健康状况优秀的学生有 62 名,占河北省被调查学生总数的 21.23%;良好的有 72 名,占 24.66%;合格的有 117 名,占 40.07%;不合格的有 41 名,占 14.04%。

表 19　京津冀体育传统校学生体质健康的达标状况调查表　N = 1478

区域	体质健康状况	优秀	良好	合格	不合格	df	sig	p
北京 (628)	数量	314	157	125	32			
	百分比	50	25	19.90	5.10			
天津 (558)	数量	145	153	203	57	28	0.0058	<0.01
	百分比	25.98	27.42	36.38	10.22			
河北 (292)	数量	62	72	117	41			
	百分比	21.23	24.66	40.07	14.04			
合计 (1478)	数量	521	382	445	130			
	百分比	35.25	25.85	30.11	8.80			

上述调查结果表明,京津冀体育传统校学生体质健康状况整体情况尚好,仍有进一步提升的空间。其单因素方差结果(P < 0.01)说明京津冀地区的学生体质存在显著性差异。可见,京津冀区域中北京学生体质的优秀率明显高于天津和河北。建议在京津冀协同发展的背景下,通过体育传统项目的推广,开展适合学生锻炼的体育活动,让学生积极参与体育锻炼;同时,可以构建京津冀学生家庭—学校—社会三位一体的体质健康促进模型,让家长和社会共同参与学生的体质健康;部分学校可以结合体育传统项目进行家—校联动建设。

(二)体育传统项目促进体质健康的情况

从表20可以得出,认为体育传统项目对促进体质健康非常重要的学生有534人,占36.13%,较重要的447人,占30.24%,一般的453人,占30.65%。其中,北京市认为非常重要的有233名,占北京被调查学生总数的31.10%;较重要的179名(28.50%)、一般的197名(31.37%)、不重要的10名(1.59%)、无意义的9名(1.43%)。天津市认为非常重要的192名,占天津被调查学生总数的34.41%;较重要的181名(32.44%)、一般的162名(29.03%)、不重要的23名(4.12%)、无意义的0人。河北省认为非常重要的109名,占37.33%;较重要的87名(29.79%)、一般的94名(31.19%)、不重要的 0 人、无意义的 2 人(0.68%)。

表 20　学生对体育传统项目促进体质健康的态度　　N = 1478

区域	态度	非常重要	较重要	一般	不重要	无意义	df	sig	p
北京 (628)	数量	233	179	197	10	9			
	百分比	31.10	28.50	31.37	1.59	1.43			
天津 (558)	数量	192	181	162	23	0	16	0.741	>0.05
	百分比	34.41	32.44	29.03	4.12	0			
河北 (292)	数量	109	87	94	0	2			
	百分比	37.33	29.79	31.19	0	0.68			
合计 (1478)	数量	534	447	453	33	11			
	百分比	36.13	30.24	30.65	2.23	0.74			

另外,通过对京津冀地区学生对体育传统项目促进体质健康的看法的数据进行单因素方差分析,说明三个区域之间不存在显著性差异($P > 0.05$)。京津冀地区的体育传统校的学生普遍认为体育传统项目对促进学生体质具有重要作用,这种认知为推动京津冀体育传统校的协同发展奠定了较为有利的基础。但是,访谈了解到,目前京津冀尚未开展京津冀学生体质健康促进协同发展形式的活动,建议建立传统校—家庭—社会的协同发展模式,共同促进学生体质健康水平。

四、京津冀体育传统校学生体育活动的协同情况

(一)学生每天一小时体育活动的情况

1. 学生每天一小时体育活动时间要求的满足度

表 21　体育教师对学生每天一小时体育活动时间要求的满足度　　N = 311

每天一小时	非常满足	较满足	一般	不满足	非常不满足
北京 (127)	37	47	32	11	0
	29.13%	37.01%	25.20%	8.66%	0%

续表

每天一小时	非常满足	较满足	一般	不满足	非常不满足
天津	33	45	30	12	0
（120）	27.50%	37.50%	25.00%	10.00%	0%
河北	18	23	17	6	0
（64）	28.13%	35.94%	26.56%	9.38%	0%
合计	88	115	79	29	0
（311）	28.30%	36.98%	25.40%	9.32%	0.00%

通过表21体育教师对京津冀体育传统校学生每天一小时体育活动时间满足状况调查分析可以得出,在本次调查的311名体育教师中,满足状况所占人数最多的是较满足的教师115名,占36.98%;认为非常满足的教师88名,占28.30%,认为一般满足的教师79名,占25.40%,还有29名(9.32%)教师表示时间并不满足。这说明,当前京津冀地区体育传统校的体育教师对时间安排满足状况整体评价较高,但仍有一小部分体育教师认为时间过短。

2.学生对"每天一小时体育活动"的时间要求的满意度分析

从表22可得出,京津冀学生对"每天一小时体育活动"非常满意的分别有162名、144名和75名,分别占三地被调查学生的25.80%、25.81%和25.68%;态度为较满意的分别为180名、151名和85名,分别占28.66%、27.06%和29.11%;态度为一般的分别为239名、208名和102名,分别占38.06%、37.28%和34.93%。不满意的分别为47名、55名和30名,分别占7.48%、9.86%和10.27%。

表 22 学生对"每天一小时体育活动"的时间要求满意度 N = 1478

区域	非常满意	较满意	一般	不满意	非常不满意	df	sig	P
北京（628）	162	180	239	47	0			
	25.80%	28.66%	38.06%	7.48%	0%			
天津（558）	144	151	208	55	0	20	0.741	>0.05
	25.81%	27.06%	37.28%	9.86%	0%			
河北（292）	75	85	102	30	0			
	25.68%	29.11%	34.93%	10.27%	0%			
合计（1478）	381	416	549	132	0			
	25.78%	28.15%	37.14%	8.93%	0.00%			

通过京津冀地区学生对"每天一小时体育活动"时间安排满意度的单因素方差分析,其结果(P > 0.05)表明京津冀地区不存在显著差异。这说明京津冀体育传统校大多数学生对体育活动一小时的活动开展程度较为满意,仍有少部分学生表示不满意,这说明京津冀体育传统校学生每天一小时体育活动开展较好,但是仍需在开展时间和内容上进一步完善。

（二）学生课外活动的协同情况

当前京津冀地区体育传统校会根据自身学校的项目特色在学校开展传统项目的课外体育活动,以增加学生对本校传统项目的认知以及整体专项技术水平。经过调查学生对开设传统项目课外体育活动的满意度发现,如表 23 所示,对此非常满意的学生有 266 人,占 18.00%,京津冀分别为 90 人、121 人和 55 人。较满意的有 538 人,占 36.40%,京津冀分别为 234 人、202 人、102 人。一般的有 610 人,占 41.27%,京津冀分别为 276 人、212 人、122 人。不满意的有 56 人,占 3.79%,京津冀分别为 25 人、19 人、12 人。"非常不满意"的有 8 人,占 0.54%,京津冀分别为 3 人、4 人、1 人。

表23　学生对结合体育传统项目所开展的课外体育活动的满意度　N＝1478

区域	非常满意	较满意	一般	不满意	非常不满意
北京 （628）	90	234	276	25	3
	14.33%	37.26%	43.95%	3.98%	0.48%
天津 （558）	121	202	212	19	4
	21.68%	36.20%	37.99%	3.41%	0.72%
河北 （292）	55	102	122	12	1
	18.84%	34.93%	41.78%	4.11%	0.34%
合计 （1478）	266	538	610	56	8
	18.00%	36.40%	41.27%	3.79%	0.54%

由此可知,当前京津冀地区体育传统校学生对学校开展本校传统项目课余活动在学生中满意程度以一般为主,其次是基本满意的学生,整体而言满意程度尚可,但是学生的课外体育活动仅限于校内,尚缺少体育传统校区域间和区域内的协同发展,同时,仍需要进一步调查学生对此活动开展满意度不高的深层次原因,并针对性地采取措施,提高学生满意度。

五、京津冀体育传统校体育资源的协同情况

(一)体育场地设施的运用情况

1. 体育教师对体育场馆资源利用程度的态度

传统校体育场馆作为体育资源,其整合利用是推动京津冀体育传统校协同发展的重要方面。从表24可以看出,当前教师和学生对体育场馆使用状况满意度整体一般,满意度一般的共107人,京津冀分别为45人、42人、20人;较满意的有145人,京津冀分别为61人、52人、32人;非常满意的有43人;不满意的有16人。可以得出,当前京津冀体育传统校的体育场馆使用者对其使用状况有待进一步提高,需要校方加强对体育场馆的建设和维护,满足使用者的具体需求。为提高体育场馆资源的整合利用,建议加强京津冀体育场馆的交流,形成利用自身体育场馆资源优势的同时,借助对方的优势来弱化自身的劣势,推动京津冀体育传统校的体育场馆资源的整合利用效率,达到协同发展的目标。

表 24　体育教师对传统校体育场馆资源利用程度的态度　N＝311

区域	非常满意	较满意	一般	不满意	非常不满意
北京（127）	14	61	45	7	0
天津（120）	20	52	42	6	0
河北（64）	9	32	20	3	0
合计	43	145	107	16	0

2. 体育传统校场地的使用状况

在被调查的 311 位体育教师中，159 位教师表示一片场地一般有 1～2 个班级同时进行体育活动；142 位教师表示一片场地一般有 3～4 个班级同时进行体育活动；仅有 10 名教师表示一片场地一般有 5～6 个班级同时进行体育活动，而目前没有发现一片场地有 6 个以上班级同时上课的。如图 8 所示，本次调查的学校在单片活动场地使用中绝大多数存在多班级同时用的状况，多班级使用的具体数目存在一定的差异，其中单片场地使用状况最多的有 5 个班级，6 个以上班级同时使用单片场地的状况不存在，单片场地供 1～4 个班级同时使用的状况是学校教学常态。

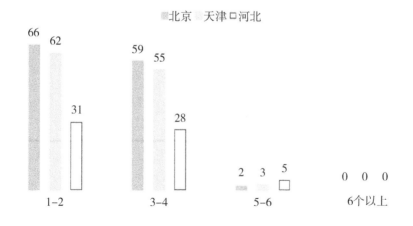

图 8　体育传统校单片场地使用班级数量调查统计图　N＝311

在京津冀体育传统校协同发展的背景下，场地设施作为体育传统校保障体育活动和体育课程正常进行的基础，若出现教学场地设施不完善，会对体育教学产生多方面的消极影响,如降低学生学习和参与的积极性,一些教学活动无法展开导致教师的教学积极性也不高,阻碍京津冀体育传统校协同发展的进程等,鉴于场地设施对体育活动和课程开展的重要性,建议学校应投入经费进行建设,切实保障正常体育教学和体育活动所需要的场地设施充足。

3.体育传统校场地使用满足程度

从表 25 可以看出,京津冀体育传统校大多数体育教师表示其所在学校的场地基本满足当前体育课堂、课外体育活动开展的需求。其中,针对正常课堂教学的场地使用情况,认为非常满足的教师有 56 名,认为较满足的教师有 173 名,认为一般的教师有 60 名,认为不满足的教师有 22 名。针对学生课外体育活动的场地使用情况,认为非常满足的教师有 35 名,认为较满足的教师有 178 名,认为一般的教师有 59 名,认为不满足的教师有 39 名。但是学生课余训练以及传统项目训练时会出现场地紧张问题,其中针对学生课余体育训练的场地使用情况,认为非常满足的教师有 63 名,认为较满足的教师有 44 名,认为一般的教师有 178 名,认为不满足的教师有 26 名。针对体育传统项目训练的场地使用情况,认为非常满足的教师有 39 名,表示较满足的教师有 56 名,认为一般的教师有 185 名,认为不满足的教师有 31 名。

表 25　体育传统校场地不同活动使用的满足度　N＝311

类　　别	非常满足	较满足	一般	不满足	非常不满足
正常体育课教学	56	173	60	22	0
学生课外体育活动	35	178	59	39	0
学生课余体育训练	63	44	178	26	0
体育传统项目训练	39	56	185	31	0

(二)体育经费运用情况

1.体育传统校的经费来源分析

京津冀体育传统校协同发展背景下,受北京辐射带动作用,天津市和河北省的教育部门在原有拨款支持的基础上,再次提高对体育传统项目的资金支持力度。走访得知,京津冀传统校体育经费来源有学校经费、教育局或体育局拨款及自筹等方式。教育局和体育局拨款是经费的主要来源,其次是学校经费。然而,学校体育经费不能一味地依靠上级部门,而应该适当多元化发展,广泛吸纳社会资金,灵活运用社会资金,既能提升学校的知名度,又能缓解传统校协同发展的资金压力,进而加快协同发展的进程。

2. 体育传统项目课程学习学费的收取形式

从表 26 可看出,当前在京津冀体育传统校协同发展的大趋势环境下,三个地区的大部分学校纷纷将本校的体育传统项目设置成免费学习科目,这是学校顺应京津冀体育传统校协同发展,增加本校与其他学校以及其他地区学校交流和学习的重要举措。这一举措能够切实推动京津冀地区体育传统校学生、训练队伍和教师的交流,互相学习,推动京津冀体育传统校的协同发展。建议未将传统项目设置成免费课程的学校尽快加入设置,共同推动京津冀体育校的协同发展。

表 26 体育传统项目课程学习的学费收取形式调查表 N = 311

区域	自费	免费	总计
北京	10	117	127
天津	9	111	120
河北	12	52	64
总计	31	280	311

3. 当前体育经费对学校体育课程和各项体育活动开展的满足情况

对于"体育经费是否满足学校体育课程开设和各项体育活动的开展"这一问题,京津冀体育教师的回答各有不同。如图 9 所示,北京市认为经费支持非常满足的体育教师有 43 名,较满足的 58 名,一般的 19 名,不满足的没有。天津市认为经费支持非常满足的体育教师有 38 名,较满足的 64 名,一般的 26 名,不满足的 3 名。河北省认为经费支持非常满足的体育教师有 18 名,较满足的 23 名,一般的 19 名,不满足的 4 名。

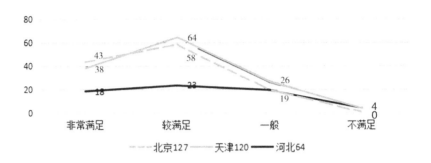

图9　体育经费对学校体育课程和各项体育活动的开展

满足情况统计图　N＝311

进一步对比分析京津冀传统校经费满足状况可以看出,北京市的经费支持力度远远大于其他两个地区,这也是北京市体育传统校发展状况整体高于天津和河北的重要原因。在京津冀协同发展背景下,京津冀体育部门应增加经费支持力度,再加上学校自身对体育经费的补充,以满足传统校的体育经费,学校体育活动经费是支撑京津冀地区体育传统校协同发展的重要根基。

4.体育经费运用的合理状况分析

体育经费的使用合理程度决定了其经费是否能够满足学校体育课程开设及体育活动正常开展,也是促进京津冀体育传统校协同发展的另一重要条件。如图10所示,京津冀体育传统校的经费使用状况整体合理,其中认为非常合理的教师京津冀分别为46名、34名、17名;认为较合理的分别为43名、52名、25名;认为一般的分别为37名、30名、19名;认为不合理的分别为1名、4名、3名。

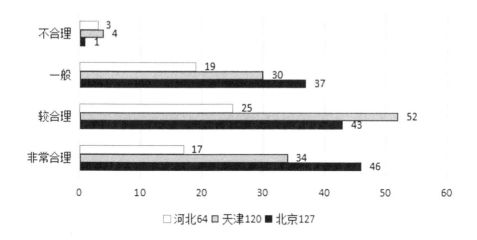

图 10 体育传统校的体育经费运用的合理状况 N = 311

进一步对比分析京津冀区域之间的合理程度发现,北京市的经费使用比其他两地区更加合理,建议天津市和河北省的体育传统校加强与北京市传统校的交流,学习经验,优化其经费使用情况,促进京津冀体育传统校的协同发展。

第三节 京津冀体育传统校协同发展的
影响因素分析

一、制约京津冀体育传统校协同发展的因素分析

从表 27 京津冀体育传统校体育教师对制约协同发展因素的态度可以看出,排在第一位的体育传统项目的发展,其"非常重要"和"较重要"的比例占 91.32%（284 人）;其次是体育场馆资源的利用,其"非常重要"和"较重要"的比例占 88.78%（273 人）;随后是学校建设,占 80.39%（250 人）;接下来是后备人才培养和体育教师业务水平,分别占 77.49（241 人）和 75.89%（236 人）;排在最后的是学生体质健康水平,占 40.83%（127 人）。这说明,第一,体育传统项目的发展是制约京津冀体育传统校协同发展的重要因素,体育项目是传统校申报的重要载体。调查表明,京津冀体育传统校［国家级和省（市）级］体育传统项目共涉及田径、游泳、武术、篮球、排球、足球等 33 项,涉及面较广,但是项目布局不够合理。例如,田径、足球和篮球出现扎堆和部分项目开设数量较少现象,无法体现地方特色和学校特色项目,既不利于体育传统项目的普及发展,也影响了竞技体育后备人才的培养。再如,体操作为体育之父,也是我国奥运会夺金的传统优势项目,但是京津冀开设体操的传统校仅有天津 1 所;群众基础较好的网球和青少年喜爱的跆拳道,也存在开设学校少和区域分布不合理的现象。可见,京津冀体育传统校传统项目的布局缺乏合理的规划和整体的顶层设计,既阻碍了体育传统项目的发展,也影响了京津冀体育传统校的协同发展。

表 27 体育教师对"制约京津冀体育传统校协同发展"因素的态度 N = 311

制约因素		非常重要	较重要	一般	不重要	非常不重要
学校建设	人数	65	185	59	2	0
	%	20.90	59.49	18.97	0.64	0
体育传统项目的发展	人数	214	70	27	0	0
	%	68.81	22.51	8.68	0	0

续表

制约因素		非常重要	较重要	一般	不重要	非常不重要
学生体质健康	人数	22	105	166	10	8
	%	7.07	33.76	53.38	3.21	2.57
体育教师业务水平	人数	135	101	75	0	0
	%	43.41	32.48	24.12	0	0%
后备人才培养	人数	110	131	70	0	0
	%	35.37	42.12	22.51	0	0
体育场馆资源的利用	人数	98	175	35	2	1
	%	32.51	56.27	11.25	0.64	0.32

第二,体育场馆资源的运用是体育传统项目开展的重要保障。充足的体育场地资源是保证体育教学训练顺利进行的重要载体,直接影响着学生参与体育课和体育锻炼的兴趣。[1] 虽然京津冀体育传统校体育场馆器材在国家和地方政府的不断投入中得到改善,师生对学校体育场馆资源的认可程度尚好。但是调查中屡屡出现同一场地同时多个班级授课的现象,分析原因,一方面,学校课程安排存在不合理现象,另一方面,体育场馆资源不能完全满足体育课程和课外体育活动的需求。也有研究表明[2],体育场地与器材设备的缺乏也是影响北京市体育传统校课余训练与竞赛活动的重要制约因素之一。另外由于缺少规划和协作交流,学校之间和校社(学校和社会,例如俱乐部)体育场馆资源的整合利用机制尚未形成,毫无疑问,体育传统校场馆资源的建设、合理规划和优化整合成为亟待解决的问题。

第三,后备人才培养是体育传统校申报和评价的重要指标。我们知道,训练和竞赛是后备人才培养的重要手段。目前,全国性传统校比赛有田径、游泳、武术、篮球、排球5个项目。北京市针对12个传统项目举办体育传统

---

① 周亚明.天津市体育传统校教练员现状与对策研究[D].天津体育学院硕士论文,2015:18 - 19.

② 王晓楠.北京市体育传统校现状的调查研究[D].首都体育学院硕士论文,2010:32 - 34.

校系列比赛,2018 年又新增加网球项目①,要求北京市级和国家级传统校必须参加;河北省针对 3 个项目开展比赛,每年进行一次。虽然京津冀体育传统校学生训练竞赛活动初见成效,但是尚未形成完善的联赛机制,天津市还没有针对传统校的比赛,而且尚未举办京津冀体育传统校的系列比赛。另外也有研究表明,小学—初中—高中体育人才选拔与培养的渠道不畅通、国家对体育特长生的招生的限制、运动员运动技术等级审批的制约等因素都严重地阻碍了传统校的发展。

第四,体育教师业务水平是体育传统项目开展和学生训练竞赛的关键。国家体育总局和教育部自 2008 年开展"全国体育传统校体育教师培训"起已有十多年,对提供传统校体育教师师资水平具有重要的推动作用。② 随着中小学体育教师应聘门槛的提高和国家对体育师资重视程度的提高,京津冀体育传统校体育教师学历、职称、教龄、运动技能和裁判等级方面较好,这为传统校的发展提供了保障。但是体育教师认为由于经费、教学任务、竞赛等原因参加交流培训的机会较少,使得其在掌握信息和先进教学方法技能方面难以与时俱进。目前尚未举办京津冀体育教师培训和交流,尚未形成京津冀体育传统校教师培训交流的机制。

第五,学生体质健康虽然排在最后一位,但是,体育传统校的设立、京津冀体育传统校协同发展的重要目的之一就是促进学生体质健康。

最后,需要指出的是,虽然京津冀体育传统校规模在逐渐增大,但是等级划分的混乱现象在一定程度上制约了京津冀体育传统校的协同发展。2013 年修订实施的《体育传统校管理办法(体青字[2013]10 号)》中明确规定③,体育传统校分为国家级、省级和地市级三类,其中,国家级传统校作为最高级别,由各省(区、市)体育、教育行政部门向国家体育、教育行政部门提出申报,国家体育、教育行政部门共同组织专家审核并命名,每 3 年进行 1

---

① 北京市体育局青少体育处. 北京市体育局北京市教育委员关于举办 2018 年北京市体育传统校系列比赛的通知(京体青字[2018]1 号)[EB/OL]. http://www. bjsports. gov. cn/bjstyjsjdxm/tzgg93/1512447/index. html.

② 田丁吉. 全国体育传统校体育师资培训现状调查研究[D]. 首都体育学院硕士论文,2017;32 − 33.

③ 国家体育总局,教育部. 体育传统校管理办法(体青字[2013]10 号)[EB/OL]. http://old. moe. gov. cn//publicfiles/business/htmlfiles/moe/s7914/201403/165026. html.

次;省(区、市)级体育传统校是由地市级传统校向所在地体育、教育行政部门申请,经专家审核批准并报省(区、市)体育、教育行政部门备案后,由其命名,并报国家体育、教育行政部门备案。我们知道,北京、天津和河北的行政区划分不同,从而导致三个区域内体育传统校命名或等级混乱,如在"省级"这一等级的称谓上,北京市和天津市分别称为"北京市级传统校"和"天津市级传统校",而河北省则直接称为"河北省级传统校",造成管理上的混乱,从而影响传统校的发展和京津冀一体化的协同发展。

二、促进京津冀体育传统校协同发展的因素分析

从表28可以看出,体育教师认为"制度建设""组织机构""体育经费"对京津冀体育传统校协同发展均以非常重要为主,分别占调查教师总人数的63.99%、49.84%和54.34%;认为"网络平台建设""体育教师交流""管理模式"和"体育赛事"对协同发展主要为比较重要,分别占调查的50.48%、48.87%、47.91%和47.27%;而交换生为一般重要,占调查的49.52%;联动机制建设非常重要和较重要所占不分上下,分别占39.87%和38.91%。

表28　体育教师对"京津冀体育传统校协同发展"促进因素的态度　N=311

因素		非常重要	较重要	一般	不重要	非常不重要
制度建设	人数	199	76	35	1	0
	%	63.99	24.44	11.25	0.32	0
组织机构	人数	155	72	80	3	1
	%	49.84	23.15	25.72	0.96	0.32
体育教师交流	人数	89	152	65	2	3
	%	28.62	48.87	20.90	0.64	0.96
交换生	人数	50	102	154	3	2
	%	16.08	32.80	49.52	0.96	0.64
体育赛事	人数	102	147	59	2	1
	%	32.80	47.27	18.97	0.64	0.32
体育经费	人数	169	102	40	0	0
	%	54.34	32.80	12.86	0	0

续表

因素		非常重要	较重要	一般	不重要	非常不重要
管理模式	人数	87	149	70	3	2
	%	27.97	47.91	22.51	0.96	0.64
网络平台建设	人数	56	157	75	21	2
	%	18.01	50.48	24.12	6.75	0.64
联动机制建设	人数	124	121	66	0	0
	%	39.87	38.91	21.22	0	0

进一步分析表28可以得出,京津冀体育传统校体育教师对上述促进协同发展的因素中认为非常重要和较重要排在前三位的是制度建设、体育经费和体育赛事,分别占88.43%、87.14%和80.07%;位于第四至七位的是联动机制建设、体育教师交流、管理模式和组织机构,各占78.78%、77.49%、75.88%和72.99%;排在最后两位的是网络平台建设和交换生,各占68.49%和48.88%。这说明,第一,制度建设和体育经费对京津冀体育传统校协同发展至关重要,是协同发展的重要保障;第二,传统校的协同发展以体育传统项目为抓手,而体育赛事对项目的开展具有重要作用,因此,定期举办体育比赛,建立京津冀体育传统校联赛是传统校协同发展的重要手段之一;第三,联动机制是协同的重要制度保障,而管理模式和组织机构均可属于制度建设,因此,联动机制的建设将是协同发展的重要路径;第四,体育教师交流和学生交换也均可作为协同发展的内容,这也能在一定程度上推进协同发展。

综上,构建京津冀体育传统校协同发展联动机制是京津冀体育传统校协同发展的重要举措。加强京津冀体育传统校协同发展联动机制的顶层设计,构建京津冀协同发展联动机制的组织机构、保障机制、奖励机制等成为京津冀体育协同发展亟待解决的关键所在。

本章小结

第一,京津冀国家级和省(市)级体育传统校整体情况较好,共658所,其中,国家级67所,省(市)级591所。从数量来看,北京最多238所,其中,国家级26所,省(市)级212所;天津次之222所,其中,国家级22所,省(市)级200所;河北最少198所,其中,国家级19所,省(市)级179所;从地区分布来看,主要分布于经济发达的市区。

第二,京津冀体育传统校共开展传统项目34个,河北省开展项目最多,24个,北京和天津各19个;其中,排在前三名的是田径(412)、篮球(251)和足球(167),接下来是乒乓球(88)、排球(64)、游泳(42)、武术(37)、健美操(37);体操、女足、高尔夫球、象棋、赛艇、皮划艇、散打、空竹、柔道和摔跤各1所;网球4所,跆拳道13所;击剑、射击、举重、毽球和垒球分别为3、4、5、5和11所。整体来看,项目较为开展项目较为集中,项目分布不平衡。

第三,京津冀体育传统校训练队训练频率缺乏统一性,参赛情况尚好;体育教师以本科和硕士研究生的青年教师为主,能够满足教学和训练的需要,教师参与培训交流的次数有待提升;学生体质健康状况存在显著性差异,北京优于天津和河北;学生课外体育锻炼活动较好,仍有提升空间;体育教师对体育场馆使用情况满意度不高;北京市经费支持力度和合理性方面优于天津和河北。

第四,京津冀体育传统校体育教师对京津冀体育传统校协同发展持肯定态度,认为制约其协同发展的因素主要包括学校建设、体育场馆资源的利用、后备人才培养和体育教师业务水平;认为促进协同发展的因素主要包括制度建设、体育经费、体育赛事、联动机制建设、体育教师交流、管理模式和组织机构等。

综上,京津冀体育传统校协同发展是一个长期的系统工程,涉及体育传统校规模与分布、传统项目结构与布局、体育师资培训、运动训练与竞赛、学生体质健康与课外体育、体育场馆资源与体育经费等方方面面。促进京津冀体育传统校协同联动发展成为亟待解决的问题。联动机制机构建能有效地将各地区、各领域、各环节有机衔接,相互促进,是京津冀体育传统校协同发展的有效途径,因此,构建京津冀体育传统校协同发展联动机制、拓展后备人才输送渠道、构建体育教师培训交流机制等成为推动京津冀体育传统校协同发展的关键环节。

第三章　京津冀体育传统项目学校协同发展联动机制的构建研究

京津冀协同发展上升为国家战略之后,各学科领域对京津冀协同发展的探索研究正在如火如荼地进行。在体育领域,体育传统校作为学校体育和运动训练管理的重要形式对我国体育事业的发展意义深远,不仅能促进京津冀体育事业的发展,而且对推进京津冀协同发展具有重要意义。

随着我国改革开放的布局与发展到"十三五"的规划与实践,我国的综合国力、教育实力都已经发生翻天覆地的变化。体育传统校自创立30多年以来,已经形成了以项目为主导,以后备人才培养为目标的发展模式,取得一定实效。但是,前期调查研究发现:在京津冀区域内部体育传统校发展不平衡,具体表现为经费机制运行不畅、监管机制落实不到位、奖励机制无法保障、机制构建不完整等。究其原因在于宏观把控力度不够、缺乏政策保障、经费流动不畅通、管理机构冗杂、监管机构不作为等。

鉴于此,本章内容以区域合作论、机制设计理论及协调理论为指导思想,运用问卷调查法、实地调查法、跨学科研究法、专家访谈法等方法,在京津冀体育传统校协同发展现状调查分析的基础上,首先,从组织、管理、经费、竞赛、衔接、评估等维度构建一套程序规范、内容全面的京津冀体育传统校的联动体系,总结京津冀体育传统校联动的优劣势;其次,从机制设计的角度构建京津冀体育传统校联动机制,将联动机制覆盖京津冀区域间的联动、传统校之间的联动、学校传统体育项目间联动三个层面;然后,分析京津冀体育传统校联动机制的运行保障;最后,以京津冀体育传统校协同发展联动机制为导向,以京津冀体育传统校为核心,探讨京津冀体育传统校协同发展联动机制的实施举措。

第一节　京津冀体育传统项目学校
协同发展联动机制的必要性

一、构建联动机制是顺应时代发展的必然

自党的十八大以来,中国经济逐渐进入新常态,北京"大城市病"和京津冀区域发展不平衡的问题更加突出,京津冀协同发展问题迫在眉睫。2014年,习近平在京津冀协同发展工作座谈会上指出,实现京津冀协同发展是国家的重大发展战略,要加快走出一条科学持续的协同发展路子来……要增强推进京津冀协同发展的自觉性、主动性和创造性。2017年习近平再次强调区域协调发展的重要性,以增强京津冀区域发展的协同性和整体性。十九大报告再次强调区域协调发展的重要性,并明确提出①,区域协同发展是区域协调发展的最高层次,国家将全面落实区域协调发展战略,推动京津冀协同发展。随着京津冀协同发展领导小组的成立和《京津冀协同发展规划纲要》的出台,京津冀协同发展也在不断地部署和落实,生态、产业和交通成为京津冀协同发展的率先突破点,体制机制创新也成为京津冀协同发展的关键环节。

为促进京津冀协同发展和我国体育全面协调可持续发展,实现建设体育强国,国家体育总局出台了《体育发展"十三五"规划》,并明确提出②,积极推进京津冀区域体育协同发展,构建区域体育协同发展的体制机制,共同打造合作平台,促进区域在体育资源共享、制度对接、要素互补和指挥协同方面的良性互动,推动区域在体育健身圈建设、体育赛事举办、体育人才培养交流等方面的协同发展。同时提出,加快青少年体育发展,打造青少年体育活动和赛事活动品牌,加强体育传统校建设,建成各级体育传统校15000所以上,国家级传统校500所。为进一步落实《体育发展"十三五"规划》和推动京津冀体育协同发展,京津冀三地体育局分别签署《深入推进京津冀体

---

① 崔丹,吴昊,吴殿廷.京津冀协同治理的回顾与前瞻[J].地理科学进展,2019,38(1):1-14.

② 国家体育总局发布《体育发展"十三五"规划》[Z].2016-7-13.

育协同发展议定书》和《京津冀青少年体育协同发展框架协议》。据此,京津冀体育传统校协同发展符合京津冀协同发展和京津冀青少年协同发展的时代需求。

我们知道,习近平将联动视为实现利益共赢、各国共同发展繁荣的路径,他五次参加 G20 峰会,三次以联动为题发展主旨演讲。京津冀协同发展战略的实施,旨在通过产业一体化、交通一体化等推动京津冀三地联动发展,打造中国经济新的增长点。① 京津冀体育传统校的协同发展符合京津冀协同发展的现实需求,联动作为京津冀体育传统校协同发展的路径,其目的是实现京津冀互利共赢和共同发展。京津冀体育传统校协同发展联动机制,作为探索京津冀协同发展体制机制创新的重要抓手,是实现京津冀三地优势互补、互利共赢的重要手段,是探索京津冀体育传统校良性互动的运行方式,符合时代发展的要求和京津冀体育传统校发展的现实需求。

二、构建联动机制是促进京津冀体育传统校协同发展的客观需求

(一)有利于体育传统校体育教师自身素质的提升

2018 年,中共中央教育部《关于全面深化新时代教师队伍建设改革的意见》提出,深入贯彻落实党的十九大精神,造就党和人民满意的高素质专业化新型教师队伍,全面提升国民素质和人力资源质量。体育教师作为京津冀体育传统校体育工作的主要执行者,教师所具备的知识、技能、信息、道德和业务水平,既是京津冀体育传统校协同发展的重要因素,也是体育传统校自身发展的关键。京津冀体育传统校协同发展联动机制,采用交流、培训等方式和手段,加强传统校内和学校之间体育教师的沟通交流,同时,组织不同层次和区域的体育教师进行培训,提升其综合素质。

(二)有利于体育传统校后备人才的培养

随着我国政治、经济、文化的快速发展,我国竞技体育取得了世界瞩目

---

① 赵瑾.习近平关于构建开放型世界经济的重要论述——理念、主张、行动与贡献[J].经济学家,2019(4):5-12.

的成绩,而竞技体育后备人才的培养是竞技体育发展的重要保障,可以说是我国竞技体育发展过程中的永恒话题。只有不同运动项目后备人才源源不断的涌现,我们才有可能实现从"体育大国"向"体育强国"转变的战略目标。体育传统校作为培养体育后备人才的重要途径之一,其发展能推动我国竞技体育事业的发展。京津冀体育传统校协同发展联动机制旨在建立京津冀传统校后备人次培养机制,协同有效资源、发挥竞赛导向作用,结合京津冀区域各体育传统校项目发展的特点,发挥优势项目的龙头导向,带动其他地区的发展,形成优势互补,培养更多更优秀的竞技体育后备人才。

(三)有利于体育传统校学生体质健康水平的提高

人才培养的质量直接影响着国家的综合实力,青少年作为国家的未来,其体质健康水平是国家人才质量的基础和保障。2016 年国务院办公厅《关于强化学校体育促进学生身心健康全民发展的意见》明确提出,把加强青少年体育锻炼作为提高全民健康素质的基础工程,强化体育课和课外体育锻炼,促进青少年身心健康和体魄强健,提高青少年体质健康水平。但是,体质健康问题一直是我国青少年学生整体素质的明显短板,并引起各界人士的广泛关注。促进学生体质健康是国家设立体育传统校的重要目标之一。体育传统项目的开展有利于学生掌握运动技能和参与体育活动,体育传统校的协同发展亦能促进学生体质健康水平。京津冀体育传统校联动机制的建立,通过不同地区、不同学校体育场馆资源的协调使用,提高学生参与体育活动的主动性和积极性,引导学生掌握一两项运动技能,长期坚持体育锻炼,促进体质健康。

(四)有利于体育传统项目的推广

体育传统校的设立是以体育传统项目为载体,并将推广体育传统项目作为重要目的之一。体育传统校在评定中将"保证学生每天 1 小时体育活动""有计划地把体育传统项目活动纳入体育教学和课外体育活动中""学生参与体育传统项目活动的人数""组织开展体育传统项目竞赛活动"等列入评定标准。京津冀各类体育传统项目竞赛活动的开展,学生体质健康水平的提升,学生每天锻炼 1 小时和体育活动的开展,都是以传统项目为载体,均在不同程度上承担了推广项目的使命。例如,2016 年 3 月,北京市体育局与北京市教育委员会联合主办北京市体育传统校系列比赛,来自北京市600多所中小学校的17328名参赛选手,先后参加足球、篮球、排球、棒球、垒球、游泳、乒乓球、跆拳道、武术、羽毛球、网球、健美操、定向、田径14个传统体育项目竞赛。虽然该比赛仅有北京市体育传统校参加,但是对传统项目的推广起到了一定的作用。京津冀体育传统校协同发展联动机制的构建将促进京津冀区域比赛的举办,促进京津冀地区学校参加,鼓励更多的学生参与,更有利于体育传统项目的发展。

第二节 京津冀体育传统项目学校
协同发展联动机制的规划

一、联动机制的内涵

京津冀体育传统校联动机制,在属性上属于"软件制度类机制",指以京津冀体育传统校协同发展为目的,京津冀体教部门和体育传统校之间相互合作、联合行动的运行方式。该联动机制基于京津冀一体化背景,通过对京津冀现有体育传统校管理机构的改革和重组,加强其管理、指导和控制,促进京津冀参与协同的体育传统校相互作用并产生协同效应,形成有序、可持续发展。

京津冀体育传统校联动机制的形式和内容涉及较为广泛。首先,目标要明确,既包括长期目标,又包括短期目标;其次,联动机制的设计是在机制设计理论指导下进行的,针对京津冀体育传统校而言,联动机制的形式应依据不同项目的特点而进行,建立传统校家校联动机制、校社联动机制、后备人才培养联动机制、师资培训联动机制、传统项目联赛联动机制等。

京津冀体育传统校联动机制的目标是实现京津冀体育传统校的协同发展。即通过京津冀体育传统校联动机制的运行,解决现阶段京津冀区域内和区域间体育传统校所面临的主要问题;加强对区域内和区域间体育传统校的指导、管理和控制,增强不同区域、不同等级、不同项目传统校内部和之间的相互联系,促进协同发展;通过辐射示范作用带动京津冀其他学校,促进京津冀体育协同发展,推动我国体育事业的发展。

二、联动机制的构建原则

(一)可持续发展原则

可持续发展是指既满足当代人需求,又不损害后代人满足其需要的能力。它包括四个方面:公平性、持续性、共同性和阶段性。京津冀体育传统校的协同发展是一个长期且艰巨的过程,在其联动机制的设计过程中要坚持可持续发展原则。

1. 公平性原则

京津冀体育传统校协同发展,是指把京津冀三地的体育传统校看作一个整体进行统筹兼顾,在其联动机制的设计过程中坚持公平性原则。公平性原则是指机会选择的平等性、代际公平和人与自然公平三个方面。一是指京津冀同级别体育传统校之间的横向公平性,对于体育传统校的奖励、制约和保障需要公平,既不能因为某个体育传统校所处的城市不同或者所承办的项目不同而有区别对待,也不能因为维护一个或几个体育传统校的利益损害其他学校的利益。二是指代际公平性,京津冀体育传统校当下的发展不能对其今后的发展造成不利影响,例如不能为了当下体育传统校的发展投入过多财力,造成财政亏空从而影响本区域对今后体育传统校发展的持续支持与保障。三是指人与自然的公平,京津冀体育传统校的建设不能以损害自然环境、破坏生态平衡为代价。京津冀体育传统校的协同发展要求各省市、各级别、各项目体育传统校都不能处于被支配的地位,即各学校都有同等选择和被选择的空间和机会。

2. 持续性原则

持续性原则指在京津冀体育传统校协同发展的过程中,某学校或者某地区受到某种干扰时,与之联动的体育传统校能够继续保持原有状态,尽量减少受到不良影响。另外,场馆资源的持续利用和运行方式的持续保持是京津冀体育传统校协同发展的首要条件。

3. 共同性原则

共同性原则指京津冀区域内和区域间体育传统校要步调一致,各学校要共同参与。不管是京津冀区域整体的相关政策和行动,还是京津冀各省市内的相关政策和行动都应该有助于京津冀体育传统校的整体发展,例如师资培养、竞赛交流、场馆建设等,既需要京津冀传统校共同发展,也需要保障各传统校的利益。

4. 阶段性原则

京津冀体育传统校的协同发展是一个长期的过程。首先,需要京津冀各地区、各体育传统校打破原有的"一亩三分地"观念,进行政策的制定和基础设施的建设;其次,需要反复的反馈调整,既要实现自身的发展,还要带动辐射范围内其他学校的发展,实现"1 + 1≥2"的目的。可见,联动机制的设计、修改与完善是一个长期且艰巨的任务。我们知道,随着时间推移和社会发展,人类的需求内容和层次是不断增加和提高的,因此,京津冀体育传统校联动机制的实践过程也是一个从低层次向高层次逐级推进的过程,在这个过程中,一定不能好高骛远、急功近利、顾此失彼,而应该循序渐进、分层级、按阶段进行。

（二）比较优势原则

比较优势原则是要求我们做到“人尽其才、物尽其用”,京津冀体育传统校联动机制的设计也需要依据此原则。北京体育传统校的优势在于管理、师资,天津体育传统校的优势在于场馆、器材的先进程度,河北体育传统校的优势在于地价、环境。因此,京津冀体育传统校协同发展联动机制的设计,需要充分考虑各地优势,使其各尽其才,优势互补。例如,一方的某种优势(便宜的低价)与另一方的优势(如先进的场馆建设理念)相结合,或者不同地区不同项目之间的有机结合,就会形成协同发展的新优势。

（三）动态性原则

动态性原则是指在京津冀体育传统校联动机制的设计过程中,要根据不断变化的形势对组织、政策进行动态调整。某一时期或者某一阶段,对于体育传统校的要求是有弹性的,动态性原则要求我们根据不同的情况科学规划,在适宜的环境下执行适宜的决策,而不是一成不变的。京津冀协同发展的实质是改革,体育传统校联动机制的实质是改革的具体措施,改革是一个不断尝试的动态过程,因此,在这个过程中需要坚持动态性原则,根据京津冀体育传统校的现实状况和协同发展的实际进展,结合发展的需求,实时监控、实事求是,并及时作出动态的调整。

（四）务本性原则

务本性原则是指京津冀体育传统校联动机制的设计要基于根本,在规划、设计、实施上不能偏离“学校”二字。无论是学生课余体育活动,还是业余体育训练都是在“学校”条件下进行。“学校”是有计划、有组织地进行系统教育活动的组织机构,体育传统校与专业体育队不同,它们本身大都是小学、初中、高中及各类中专学校,主要任务是培养学生,所以在京津冀体育传统校联动机制的设计过程中,要谨记体育传统校的功能和本质,不能为体育或地区协同发展而影响传统校或教育的本质。

（五）创新性原则

创新是推动民族进步和社会发展的不竭动力,2014 年李克强总理在夏季达沃斯论坛上发出"大众创业、万众创新"的号召,创新已成为这个时代的重要标志。创新性原则亦成为京津冀体育传统校联动机制的设计必须遵循的原则。大胆创新、小心求证,利用先进的理论和科学研究方法进行探索,积极借鉴其他领域的新做法、新举措,进而打破僵局,形成京津冀体育传统校协同发展的新格局。

第三节　京津冀体育传统项目学校
协同发展联动机制的设计

　　"简政放权"是转变政府职能、全面深化改革的必然要求,也是京津冀协同发展必须坚持的准则。机制设计原理认为,一个完整的机制包括机制的构造、功能与作用机理、形式与载体三方面。鉴于此,京津冀体育传统校联动机制从联动机制的构造、联动机制的功能与作用机理、联动机制的形式与载体三个层面进行设计(见图11),在符合"简政放权"的基础上,力求简化流程、创新服务方式。

图11　京津冀体育传统校协同发展联动机制的三个层面

一、联动机制的构造

　　在查阅资料和访谈专家的基础上,得到京津冀体育传统校协同发展联动机制的构造初步设想,设计出第一轮专家调查问卷(见附件2－2－1)。第一轮专家调查结果显示,"成立京津冀层面的体育教研小组,统一对中小学体育课的教学研究"和"调整京津冀体育传统校划分,按项目、等级重新划分传统校"两项得分分别为3.93和3.16,均低于4.00分,建议删除该指标;另外,多数专家建议,需要在联动机制中补充完善"反馈系统",用于联动机制的自我发展与完善。在此基础上,修改完善问卷,形成第二轮专家问卷(见附件2－2－3)。由表29第二轮专家得分统计表可以看出,专家对本研究设计的京津冀体育传统校联动机制的构成要素均比较认可(平均分≥4.5),其中,联动机制的行为人构成、联动机制规则、联动机制得益方式和联动机制的反馈系统描述的平均分分别为5分、4.81分、5.00分和4.97分,对制定者、执行者和参与者构成的平均分分别为5分、4.75分和4.69分;说明本研究设计的京津冀体育传统校联动机制的构成要素符合逻辑和需求。

表29　联动机制构造要素评定量表　　N＝16

联动机制的构造要素	主要内容	总分	平均分
联动机制行为人	由机制的制定者、执行者和参与者构成	80	5
制定者	成立京津冀层面的体育传统校协同发展委员会作为联动机制的制定者,负责相关政策、规定的修改与制定。委员会由体育方面的专家、学者和京津冀各体育传统校的领导、教师代表组成	80	5
执行者	成立京津冀层面的体育传统校协同发展小组作为联动机制的执行者,负责对具体政策的实施。发展小组与各级体育局相互合作,各级体育局青少处对发展小组负责	76	4.75
参与者	将京津冀区域内体育传统校重新洗牌,根据体育传统校的硬件设施、师资以及体育项目的开展情况重组体育传统校的等级划分	74	4.63
	将体育传统校等级划分为一级、二级和三级三个标准[一级对应国家级,二级对应省(市)级,三级对应地级(市)级和区级]	76	4.75
联动机制的规则	统一评定标准,对京津冀区域内各体育传统校统一划分。体育传统校是联动机制的参与者,享受一定的权利,履行一定的义务	77	4.81
联动机制的得益方式	以体育人才收益、区域经济收益、辐射带动收益、产业转型及区域发展收益作为得益方式	80	5.00
联动机制的反馈系统	建立京津冀体育传统项目学校评审办公室,负责对联动机制内部各个部门及体育传统校的工作情况进行评价考核,通过实地考察、网上评议等方式对其进行评定考核,并将联动机制中出现的矛盾与问题反馈到调整机构	79	4.94
联动机制的反馈系统	建立京津冀体育传统项目学校监督办公室,负责对联动机制内部各管理人员、工作人员进行监督管理,并将监督过程中发现的问题反馈至调整机构	80	5.00

据此,京津冀体育传统校协同发展联动机制的构造包括联动机制的行为人、联动机制的规则、联动机制的得益方式和联动机制的反馈系统四个方面(见图12)。联动机制的行为人规定机制运行的主体与客体,联动机制的规则是对机制各行为人权利与义务的规定,联动机制的得益方式是机制实施所需要获益的方式,联动机制的反馈系统是机制正确运行的内部保障。

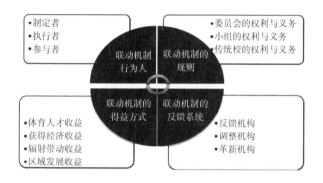

图 12 京津冀体育传统校协同发展联动机制的构造层面示意图

(一)联动机制的行为人

机制的行为人规定机制运行的主体与客体,具体包括机制规则的制定者、执行者和参与者。[1] 如图13所示,在京津冀体育传统校协同发展联动机制行为人中,制定者指京津冀体育传统校协同发展委员会,作为规则制定的主体,主要负责制定和完善规则;执行者指京津冀体育传统校协同发展小组,负责执行制定者制定的机制规则和监督制约参与者的行为;参与者指京津冀区域各体育传统校,主要是在规则的约定下参与行为,是具体的实施者。其中,为了保证参与者的权利,执行者和参与者作为规则制定的客体,指存在于机制之中按照规则的要求,科学合理实施制定者规定行为的人或单位。

---

① 金今花,王健.规制者:目标、职能与体系[J].行政与法,2007(7):1-3.

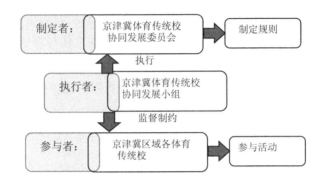

图 13　京津冀体育传统校协同发展联动机制的行为人结构图

1.制定者:京津冀体育传统校协同发展委员会

京津冀体育传统校协同发展委员会是京津冀体育传统项目协同发展联动机制的制定者,协同发展委员会作为"首脑",主要任务是选举京津冀体育传统校协同发展领导小组(执行者)的组长和制定修改联动机制运行中的相关政策、法规。鉴于京津冀协同发展的长期性、艰巨性和反复性,为更好地兼顾统筹京津冀三地体育传统校的实际情况,建议其委员会由教育部发改委总局等部门相关领导、京津冀体育局部门相关领导、京津冀体育院校专家学者代表和京津冀体育传统校领导与教师代表组成(见图14)。

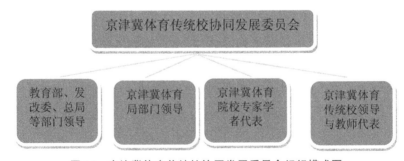

图 14　京津冀体育传统校协同发展委员会组织模式图

笔者认为,委员会成员必须具备大局意识,能够在制定规则中保持正确的立场,从整体利益出发;具备及时掌握国家层面相关政策、信息的能力和相关的学科知识,能够促进京津冀体育传统校的协同发展。委员会应建立例会制度,定期进行京津冀体育传统校协同发展的工作会议,根据现实状况和实际需求制定、修订京津冀体育传统校协同发展的文件规定,如京津冀体育传统校协同发展管理办法等,以实现和保障其协同联动发展。

2.执行者:京津冀体育传统校协同发展小组

京津冀体育传统校协同发展小组是京津冀体育传统校协同发展联动机制的执行者,主要负责对京津冀体育传统校协同发展联动机制中相关政策法规的执行、监督和反馈。鉴于目前京津冀体育传统校的管理存在职责不清的情况,例如有的传统项目学校由体育部门负责,有的由教育部门负责,要实现京津冀体育传统校的协同发展首先必须改变这一困境,建议在京津冀内部设置一个体育传统校的主管部门,负责其日常行政工作。如图15所示,京津冀体育传统校协同发展小组由领导机关、内设机构和派出机构三个层面构架组成。

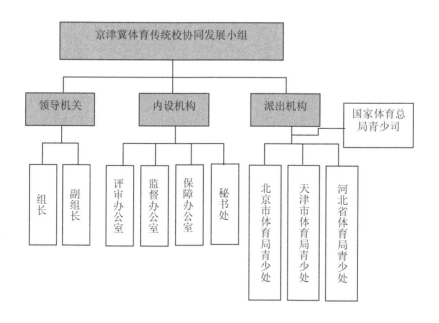

图15　京津冀体育传统校协同发展小组组织模式图

第一层为京津冀体育传统校协同发展小组的领导机关,内设组长一名、副组长两名,负责主持执行日常的行政事务。京津冀体育传统校联动机制的设计基于京津冀协同发展的大背景下,通过联动机制使三地体育传统校进行联动保证其协同发展的机制,所以对于联动机制执行者划分也应该上升到京津冀层面。目前,国家层面由发改委组成了相应的京津冀协同发展领导小组,笔者认为关于京津冀体育传统校的协同发展也应该效仿这一做法。在京津冀层面或京津冀体育协同发展领导小组下设立"京津冀体育传统校协同发展工作小组",如图 16 所示,三名组长的产生由国家发改委、国家体育总局和教育部直接提名,然后由京津冀体育传统校协同发展委员会通过投票选举确定,可采取等额或差额的选举方式。

第二层为京津冀体育传统校协同发展小组的内设机构,由秘书处、评审办公室、监督办公室和保障办公室四个部门构成。秘书处下设若干行政办公室,负责日常行政工作的执行,包括竞赛训练办公室、资源管理办公室、规划建设办公室、网络信息办公室、项目综合办公室、法规宣传办公室等。评审办公室负责对京津冀区域内体育传统校进行统一的评定与审核。监督办公室负责对京津冀区域内体育传统校进行监督、监察和对联动机制内部的工作人员进行廉政督导。保障办公室不仅要负责对经费、师资、场馆器材等人、财、物的资源进行物质保障,还要负责向上级部分反馈京津冀各体育传统校的开展和运行情况,从而实施政策负责和利益调节。

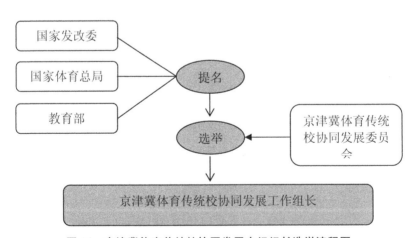

图 16 京津冀体育传统校协同发展小组组长选举流程图

第三层为京、津、冀三地体育局的青少年训练处(简称青少处)。三地青少处由国家体育总局和京津冀体育传统校协同发展小组联合管理,它们既是各级体育局的内设机构又是协同发展小组的派出机构。青少处主要负责协同发展小组具体工作的实施、对各级体育传统校具体工作的上传下达,同时加强各地体育局之间的沟通交流。

3.参与者:京津冀区域内各级体育传统校

京津冀体育传统校协同发展联动机制的参与者是京津冀区域内的各级体育传统校,它们在联动机制中处于重要地位,所有活动均由他们来实施完成,是协同发展工作的最后落实者,其活动受京津冀体育传统校协同发展工作小组的领导和监督。目前,京津冀地区共有国家级和省(市)级体育传统校658所,其中北京238所,天津222所,河北198所;传统项目涉及田径、篮球、足球、排球、游泳、体操、武术、乒乓球、网球等33个运动项目;研究表明,由于京津冀行政区划分不同而导致其体育传统校等级秩序紊乱,如北京和天津将等级分为市级、区级,河北省则分为省级、市级、区级;[①]并且区县级体育传统校由于缺少主管部门,导致其管理悬空,不能发挥其功能。鉴于研究和管理需要,建议将京津冀区域内体育传统校重新洗牌,根据体育传统校的硬件设施、师资以及体育项目的开展情况重组体育传统校的等级划分,将体育传统校等级划分为一级、二级和三级三个标准[一级对应国家级,二级对应省(市)级,三级对应地级(市)级和区级],如此既能加强京津冀体育传统校的联动管理和资源整合,又能起到促进其协同发展的功效。

(二)联动机制的规则

京津冀体育传统校协同发展联动机制的规则是对其联动机制行为人的规定,是对其权利与义务的明确制定。从法学理论的角度来看,权利和义务的关系是一致且不可分割的,两者之间是互动关系的,没有义务,权利便不复存在;没有权利,义务也没有存在的必要性。同时,权利和义务又是为权力所保障的,权利与义务相统一的过程也是权力作用的结果。在京津冀体育传统校协同发展联动机制中,联动机制的各行为人均具有一定的权利与义务,各行为人的权利与义务共同组成了联动机制的游戏规则。

1.京津冀体育传统校协同发展委员会的权利与义务

京津冀体育传统校协同发展委员会作为京津冀体育传统校联动机制的

---

① 李相如.中国体育传统校发展现状与管理机制研究[J].体育科学,2006(6):16-27.

制定者,它是由教育部、发改委、国家体育总局和京津冀体育局部门相关领导、京津冀地区高等体育院校专家学者、京津冀体育传统校的领导和老师代表构成。首先,协同发展委员会成员具有享受联动机制会议的薪酬、食宿补助和误工补助的权利;其次,在联动机制的研究、革新方面,他们具有义不容辞的责任,需要通过科学研究、探讨制定并修改形成符合京津冀体育传统校协同发展现实状况的方案和建议;最后,对联动机制的实施和体育传统校的实际运行,他们还有监督和反馈的义务。

2. 京津冀体育传统校协同发展小组的权利和义务

京津冀体育传统校协同发展小组是联动机制的执行者,由国家权力机关产生,是国家权力机关的执行机关,它对国家权力机关负责,接受国家权力机关的监督。

在权利方面,京津冀体育传统校协同发展小组具有作出行政决策、发布行政命令和行政决策以及采取必要的行政措施的权利,有管理和监督下级部门及所属体育传统校的权利,及审核评定体育传统校等级的权利。在义务方面,京津冀体育传统校协同发展小组具有监督京津冀区域各体育传统校的日常工作,制约体育传统校的违规行为,保障体育传统校的经费、场馆、师资等正常需求的义务。

3. 各级体育传统校的权利与义务

京津冀各级体育传统校作为联动机制的参与者,在联动机制中处于主体地位。在日常工作中,体育传统校担当着管理者和组织者的角色,因此需要《教育法》《体育法》《体育传统校管理规定》等相关规定,以明确其权利与义务。

体育传统校的权利与义务相对复杂。在权利方面表现为:校行政决策权,依法获得专项经费、体育场地的权利,管理体育传统校内部个体的权利,并具有对其进行奖励、惩罚的权利。其义务同权利一样,是依据法律法规而来,主要包括:组织学校内部各项事务,保障学生接受教育、训练和学习,为全校师生提供安全的体育设施及建立合理的管理制度。

(三)联动机制的得益方式

京津冀体育传统校协同发展联动机制的得益方式是通过机制实施获得收益的具体方式,主要包括体育人才收益、获得经济收益、辐射带动收益和产业转型及区域发展收益四个方面。

1. 体育人才收益

京津冀体育传统校联动机制能够通过加强对体育传统校的指导、管理和控制,促进京津冀体育传统校的协同发展。在联动机制的实施过程中,通过师资整合、资源共享和环境优化,降低体育传统校组织学生参加业余训练及课余活动的成本,提高培养的效率和成材率,优化教师素质,从而培养出更多德才兼备的体育人才。

2. 获得经济收益

京津冀体育传统校联动机制在保证区域内部各级体育传统校发展的同时,可以通过举办体育联赛、体育传统校训练成果展示大赛等方式,出售门票、媒体的转播权以及广告费等获得经济收益。

在体育传统校的经济收益形成规模之后,各级体育传统校还可以通过与企业合办、与俱乐部联合、代言广告等方式自筹训练经费。这样形成一个良性循环之后,不仅能为地区带来经济效益,同时还能为体育传统校的发展注入新的动力,促进京津冀地区的经济发展。

3. 辐射带动收益

京津冀体育传统校的协同发展会为区域内各学校起到引领示范作用,并且通过在联动机制内部细化对京津冀体育传统校的评定规则及升降级规定,既能促进京津冀区域体育传统校的协同发展,又能通过辐射作用带动区域内其他学校和周边区域学校的发展,从而取得收益。

4. 产业转型及区域发展收益

目前在京津冀大部分地区以传统农业和重工业为主,传统的农业收入低、重工业污染严重,同时严重污染的环境又会制约农业的发展。京津冀体育传统校协同发展联动机制,在带动京津冀体育传统校协同发展的同时还能刺激区域内部的产业转型,促进社会资本向体育产品的制造研发以及体育服务业延伸。

通过京津冀体育传统校协同发展联动机制促进的产业转型,不仅能增加区域内的人均收入,同时还可以改善京津冀内部严重的环境污染,加强京津冀区域内和区域间的交流与合作,继而促进京津冀区域产业和经济协同发展。

(四)联动机制的反馈系统

反馈是控制论中的概念,指由控制系统把信息输送出去,又把其作用结果返送回来,并对信息的再输送发生影响,起到控制作用以达到预期目标的过程。即原因产生结果,结果又产生新的原因。在这个过程中,各要素相互作用最终形成一个不断发展的系统,我们称之为反馈系统。通过反馈系统,机制才能不断升级并做出正确的调整和革新。

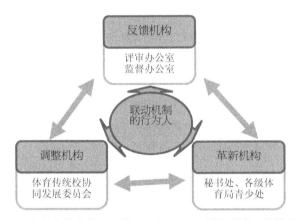

图 17 京津冀体育传统校协同发展联动机制的反馈系统模式图

如图 17 所示,在京津冀体育传统校协同发展联动机制内部,完整的反馈系统包括反馈机构、调整机构和革新机构三个机构,负责实施京津冀体育传统校协同发展联动机制的反馈活动。反馈机构主要负责反馈联动机制的运行情况,调整机构针对联动机制中所出现的问题,通过内部决策进行机制调整,革新机构在接收到上级指示之后,负责督促联动机制内部各要素进行革新。三个机构相互作用、互相影响,共同形成联动机制的反馈系统,以保障联动机制的良性运行。

1. 反馈机构

京津冀体育传统校协同发展联动机制的反馈机构主要负责反馈联动机制的运行情况,包括评审办公室和监督办公室,两者同属于执行者的范畴。评审办公室负责对联动机制内部各个部门及体育传统校的工作情况进行评价考核,通过实地考察、网上评议等方式对其进行评定考核,并将联动机制中出现的矛盾与问题反馈到调整机构。监督办公室负责对联动机制内部各管理人员、工作人员进行监督管理,并将监督过程中发现的问题反馈至调整机构。

2.调整机构

京津冀体育传统校协同发展联动机制的调整机构是指联动机制的制定者,即"京津冀体育传统校协同发展委员会"。委员会定期会召开会议,针对京津冀体育传统校协同发展联动机制运行过程中出现的问题进行协商,针对相关问题,委员会可采用少数服从多数的原则,对现行联动机制的政策或方案进行修改与调整,最后把通过决策的政策、法规转交至革新机构。

3.革新机构

京津冀体育传统校协同发展联动机制的革新机构是指联动机制中的执行者,即秘书处和京津冀各级体育局的青少处,主要负责接收上级指示和督促联动机制内容各要素进行革新,推广执行调整机构决策出的政策与法规。

二、联动机制的功能与作用机理

机制设计理论认为,完整、高效的机制在功能方面需要具备激励、制约和保障三个要素。京津冀体育传统校联动机制属于"软件制度性机制",因此在设计上也需要具备激励、制约和保障三个功能。如图 18 所示,激励功能、制约功能和保障功能共同构成了京津冀体育传统校协同发展联动机制的功能核心,三者相互影响、相互促进,共同为联动机制的运行保驾护航。

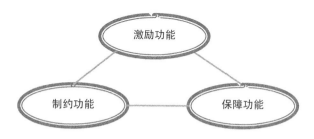

图 18　京津冀体育传统校联动机制功能关系图

在整理文献和访谈专家的基础上,得到京津冀体育传统校协同发展联动机制激励功能及其机理、制约功能及其机理和保障功能及其机理相关内容的初步设想,形成第一轮专家调查问卷(见附件 2－2－1)。第一轮专家调查结果显示,激励功能及其机理中"完善优秀体育教师的奖励制度,提高对体育教师的奖励标准"的得分为 3.81 分 <4.00 分,制约功能及其机理中"实行生源制约,对于排名落后的传统校适当减少其生源名额"的得分为 3.69分 <4.00 分,保障功能及其机理中的"通过政策扶持,保障联动机制的运行"的得分为 3.75 分 <4.00 分,因此,删除上述三个方面内容得到第二轮专家调查的问卷(见附件 2 – 2 – 3);第二轮专家得分情况详见表 30、表 31 和表32,各项得分均 >4.00 分。经过第三轮专家认可,最终得出京津冀体育传统校协同发展联动机制的功能与作用机理(如图 19)。京津冀体育传统校协同发展联动机制的功能与作用机理主要包括激励功能及其作用机理、制约功能及其作用机理和保障功能及其作用机理,其中,激励功能及其作用机理包括诱导制度、导向制度、幅度制度、时空制度和规划制度;制约功能及其作用机理包括分权制约、制度制约、程序制约、权力制约和文化制约;保障功能及其作用机理包括经费保障政策、师资保障政策、场馆保障政策和利益补偿政策。

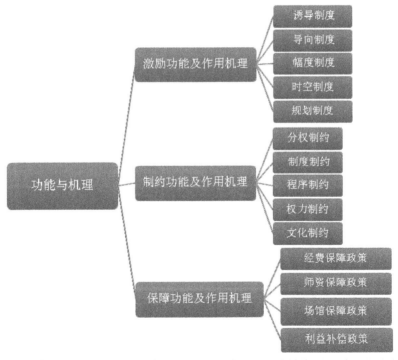

图 19　京津冀体育传统校协同发展联动机制的功能与作用机理

（一）激励功能及其作用机理

激励功能是京津冀体育传统校联动机制的动力源,京津冀体育传统校协同发展必须要进行统一的激励规划。首先,将京津冀各体育传统校视为一个统一整体,在各传统校之间建立规范统一、幅度适宜、公平公开的激励制度。其次,在实施过程中,激励主体(体育传统校协同发展工作小组)通过运用多种激励手段使客体(京津冀各级体育传统校)向规范化和相对固定化发展,并激励客体间相互作用、相互制约,从而促进各体育传统校的协同发展。

由表 30 专家对京津冀体育传统校协同发展联动机制中的激励功能及其作用机理评分可以看出,诱导制度 = 5.00 分、导向制度 = 5.00 分、幅度制度 = 4.88 分、时空制度 = 4.81 分、归化制度 = 4.69 分,五项内容的平均分均 ≥4.50 分,说明本研究设计的联动机制激励功能的作用机理可行有效。具体作用机理如下:

表 30 激励功能的作用机理评定量表 N = 16

作用机理	主要内容	总分	平均分
诱导制度	调动各项奖酬资源,将精神、薪酬、荣誉以及升学优惠等作为诱导因素	80	5.00
导向制度	在联动机制的各行为人之间建立一定的导向制度,培育统御性的主导价值观	80	5.00
幅度制度	制定奖励、激励的幅度标准,防止奖酬对行为人个体的激励效率快速下降	78	4.88
时空制度	针对奖酬制度在时间和空间方面建立一定的限制,防止某些个体的短期行为和地理无限性	77	4.81
归化制度	建立归化制度,对行为人个体进行组织同化,对违规行为进行处罚和教育	75	4.69

1. 诱导制度

诱导制度就是指用于调动涉及京津冀地区、体育传统校、教师及学生积极性的各项奖酬资源,包括精神激励、薪酬激励、荣誉激励、工作激励及升学激励等。① 在专家评定中,所有专家均给出 5 分,说明诱导制度作为联动机制的激励功能的作用机理具有非常重要的作用。诱导因素作为京津冀体育传统校协同发展激励联动机制的核心,是京津冀区域内各体育传统校运行实施的动力,是体育传统校协同发展的前提保障。在京津冀体育传统校联动机制的政策设计中需要统一体育传统校的奖励标准。

2. 导向制度

导向制度是指对京津冀体育传统校协同发展联动机制内部各行为人所期望的努力方向、方式和应遵守的价值观的规定。在专家评定中,所有专家均给出 5 分,说明导向制度作为联动机制的激励功能的作用机理具有非常重要的作用。在联动机制的运行中,由诱导因素所诱发的行为人个体可能会朝不同方向发展,同时这些个体的价值观也不一定会与组织的价值观统一,所以这就要求在联动机制的各行为人之间培育统御性的主导价值观。

3. 幅度制度

幅度制度是指对有诱导因素所激发的个体努力在强度方面的控制规则。在专家评定中,其平均分为 4.88,说明幅度制度作为联动机制的激励功能的作用机理具有重要的作用。根据弗朗姆的期望理论公式($M = V * E$)可以得出,对于个体行为幅度的控制是通过改变一定的奖酬和标准来进行控制的。因此,在京津冀体育传统校协同发展联动机制中,通过幅度制度可以将个体努力水平调整在一定的范围内,以防止奖酬对个体的激励效率快速下降。

4. 时空制度

时空制度是针对奖酬制度在时间和空间方面的规定,在京津冀体育传统校协同发展联动机制中表现为,对京津冀体育传统校的时间限制和空间范围限制。在专家评定中,其平均分为 4.81,说明时空制度作为联动机制的激励功能的作用机理具有重要的作用。时空制度的存在可以预防某些行为人的短期行为和地理无限性,从而使所期望的收益具有一定的持续性和规范性。

5. 归化制度

在专家评定中,其平均分为 4.69,说明归化制度作为联动机制的激励功

① 徐屏,张豪.我国体育行政奖励体系与机制创新研究[J].武汉体育学院学报,2013(5):21－24.

能的作用机理具有重要的作用。在激励功能中归化有两层意义,一是指对行为人个体进行组织同化;二是指对违反行为规范或达不到规定要求的行为人进行处罚和教育。归化制度是一种负强化的激励形式,京津冀体育传统校协同发展工作小组负责以书面形式将奖励和处罚的制度传达给京津冀体育传统校,若违反行为规范或达不到要求,就需要给予相应处罚,表现为诱导因素的削减。同时,还要对其加强教育,其目的是提高当事人(学校)对行为规范的认识和行为能力,即再一次的组织同化。[1] 从这个角度看,归化制度实际上是一个反复的过程,对京津冀体育传统校的协同发展具有十分重要的意义。

上述诱导制度、导向制度、幅度制度、时空制度和归化制度五个制度要素共同组成了京津冀体育传统校协同发展联动机制激励功能的作用机理。其中,诱导因素起到发动机的作用,而导向、幅度、时空、归化是对其的保障,从而使京津冀体育传统校协同发展联动机制的激励功能进入良性的运行状态。

(二)制约功能及其作用机理

人以及由人所组成的机构在道德与理性上不是完全可靠的,道德上的不完善导致个人利益损害公共利益的情况发生,理性的有限性导致决定的失当与错误。因此,在京津冀体育传统校协同发展联动机制中有必要设立一定的制约方式,对政府、机构、学校、官员和教师的行为进行统一的监督与制约,这些监督与制约的体系就是联动机制制约功能的具体表现。

表 31　制约功能的作用机理评定量表　N = 16

作用机理	主要内容	总分	平均分
建立分权制约	制约各行为人权力的运行,防止权力的滥用	77	4.81
实行制度制约	设定制度规则,规范行为人的活动范围和边界	75	4.69
实行程序制约	建立程序体系,规范行为人的互动次序	77	4.81
实行权力制约	加强对行为人权力的监督	72	4.50
实行文化制约	营造良好氛围,利用舆论力量制约行为人的欲望和冲动	79	4.94

[1]　高晓伟.浅谈企业如何建立有效的激励机制[J].经济师,2016(1):259 - 261.

京津冀体育传统校协同发展联动机制中统一对各行为人的制约方式与
方法,运用民主与法制手段对京津冀体育传统校协同发展所涉及的执行者
和参与者进行特定的限制和约束,以加强对联动机制中各环节的监督与控
制,从而保障整个机制运行的有序化和规范化。①

由表31专家对京津冀体育传统校协同发展联动机制中的制约功能及
其作用机理的得分可以看出,专家对联动机制中制约功能作用机理的五要
素分权制约 = 4.81分、制度制约 = 4.69分、程序制约 = 4.81分、权力制约 =
4.50分、文化制约 = 4.94分,其平均分均≥4.50分,说明本研究设计的联动
机制制约功能的作用机理可行有效。具体如下:

1. 分权制约

从表31可以看出,专家对建立分权制度的认可度较高,平均分为4.81,
主要是防止权力的滥用,制约各行为人权力的运行,即制约联动机制的行为
人——制定者(京津冀体育传统校发展委员会)、执行者(京津冀体育传统校
协同发展小组)和参与者(京津冀区域内各级体育传统校)权力的合理有序
运行。

以权力制约权力是权力制约的一种重要方式,它指不同权力体系之间
或同一权力体系内部的制约。分权制约在京津冀体育传统校协同发展联动
机制中的表现为,以权力制约权力,在京津冀体育传统校联动机制内部建立
一个结构合理、配合科学、程序严禁、制约有效的组织体系,合理分权,从决
策和执行上加强对联动机制各环节、各要素的监督。

2. 制度制约

制度是组织存在和发展的基础,制度制约指在联动机制中设定权力运
行的制度规则,通过规则制约权力的运行。从表31可以看出,专家对实行
制度制约的认可度较高,平均分为4.69。制度规范了京津冀体育传统校联
动机制内部各行为人(制定者、执行者和参与者)的活动范围,机制内部行为
人的活动必须要有一定的范围和边界,否则会导致混乱的产生。

3. 程序制约

京津冀体育传统校协同发展联动机制是将京津冀各体育传统校看作一

① 董小玲,于善旭,吴国生. 论体育行政处罚的概念、特征及范围[J]. 武汉体育学
院学报,2008(7):44 – 47.

个整体进行,在这个整体中,各项活动都需按照一定的程序来完成。程序是制约各行为人的重要手段①,但是目前有些行政部门领导、学校教师和学生等缺乏程序意识,因此,在京津冀体育传统校联动机制中,我们必须重视程序制约的作用,专家对程序制约的认可度平均得分为 4.81,这也充分说明了程序制约在京津冀体育传统校联动机制中的重要性。

4. 权力制约

权力制约指在京津冀体育传统校协同发展联动机制的实施运行中,各参与者(京津冀区域内各级体育传统校)依据法律、法规赋予的权利对联动机制中损害自身权利的行为进行监督与投诉,从而在联动机制中形成对执行者(京津冀体育传统校协同发展小组)权力的约束。表 31 可以看出,专家对"实行权力制约,加强对行为人权力的监督"的认可度平均得分为 4.5。我国宪法和法律赋予公民各项权利,这些权利中包括对国家机关及其工作人员提出批评、建议、申诉、控告和检举的权利。在京津冀体育传统校中,教职工代表大会和学生代表大会是法定的社会群众,在权力制约中能发挥重要作用。

5. 文化制约

文化制约是通过营造良好的文化氛围,并借助社会舆论力量,使行使权力的主体自觉抵制其滥用职权的欲望和冲动,从而达到对权力制约的目的。"道之以政、齐之以刑,民免而无耻。道之以德、齐之以礼,有耻且格"就是这个道理。我们知道,文化是一个国家、一个民族的灵魂,习近平同志在党的十九大报告中指出,没有高度的文化自信,没有文化的繁荣兴盛,就没有中华民族伟大复兴。专家对实行文化制约的认可度平均得分为 4.94,排在制约功能作用机理的第一位,这就要求,在京津冀体育传统校的协同发展中,通过优秀榜样、反面教材等形式宣传教育,营造良好氛围,形成良好的道德文化,利用舆论力量制约行为人的欲望和冲动,既能起到权力制约的目的又能对体育传统校中的文化发展产生积极作用。

我们知道,京津冀体育传统校协同发展联动机制可能会损害一部分人(或团体)的既得利益,也会在无形之中增加一部分的权力,这些权力具有复杂性、多样性。因此,必须结合以上五种制约方式,完善联动机制的制约功

---

① 蒋炜,董立山.论从权力制约到制度制约[J].求索,2011(7):73-75.

能,从而制约和监督京津冀体育传统校协同发展中的各个要素和环节。

(三)保障功能及其作用机理

保障功能是指对京津冀区域内各体育传统校的保障方式、结构、关系及演变规律的规范与统一,主要包括物质保障和精神保障两个方面。我们知道,事物的发展具有两面性,在京津冀体育传统校协同发展的过程中,不可避免地会存在部分地区或部分体育传统校或个体利益受损的行为,要针对这些参与者的利益诉求,对其进行利益的补偿,保障功能中需要具有利益补偿的相关体现。因此,在京津冀体育传统校协同发展联动机制中,物质保障主要指对经费、师资、场馆设施的保障,精神保障方面主要指对区域内的利益补偿。

表 32 为专家对京津冀体育传统校协同发展联动机制中保障功能及其作用机理的评分结果,结果显示,专家对联动机制中保障功能作用机理的经费保障政策 = 5.00 分、师资保障政策 = 4.81 分、场馆保障政策 = 4.69 分和利益补偿政策 = 5.00 分,其平均分均 ≥ 4.50 分,因此,本研究将经费保障政策、师资保障政策、场馆保障政策和利益补偿政策四个要素作为联动机制保障功能的作用机理,具体如下:

表 32　保障功能的作用机理评定量表　N = 16

作用机理	主要内容	总分	平均分
经费保障政策	从经费的来源、分配和使用三个角度建立经费保障制度,保障经费的合理运行	80	5.00
师资保障政策	建立师资制度,保障师资引进高标准、学训搭配科学化、师资培训制度化和教学服务人性化	77	4.81
场馆保障政策	建立场馆和设施的保障制度,统一对各体育传统校场馆及体育器材的标准	75	4.69
利益补偿政策	建立专门性的利益补偿机制对京津冀各体育传统校的利益诉求加以平衡	80	5.00

1. 经费保障政策

经费是指经办事业支出的费用。从表 32 可以看出,专家对经费保障政策的支持度为 100%,平均分为满分 5.00 分,说明经费保障对京津冀体育传统校协同发展联动机制的运行至关重要。这就涉及经费的来源、分配和使用三个方面。

首先,从经费的来源渠道看,京津冀体育传统校的教育属于义务教育,主要由国家财政性教育经费、社会团体和公民的个人办学经费、社会捐资和集资办学经费、家庭个人的教育支出经费以及其他教育经费等诸多来源构成。①

其次,在经费分配方面,京津冀体育传统校的经费分为教育经费和体育经费两个层面。教育经费主要用于保障公平的教育机会,体育经费主要用于保障体育传统校业余体育训练和课余体育活动的顺利实施。关于经费的分配要根据京津冀地区各体育传统校的实际情况综合考量,对于利用效率高、发展前景好的地区要给予重点投入,对于提升空间不高、利用率低的地区要适当削减。

最后,在经费使用方面,京津冀体育传统校专项经费的使用主体为学校,主要包括教师和学生,指京津冀体育传统校为开展课余体育活动和业余体育训练而发生的各项资金消耗和损失。其体育专项经费的适用范围包括人员支出和共用支出②,前者主要包括外聘专家、教练的工资支出,体育教师、教练的补助工资、职工福利,参与业余训练学生的训练补偿等;后者主要包括业务费、公务费、设备购置费、修缮费和其他费用等。

在操作过程中,京津冀体育传统校协同发展委员会应出台相应的专项经费措施来保障体育传统校的发展,构建京津冀体育传统校的经费管理机构,用以负责申报和分配专项经费。对于人员经费、公用经费和基建经费不能有孰轻孰重之分,在专项经费中指出必须予以保障,尤其是外聘专家、教练的工资和体育教师、教练的补助工资、职工福利以及参与业余训练学生的训练补偿等。

2. 师资保障政策

优秀的师资队伍是京津冀体育传统校协同发展的重要条件。在专家评分中,师资保证政策平均分为4.81,专家亦认为在京津冀体育传统校协同发展联动机制中要完善师资保障功能,应从建立师资制度入手,保障师资引进

---

① 花楷,兰自力,刘志云.我国体育公共服务财政投入现状、问题与对策[J].天津体育学院学报,2014(6):473－477＋495.

② 雷厉,田麦久,徐刚,杨峻峰,郭振明.我国竞技体育后备人才"明日新星工程"设计及其制度保障[J].北京体育大学学报,2014(9):117－122.

高标准、学训搭配科学化、师资培训制度化和教学服务人性化进行,在联动机制中完善师资保障政策。

在京津冀体育传统校中,体育师资主要包括体育教师和体育教练两种职位,体育教师主要负责体育课上对体育知识、运动技能的教授和课余体育活动的组织实施,体育教练主要负责业余体育训练和体育竞赛的组织。在具体操作过程中,保持传统项目学校体育师资的年龄阶梯化分布,按阶段、分批次引进体育人才;构建高学历的执教团队,引进高学历高水平的体育人才,对现有体育教师进行阶段性再培训,提高其体育科学研究能力和大型比赛的经验;采用激励机制进行职称评定;加强体育教师的交流协作,提高其训练和组织竞赛的能力。

3. 场馆保障政策

体育场馆保障政策是实现学生积极参与体育活动与体育训练,掌握运动技能和不断提高社会适应性和身心发展水平的需要。在专家评分中,场馆保障政策平均得分为4.69,专家认为,在京津冀体育传统校协同发展联动机制中实现场馆设施保障功能,建立场馆和设施的保障制度,统一对各体育传统校场馆及体育器材的标准,具有重要作用。

在京津冀体育传统校协同发展联动机制构建过程中,一方面,京津冀体育传统校需要根据实际情况建设、修缮体育场馆,并以政府采购的方式,对体育器材进行补充和协同运用,以保障学生课余活动的丰富性和业余体育训练的专业性;另一方面,需要定期与城市内的大型体育场馆进行合作,使学生的体育活动与业余训练不局限于体育传统校之中。这样不仅能保证体育传统校的正常运营,还能扩大体育传统校的社会影响力,增加其模范作用和辐射作用。

4. 利益补偿政策

从表32可以看出,专家对利益补偿政策的支持度为100%,平均分为满分5.00分,说明利益补偿对京津冀体育传统校协同发展联动机制的运行和经费保障制度同样至关重要。京津冀体育传统校协同发展是基于利益共享而进行的跨行政区域活动,各方不存在行政隶属关系,所以它们本身不能完全解决利益关系问题,必须有专门性的利益补偿机制对协同发展中各方利益诉求加以平衡,对利益分配、分享和补偿关系加以协调,以确保京津冀各体育传统校之间的合作顺利进行和区域整体利益的实现。

京津冀体育传统校协同发展以区位为导向,追求区域内体育传统校发展程度的最大化,但是受到各方利益诉求的影响,各区域对京津冀体育传统校的发展贡献的大小难以计量,区域合作过程中的"搭便车"和机会主义行为难以避免。通过利益补偿平衡各方利益关系,既能激励各方规范其自身的合作行为,又能帮助各方形成理性预期,减缓区域合作中的不确定性,进而实现区域的整体利益。

京津冀体育传统校联动机制的实施有利于区域内部体育传统校的合理分工,使其发挥聚集和规模效应,但是随着联动机制的推进实施,各利益主体之间的关系会更为复杂。京津冀体育传统校的协同发展不受行政隶属关系的约束,那么必然会产生部分地区利益受损的现象,产生各方心理与实际利益的不平衡。利益补偿机制需要通过对人、财、物的补偿解决这些利益摩擦和平衡各方产生的心理与实际中的利益差异。

因此,完善京津冀体育传统校协同发展的补偿手段,通过直接补偿(财政转移支付或运动员直招名额)和间接补偿(技术资金支持、项目合作、信息共享)两种方式对利益受损的个体和转型、升级的传统校进行利益补偿;同时,建立区域利益补偿机构,拓宽补偿基金的筹措渠道,利用体育竞赛、体育传媒等方式进行市场化筹资。

需要指出的是,虽然第一轮专家调查中对于"通过政策扶持,保障联动机制的运行"(政策扶持政策)得分为 3.75 分,小于 4.50 分,在后续联动机制保障功能及机理设计中删掉这一因素,但是这一因素也不容忽视。目前京津冀协同发展已经上升为国家战略,国家层面各类关于京津冀协同发展的政策措施已经出台。京津冀体育传统校的协同发展也需要国家的政策扶持,同时在京津冀体育传统校联动机制内部,扶持重点要放在经济欠发达的地区和处境不利的人群。例如,低收入家庭儿童、受灾地区或受灾家庭儿童、少数民族儿童、被边缘化的儿童(农村留守儿童和城市流动儿童)等处境不利人群。对于这部分地区和人群,在政策上需要予以扶持,保证他们既能受到良好的教育又能在体育需求方面有所满足。

三、联动机制的形式与载体

联动机制的形式与载体在京津冀体育传统校的协同发展中主要表现为指导机制活动的方针、政策和规定等,包括对机制的计划、人力、财政、物资等方面的政策规定,以及为指导机制活动所采取的具体措施。

在整理文献和访谈专家的基础上,结合京津冀体育传统校协同发展联动机制的功能及其作用机理,得到联动机制形式与载体相关内容的初步设想,形成第一轮专家调查问卷(见附件2－2－1)。第一轮专家调查结果显示,"在体育传统项目学校定期进行对贪腐、滥用职权等时政问题的学习,树立正确的风气,使体育传统项目学校发展的各个环节'道之以德、齐之以礼'"的得分为3.94分,小于4.00分,"各级体育传统项目学校学生进社区服务,使学生的体育活动与业余训练不仅局限于体育传统项目学校之中"的得分为3.88分,小于4.00分,因此,删除上述两个方面内容得到第二轮专家调查的问卷(见附件2－2－3);第二轮专家得分情况详见表33、表34和表35,各项得分均大于4.00分。经过第三轮专家认可,最终得出京津冀体育传统校协同发展联动机制的形式与载体(如图20)。

根据联动机制的功能将具体措施分为三类,分别为激励政策措施、制约政策措施和保障政策措施。其中,激励政策措施包括统一激励标准、改进体育传统校的等级划分、建立经费激励政策、建立荣誉激励政策和建立工作激励政策;制约政策措施包括实施体、教分权政策、建立制度制约政策、建立程序制约政策、建立权力制约政策和建立文化服务政策;保障政策措施包括完善经费保障政策、完善师资保障政策、建立场馆保障政策和建立利益补偿政策。需要指出的是,在京津冀体育传统校联动机制实践运行过程中,政策规定需要由京津冀体育传统校协同发展委员会通过会议协商制定,有待进一步细化和完善。

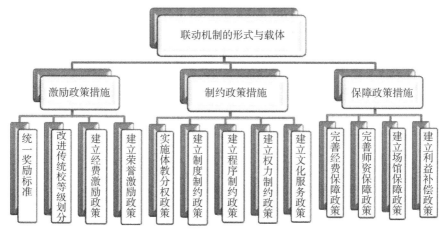

图 20　京津冀体育传统校协同发展联动机制的形式与载体

（一）激励政策措施

表 33 为专家对京津冀体育传统校协同发展联动机制的形式与载体中激励政策措施相关内容的评分表,结果所示,专家对本研究设计的联动机制的形式与载体的激励措施政策内容均大于等于 4.50,其中,统一激励标准平均分为 5.00 分,建立经费激励政策平均分为 4.88 分,改进京津冀体育传统校等级划分和建立荣誉激励政策均为 4.85 分,建立工作激励政策为 4.50分。这说明此激励措施可行有效,具体措施如下:

表 33　联动机制的形式与载体激励政策措施评定量表　N = 16

激励措施	主要内容	总分	平均分
统一激励标准	统一京津冀各地区、各等级、各项目传统校激励标准,措施适度而公平	80	5.00
改进体育传统校的等级划分	将京津冀体育传统校等级划分为一级、二级和三级三个标准(一级对应国家级,二级对应省级,三级对应地级市级别)	75	4.69
建立经费激励政策	对于体育传统校按照其等级划分设计一定的经费投入	78	4.88

续表

激励措施	主要内容	总分	平均分
建立荣誉激励政策	以3年为周期,定期对体育传统校进行评定考核	75	4.69
	将体育传统校的发展规模和数量纳入该城市评定的量化考核之中	80	5.00
建立工作激励政策	在京津冀中考和高考中设置一定的直招名额,在传统校学生升学中给予名额奖励	72	4.50

1. 统一激励标准

目前在京津冀范围内,各地区对于体育传统校的激励措施和标准受到诸多因素的影响,导致各地的激励标准不同。京津冀体育传统校协同发展的首要任务就是统一各地区、各等级、各项目传统校激励标准,措施适度并公平公开。

2. 改进体育传统校的等级划分

目前,京津冀体育传统校的等级划分为国家级和市级,在河北的部分地区还存在县级体育传统校。体育传统校的等级划分十分冗杂,所以改进体育传统校的等级划分十分重要。重组体育传统校的等级划分,将体育传统校等级划分为一级、二级和三级三个标准(一级对应国家级,二级对应省级,三级对应地级市级别)。

3. 建立经费激励政策

京津冀体育传统校协同发展联动机制形式与载体的经费激励政策可以包括两个方面,一方面,国家出资奖励发展好的体育传统校和为其发展建设做出突出贡献的一线工作人员;另一方面,按京津冀体育传统校等级划分设计相应的经费投入,对发展较好的体育传统校鼓励其在保持自身优势的同时开发新型运行模式,对发展一般的传统校鼓励其学习借鉴,承接优秀体育传统校的体育项目。①

4. 建立荣誉激励政策

在京津冀体育传统校联动机制中建立荣誉激励政策,以3年为周期,定期进行评定考核,将体育传统校的发展规模和数量纳入该城市评定的量化

---

① 舒盛芳,黄聚云,丁金胜,王米娜. 现代化视角下体育的传统性与现代性[J]. 上海体育学院学报,2006(3):1-6.

考核之中。

5.建立工作激励政策

在京津冀体育传统校联动机制中建立工作激励政策,例如,在京津冀区域内的体育中考和高校中设置一定的直招名额,在学生升学中对低一级体育传统校进行直招的名额奖励。

(二)制约政策措施

表34为专家对京津冀体育传统校协同发展联动机制的形式与载体中制约政策措施相关内容的评分表,结果所示,专家对本研究设计的联动机制的形式与载体的制约措施政策内容均大于等于4.50分,其中,实施体、教分权政策和建立制度制约政策平均分均为5.00分,建立程序制约政策和建立文化服务政策平均分均为4.81分,建立权力制约政策平均分为4.69分,这说明上述制约措施可行有效,具体措施如下:

表 34　联动机制的形式与载体制约政策措施评定量表　N = 16

制约措施	主要内容	总分	平均分
实施体、教分权政策	体育传统校不同适宜分别让体育局和教育局对其进行管理	80	5.00
建立制度制约政策	建立纪律检查小组,对人员聘用、职位晋升、招生录取、基建工程、物资采购、财务管理等环节进行监督	80	5.00
建立程序制约政策	京津冀各级体育传统校要制定明确的权力运行方式和运行步骤	77	4.81
建立权力制约政策	在京津冀体育传统校内部,完善教职工代表大会、学生代表大会等组织结构和运行方式,并建立健全监督检查、考核、奖惩和责任追究	75	4.69
建立文化服务政策	在京津冀体育传统校的行政系统、组织系统中定期进行文化服务	77	4.81

1.实施体、教分权政策

我们知道,学校的上级行政机构是各级教育局,而体育传统校由体育局青少处管理。京津冀体育传统校协同发展联动机制设计中,首先,解决体、教之间的分权问题。建议京津冀体育传统校协同发展小组协调各种关系,由体育局主要负责体育传统校的申报、体育资源的配备、体育教师和教练的聘用,评价与考核等事宜。由教育局主要负责学校的发展规划,高层干部的配备,课程设置等。

2.建立制度制约政策

京津冀各地区的体育传统校需要针对人、财、物流动的关键环节建立完善的制度,杜绝腐败现象的产生。同时在京津冀体育传统校协同发展的过程中要认真分析人员聘用、职位晋升、招生录取、基建工程、物资采购、财务管理等环节已经存在或者可能产生的问题。在京津冀层面建立单独的纪律检查小组,直接对京津冀体育传统校协同发展委员会负责。

3.建立程序制约政策

在京津冀体育传统校的运行中,各级体育传统校要制定明确的权力运行方式和运行步骤。针对各种权力之间及同一权力体系内部的权力关系,制订权力总体运行程序。如党员代表大会—党委会—常委会之间的权力运行程序,教职工代表大会—执委会—工会之间的权力运行程序,决策权—执行权—监督权之间的运行程序①;决策权力中监督权、审议权、咨询权、决定权之间的运行程序等。通过权力总体运行程序,明确各种权力之间运行的关系顺序。

4.建立权力制约政策

建立京津冀体育传统校的政务公开制度,使权力的运行透明化。保障参与个体的知情权、参与权、表达权和监督权。在京津冀体育传统校内部,完善教职工代表大会、学生代表大会等法定社群组织的组织结构和运行方式,并建立健全对领导干部的监督检查、考核、奖惩和责任追究。

5.建立文化服务政策

在京津冀体育传统校的行政系统、组织系统中要定期进行文化服务,定期对贪腐、滥用职权等时政问题进行学习,树立正确的风气,使体育传统校发展的各个环节"道之以德、齐之以礼"。

(三)保障政策措施

表35为专家京津冀体育传统校协同发展联动机制形式与载体保障政

---

① 雷厉,蔡有志,安枫,苗向军,刘海鹏,王燕京,阮云龙.我国体育标准体系架构初探[J].武汉体育学院学报,2009(11):13-17.

策措施相关内容的评分表,结果表明,专家对本研究设计的联动机制的形式
与载体的保障政策措施内容均大于等于4.50分,其中,完善经费保障政策平
均分为5.00分,建立师资保障政策平均分为4.81分,建立场馆保障政策两项
内容的平均分为4.63分和4.75分,建立利益补偿政策两项内容的平均分为
4.81和4.56分,这说明上述保障措施政策可行有效,具体措施如下:

1. 完善经费保障政策

京津冀体育传统校协同发展委员会应该深化对京津冀体育传统校协同
发展的重视程度,并出台相应的专项经费措施,保障京津冀体育传统校的发
展。同时还要通过国家财政性经费、社会团体和公民的个人经费、社会捐资
和集资经费、家庭个人的教育支出经费以及其他教育经费完善专项经费的
构成体系。

构建京津冀体育传统校的经费管理机构,用以负责申报和分配专项经
费。对于经费的分配重点应该向经济欠发达地区和处境不利的人群倾斜。
在体育传统校中对于处境不利的人群要给予特殊资助,如生活费补助、午餐
补助、交通补助等,确保他们不因家庭经济状况或生活环境的改变而降低对
体育活动的需求。

对于人员经费、公用经费和基建经费不能有孰轻孰重之分,在专项经费
支出中必须予以保障,尤其是外聘专家、教练的工资和体育教师、教练的补
助工资、职工福利以及参与业余训练学生的训练补偿等。

表35　联动机制的形式与载体保障政策措施评定量表　　N = 16

保障政策措施	主要内容	总分	平均分
完善经费 保障政策	构建京津冀体育传统校的经费管理机构,用以负责申报和分配专项经费	80	5.00
完善师资 保障政策	保持体育师资的年龄阶梯化分布,按阶段、分批次引进体育人才。确保体育师资阶梯化分布良性循环	77	4.81
建立场馆 保障政策	在京津冀体育传统校中建设、完善相应的体育场馆。以政府采购的方式,对体育器材进行补充	74	4.63
	各级体育传统校定期与所在区域的大型的体育场馆进行合作	76	4.75

续表

保障政策措施	主要内容	总分	平均分
建立利益补偿政策	通过财政转移支付或运动员直招名额的方式对受损方进行直接补偿,通过技术资金支持、项目合作、信息共享等方式对受损方进行间接补偿	77	4.81
	建立区域利益补偿机构,拓宽补偿基金的筹措渠道,利用体育竞赛、体育传媒等方式进行市场化筹资	73	4.56

2. 完善师资保障政策

在京津冀体育传统校协同发展联动机制形式与载体中保障政策措施中,应完善师资保障政策。第一,保持传统校体育师资的年龄阶梯化分布,按阶段、分批次引进体育人才,确保体育师资阶梯化分布良性循环。第二,适当缩小男女体育师资的性别比例,在后续人才引进过程中,将女性体育教师的比例提高,男性体育教师的适当向体育教练过渡。第三,构建高学历的执教团队,引进高学历、高水平的体育人才,并且对现有体育教师进行阶段性再培训。[1] 并对现有体育教师的职称评定采用激励机制,鼓励他们不断学习、提高自身知识素质和个人的综合能力,并采用适当奖酬措施鼓励其积极进取,加强锻炼提高自身的运动水平。第四,打破体教专业毕业生垄断现象,除了接收体育专业毕业的体育教师外,还要通过其他方面引进人才,例如专业体育运动员、国家优秀退役运动员和相应运动等级的体育裁判等。

3. 建立场馆保障政策

京津冀体育传统校协同发展联动机制形式与载体中保障政策完善场馆保障政策。第一,京津冀体育传统校协同发展委员会根据体育传统校的等级与开展情况,在传统校中建设、完善相应的体育场馆,并以政府采购的方式对体育器材进行补充。第二,各级体育传统校定期与所在区域的大型的体育场馆进行合作,使学生的体育活动与业余训练不局限于体育传统校之中。

4. 建立利益补偿政策

完善京津冀体育传统校协同发展的补偿手段,通过直接补偿和间接补

---

① 王军红.高校体育师资队伍建设的现状及策略[J].教育与职业,2015(27):67 - 69.

偿两种方式对利益受损的个体进行补偿。直接补偿主要指通过财政转移支付或运动员直招名额的方式对受损方进行补偿,间接补偿主要指通过技术资金支持、项目合作、信息共享等方式对受损方进行补偿。①

对京津冀体育传统校的转型、升级进行利益补偿。对于产生转型或升级的体育传统校,通过财政转移支付、技术资金支持、人才交流、信息共享等方式予以补偿。同时,建立区域利益补偿机构,拓宽补偿基金的筹措渠道,利用体育竞赛、体育传媒等方式进行市场化筹资。

---

① 林民书,刘名远.区域经济合作中的利益分享与补偿机制[J].财经科学,2012(5):62–70.

第四节　京津冀体育传统项目学校
协同发展联动机制的实施举措

京津冀体育传统校协同发展联动机制的实施是以联动机制为导向，以体育传统校为核心，多主体参与，共同促进京津冀体育传统校的协同发展。如图 21 所示，一方面指京津冀体育传统校与系统外部的联动，如京津冀体育传统校与家庭联动等；一方面指京津冀体育传统校系统内部的联动，以加强京津冀体育传统校自身建设，例如京津冀体育传统校后备人才培养联动、体育教师培训联动、教学内容设计联动等，共同促进京津冀体育传统校的协同发展。

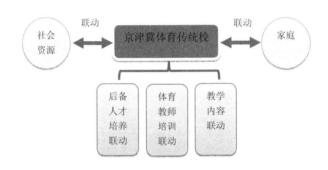

图 21　京津冀体育传统校协同发展联动机制的实施举措示意图

一、京津冀体育传统校与家庭的联动

家庭教育是每个人成长教育过程起始阶段，家长是每个孩子的第一任老师。从婴儿到入学前，孩子都是在接受家长的教育，入学之后，孩子虽然以接受学校教育为主，但是家长在精神、生活和经济等方面都对学生的思想产生根本性的作用。苏联著名教育实践家和教育理论家苏霍姆林斯基曾经说过，良好的学校教育是建立在良好的家庭教育基础上的。可以说，孩子在学校的学习、接受能力等方面均与家庭对其影响密不可分，只有家庭教育与学校教育组合形成教育合力，才能够最大限度地促进学生的身心健康发展。

也就是说,家庭与学校的有机结合,才能最大限度地促进学生的教育。

家校联动是指学校和家庭为了学生更好的发展,双方达成的一种配合、支持和协调的互动关系。这种在学校和家庭间建立起来的一种以学生为中心的连接,家校间的互动理念、互动目标、互动形式以及互动保障等方面达成的共识是家校联动的关键。研究表明①,学校体育与家庭的互动是发展家庭体育发展的保障,学校体育的对象是学生,以增强学生体质为主要目的通过体育教学过程向学生传授基本的体育知识与技能,从而能为参与家庭体育打下基础。也有研究表明②,随着现代社会科学技术的高速发展,家长与教师、孩子面对面交流的机会少了,更多的家长选择利用高速发展的网络,了解孩子的近况,这种局面的形成,使得构建家校互动平台成为一种可能和必然。

京津冀体育传统校的家校联动是指京津冀体育传统校和家庭为了学生更好的发展,双方达成的一种配合、支持和协调的互动关系。使学校与家庭之间的利益相互协调发展,信息畅通无阻,家校之间的教育力量相互配合与补充,提高学生对体育课程的兴趣,使他们养成良好的体育锻炼习惯,从而提高自身的身体素质。家校联动的关键在于家校间的互动理念、互动目标、互动形式及互动保障。通过建立京津冀体育传统校与家长之间的互动理念、目标以及形式等,采用有效手段,合理配置家庭和学校等各项教育资源,形成教育合力,共同促进学生全面发展、推动运动项目的发展,促进京津冀体育传统项目学校的协同发展。同时,为我国竞技体育后备人才的培养提供保障。

二、京津冀体育传统校后备人才培养的联动

竞技体育后备人才的培养是我国竞技体育事业发展过程中的永恒主题。从"体育大国"到"体育强国"战略目标的实现,势必需要竞技体育后备人才中源源不断地涌现不同运动项目的卓越运动员,即必须加强竞技体育后备人才的培养,形成"大"而"稳"竞技体育后备人才体系。然而,我国竞技

①　李书锋,曲天敏.家庭体育与学校体育的互动研究[J].甘肃联合大学学报:自然科学版,2009,5(23)

②　杨美华.充分利用信息化环境 促进家校互动协作[J].新闻天地(下半月刊),2010(10):58－59.

体育后备人才培养始终存在种种问题并不断遭受诟病,例如学训矛盾问题,无论是从举国体制到"体教结合",还是"教体结合"或"体教融合",始终无法摆脱体、教"两层皮",学训矛盾依然突出而无解,后备人才储备整体不足且地区不均衡,培养成本高且成材率低、人才培养体制落后、培养效益差等,长期以来学训矛盾成为困扰我国竞技体育发展过程中的桎梏。

体育传统校是指学校里至少有一个运动项目独具特色,并且成立该运动项目的运动队,体育项目已具有广泛的群众性和一定运动技术水平,并且被社会认可,具有一定社会影响力的学校。随着竞技体育后备人才培养相关问题的不断涌现,体育传统校培养竞技体育后备人才的使命越来越艰巨。2014年京津冀协同发展战略的提出和不断推进,京津冀体育如何协同?京津冀体育传统校如何协同发展?这些京津冀竞技体育后备人才培养如何协同发展?这些成为京津冀协同发展、竞技体育发展和传统校发展的共同话题。毫无疑问,后备人才培养作为体育传统校的重要使命,京津冀体育传统校后备人才培养的协同不仅能有效促进竞技体育后备人才培养,而且能促进京津冀体育传统校的协同发展。

京津冀体育传统校后备人才培养联动是指在京津冀协同发展的背景下,通过对京津冀体育传统校后备人才培养管理机构的整合,加强对京津冀三地区体育传统校的管理指导和控制,从而促进参与协同的体育传统校培养和储备多数量厚基础的后备人才,形成有序的可持续发展。其目标是实现京津冀体育传统校之间均衡、协同发展。通过协调京津冀体育传统校后备人才,依托各体育传统校的优势资源,以体育传统项目校际对抗赛、夏令营活动为载体,加强信息沟通、合作交流和资源配置,使体育传统校能够综合协调、统一行动、协同发展。

三、京津冀体育传统校体育教师培训的联动

2018年,中共中央教育部《关于全面深化新时代教师队伍建设改革的意见》提出,深入贯彻落实党的十九大精神,造就党和人民满意的高素质专业化新型教师队伍,全面提升国民素质和人力资源质量。体育教师作为京津冀体育传统校体育教学的主体,是京津冀学校体育工作的主要执行者,其素质和职业道德水平直接决定着体育教育观念的变革、教学内容和课程体系的建设,直接影响着体育传统校后备人才的培养质量、学生体质健康水平的

提升和京津冀体育传统校协同发展的进程。

首先,体育教师要有良好的师德。百年大计,教育为本。教育工作,育人为先。体育作为学校素质教育的重要组成部分,既担负着提高学生体质健康水平的重任,还承担着立德树人的根本使命。体育教师师德作风建设也是京津冀体育传统校协同发展的重要环节。其次,体育教师要具有团队合作的领导能力。在京津冀体育传统校协同发展过程中,体育教师不是"单打独斗",而是团队合作。在体育教学中,体育教师要具有领导班集体的能力,能组织学生进行体育教学、课外体育活动和运动会等;在科学研究中,体育教师要具备团队协作的能力,现代的体育教师必须具备领导、团结学生和教师的团队合作意识和能力。再次,体育教师要具有体质健康促进的知识与干预能力。学校体育培养合格人才,不仅要促进学生体质健康,而且需要教师具有健康的体魄。在学生体质健康促进的长期过程中,教师要培养学生树立"健康第一"和"终身体育"的思想,让学生明白体育在促进体质健康方面的重要作用,并能掌握一两项运动技能,进行体育锻炼。最后,体育教师要有创新能力和终身学习的能力。京津冀体育传统校协同发展要求传统校体育教师要具有足够的智慧和知识,在知识快速变化更新和网络信息高度发达的时代,体育教师面临不断更新知识结构、增加知识容量和高科技教学手段的新形势,在这种形势下,体育教师只有具备终身学习的能力和创新能力,才能适应现代化教育背景下的体育教学,才能培养出现代化社会需求的学生。

教师培训是提升京津冀体育传统校体育教师的重要途径。调查表明,体育教师对参加培养的需要也是非常迫切的。京津冀体育传统校体育教师培训的联动,是指在京津冀体育传统校协同发展委员会的统一安排下,开展不同体育项目、不同等级、不同区域的传统校体育教师培训,统筹安排,提升京津冀体育传统校体育教师整体水平,进而促进京津冀体育传统校协同发展。

四、京津冀体育传统校教学内容的联动

课程建设是学校教学基本建设的重要内容之一,是教学工作逐步走向规范化的重要措施,是提高教学质量的重要环节,是搞好专业建设的基础工作。教学内容是学与教相互作用过程中传递的主要信息,是学校给学生传

授的知识和技能、灌输的思想和观点、培养的习惯和行为等的总和。① 教学内容设计主要包括制定课程标准、制定教学计划、撰写教案和制定成绩考核的方法等环节。要在教学过程中做到三个准备,即备学生、备教材和备教法,备学生就要做到全面了解学生的学习状态和学习准备状态以及现有的知识和技能水平;备教材要根据教学目标找到合适的教材内容并制定合适的教学计划;备教法就是根据学生生理和心理上的差异,选择不同的教学方法和手段,即通过不同的传播媒介传递知识。

课程和教学内容设计是京津冀体育传统校协同发展的重要环节。要实现京津冀体育传统校的协同发展,首先,需要在课程内容上实现整体规划;其次,部分项目体育传统校数量少,影响项目的推广,其主要原因在于缺乏对课程内容的筛选设计。调查发现,目前京津冀体操传统校只有1所。分析原因,体操的专业化竞技运动不受家长欢迎,内容枯燥、训练单一、严酷等导致儿童害怕体操专业化训练,家长和学校害怕意外事故的发生,因此,体操课渐渐淡出了中小学体育课。鉴于此,国家体育总局推出"快乐体操",强调训练的娱乐性和趣味性,注重学生的兴趣性,从事该项运动不仅可以减少孩子学习的压力,而且可以增强学生的身体素质,提高运动水平,提升从事身体训练的积极性。体操运动管理中心虽然在"快乐体操"锻炼标准和器材标准等方面出台了相关文件,但是,怎样让不同等级的教学内容衔接起来,如何对教学内容进行有趣的设计,成为制约"快乐体操"项目推广和"快乐体操"传统校设立的重要问题。

京津冀体育传统校教学内容联动主要是指从项目教学出发,立足于运动项目发展,设计适用于京津冀体育传统校教学的课程内容,旨在促进京津冀体育传统校的协同发展,促进不同体育项目在体育传统校的开展,促进项目的发展和传统校的申报,优化京津冀体育传统校传统项目布局,进而促进京津冀体育协同发展。

---

① 王道俊、王汉澜. 教育学[M]. 人民教育出版社. 1999 – 12.

本章小结

第一,京津冀体育传统校联动机制是指以京津冀体育传统校协同发展为目的,京津冀体教部门和体育传统校之间相互合作、联合行动的运行方式。通过对京津冀现有体育传统校及其管理机构的改革,加强对体育传统校的管理、指导和控制,从而促进京津冀参与协同的体育传统校相互作用并产生协同效应,形成有序的可持续发展。

第二,京津冀体育传统校协同发展联动机制的设计应遵循可持续发展原则、比较优势原则、动态性原则、务本性原则和创造性原则,从联动机制的构造、功能与作用机理、形式与载体三个层面进行设计。

第三,京津冀体育传统校联动机制行为人包括京津冀体育传统校协同发展委员会(制定者)、京津冀体育传统校协同发展小组(执行者)和各级体育传统校(参与者)。联动机制的功能包括激励功能、制约功能和保障功能,三者相互作用、相互制约。联动机制的形式与载体主要包括激励标准和经费奖励的激励政策措施,涉及分权、制度、程序、权力的制约政策措施,涉及经费、师资、场馆保障政策和利益补偿政策的保障政策措施。

第四,京津冀体育传统校协同发展联动机制的实施举措主要包括京津冀体育传统校与家庭的联动、京津冀体育传统校后备人才培养的联动、京津冀体育传统校教师培训的联动和京津冀体育传统校教学内容的联动。

第四章　京津冀体育传统项目学校
协同发展联动机制的案例实证

2016 年,国务院办公厅《关于强化学校体育促进学生身心健康全面发展的意见》(国办发[2016]27 号)指出,深化教学改革,开展运动项目教学,提高学生专项运动能力,大力推动足球、篮球、排球等集体项目,积极推进田径、游泳、体操等基础项目。这表明,篮球、排球、田径等运动项目的开展和推进已成为国家领导关注的现实。国家体育总局命名的体育传统校肩负着培养后备人才、提升青少年体质和推广体育传统项目的重要使命。毫无疑问,以运动项目为抓手,既是体育传统校命名的根本,也是推动运动项目发展,提升学生运动技能和身心健康水平的重要手段。

前期研究表明,目前京津冀国家级和省(市)级体育传统校 658 所,其中,排球传统校 64 所(京津冀 33、19、12)、田径传统校 412 所(京津冀 128、119、165)、篮球传统校 251 所(京津冀 89、72、90)、健美操传统校 37 所(京津冀 27、1、9)、体操传统校 1 所(京津冀 0、1、0)。在京津冀协同发展背景下,我们面临的现实和亟待解决的问题是,第一,2016 年里约奥运会,中国女排再次夺冠,其竞技水平再创新高,面对我国女排(特别是天津女排)的骄人战绩与排球传统校数量一般的矛盾,如何提升学生参与度? 发挥家庭作用? 培育排球传统校? 第二,作为数量较多的田径和篮球传统校,如何发挥其作用? 如何协同发展? 第三,面对京津冀健美操传统校发展严重失调,天津市仅有 1 所国家级健美操传统校的局面,如何增加天津健美操传统校的数量? 京津冀如何协同发展? 第四,面对京津冀仅有一所体操传统校,与体操对青少年身心健康重要作用严重不符的现实,如何设计教学内容,促进项目开展,形成京津冀特色?

排球作为集体项目多次夺冠,建立排球传统校家校联动机制,让家庭参与,将有利于解决排球传统校数量与我国女排骄人战绩之间的矛盾。田径作为"运动之母",后备人才培养是其可持续发展的源泉,构建京津冀田径传统校后备人才培养联动机制,充分发挥田径传统校的作用,推动后备人才培养,实现京津冀田径传统校的协同发展。体育教师的素质和能力是提高教学质量的重要保障,师资培训是提升教师能力的重要途径,建立京津冀健美操传统校体育教师培训联动机制,形成优势互补,将有利于天津健美操传统校的培育和申报,促进京津冀协同发展。2015 年国家体育总局提出"快乐体操",并颁布《快乐体操等级锻炼标准》《全国快乐体操等级锻炼标准》,以"趣味、快乐、健康"元素打造现代体操的新理念,快乐体操教学内容的设计和不同年级之间的衔接将有利于解决体操传统校面临的尴尬局面,促进体操项目在中小学开展和推进。

鉴于此,本章内容以家庭、后备人才培养、社会资源、教师培训和教学内容为切入点,在前期构建的京津冀体育传统校联动机制的基础上,构建京津冀排球传统校家校联动机制、京津冀田径传统校后备人才培养联动机制、京津冀篮球传统校校社联动机制、京津冀健美操传统校教师培训联动机制和京津冀小学快乐体操教学内容设计,并从不同视角设计联动方案,旨在推动项目发展,促进京津冀体育传统校的协同发展,加快京津冀体育协同发展的步伐。

第一节 京津冀排球传统项目学校家校协同发展的联动机制

一、京津冀排球传统校家校联动的现状分析

(一)京津冀排球传统校的基本情况

从表 36 可以看出,京津冀国家级和省(市)级排球传统校共 64 所,其中,国家级 10 所,占 15.62%,该比例高于京津冀国家级体育传统校占全国传统校的比重(10.18%),说明京津冀国家级排球传统校发展较快;京津冀省(市)级排球传统 54 所,占 84.38%,低于京津冀省(市)级体育传统校的发展规模(89.82%),说明京津冀省(市)级排球传统校发展较为缓慢。

表 36 京津冀排球传统校发展规模情况表

级别	京津冀排球传统校（%）		京津冀体育传统校（%）	
	n(所)	百分比(%)	n(所)	百分比(%)
国家级	10	15.62%	67	10.18%
省(市)级	54	84.38%	591	89.82%
总　计	64	100.00%	658	100.00%

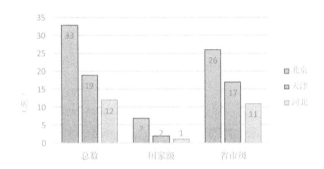

图 21 京津冀排球传统校数量分布图

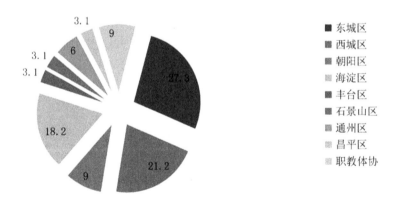

图 22 北京市排球传统校区域分布图

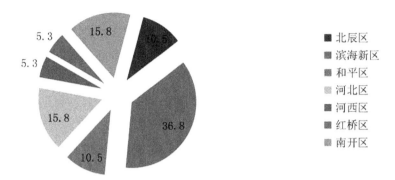

图 23　天津市排球传统校区域分布图

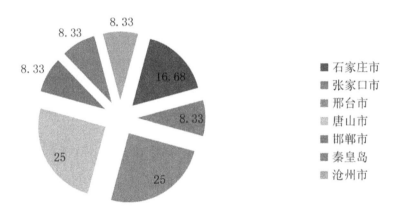

图 24　河北省排球传统校区域分布图

从图 21 可以看出,北京市排球传统校 33 所,占京津冀排球传统校的
51.56%,其中国家级和省(市)级分别 7 所和 26 所;天津市 19 所,占 29.
69%,国家级和省(市)级分别 2 所和 17 所;河北省 12 所,占 18.75%,国家
级和省(市)级分别 1 所和 11 所。说明北京市排球传统校发展稳定,数量和
规模远好于天津和河北;天津排球传统校发展好于河北省,河北发展相对迟
缓。建议加强天津和河北省(市)级传统校的建设,鼓励和支持国家级传统
校的申报和审批。

从区域分布情况来看,北京市排球传统校主要集中在东城区、西城区、
海淀区,其中东城区占 27.3%,西城区占据 21.2%,海淀区占 18.2%,其他
地区所占比重较小,丰台区、石景山区、昌平区各占 3.1%,分布较均匀。天

津市的排球传统校分布不均匀,其中滨海新区排球传统校发展较为突出,占天津市排球传统校的36.8%,河北区与南开区发展也较好,各占15.8%,和平区与北辰区各自占10.5%,而河西区与红桥区发展相对较差,仅占天津市排球传统校的5.3%,分布不均匀。河北省排球传统校邢台市、唐山市发展较好,各占河北省排球传统校的25%,石家庄市所占比例为16.68%,发展相对稳定,但是沧州市、张家口市、邯郸市、秦皇岛市这些地区,所占比重很小,仅占8.33%,发展较缓慢。整体而言,河北省排球传统校分布较为均匀,没有出现严重的两极分化现象。

(二)京津冀排球传统校家庭联动的分析

1. 京津冀排球传统校学生家长对其参与排球运动态度的分析

表37　京津冀排球传统校学生家长对其参与排球运动的态度

N＝202

地区		非常支持	比较支持	支持	不支持	非常不支持
北京市（107）	数量	27	40	21	10	9
	%	25.23%	37.38%	19.63%	9.35%	8.41%
天津市（57）	数量	13	21	12	7	4
	%	22.81%	36.84%	21.05%	12.28%	7.02%
河北省（38）	数量	7	13	9	5	4
	%	18.42%	34.21%	23.68%	13.16%	10.53%
合计（202）	数量	47	74	42	22	17
	%	23.26%	36.64%	20.79%	10.89%	8.42%

注:此表统计的家长为平时对学生在校情况关注度较高的父亲或母亲。

从表37可以看出,在调查的京津冀排球传统校中,学生家长非常支持(23.26%)、比较支持(36.64%)以及支持(20.79%)学生参与排球运动的共占80.69%;其中北京市学生家长非常支持、比较支持和支持的占82.24%,天津市共占80.7%,河北省共占76.31%。可见,北京地区支持度最好,其次是天津,支持度最低的是河北,这也与各地区的传统校的数量和规模成正比。需要指出的是,京津冀地区中有10.89%的家长不支持学生参与排球运动,还有8.42%的家长非常不支持学生参与排球运动,这不利于项目的开展。

2. 京津冀排球传统校家校联动的现状分析

从表38可以看出,在调查的京津冀体育传统校中,家长与学生进行排球相关内容交流频次1~2次/周的占23.26%,3~4次/周的占23.76%,4次以上/周的占12.87%,高达40.11%的没有进行交流。从交流的具体情况来看,北京市不交流的占41.12%,高于天津市和河北省;天津交流4次以上/周的占14.03%,高于北京和河北;这表明,天津的整体情况好于河北,河北好于北京,这可能与天津女排竞技水平较高相关。进而提示我们,运动项目竞技水平的高低在很大程度上能够影响该项目在学校体育和群众体育中的发展。

表38 家长与孩子进行排球相关内容交流的频率统计表 N=202

地区		0 次/周	1－2 次/周	3－4 次/周	4 次以上/周
北京市 (107)	数量	44	24	25	14
	%	41.12%	22.43%	23.37%	13.08%
天津市 (57)	数量	22	13	14	8
	%	38.60%	22.81%	24.56%	14.03%
河北省 (38)	数量	15	10	9	4
	%	39.47%	26.32%	23.68%	10.53%
合计 (202)	数量	81	47	48	26
	%	40.11%	23.26%	23.76%	12.87%

注:此表统计的家长为平时对学生在校情况关注度较高的父亲或母亲。

表39 家长对学生排球学习情况的了解程度 N=202

地区		从不了解	偶尔了解	了解	比较了解	非常了解
北京市 (107)	数量	44	31	19	8	5
	%	41.12%	28.97%	17.76%	7.48%	4.67%
天津市 (57)	数量	23	16	15	2	1
	%	40.35%	28.07%	26.32%	3.51%	1.75%

地区		从不了解	偶尔了解	了解	比较了解	非常了解
河北省 （38）	数量	23	10	4	1	0
	%	60.52%	26.32%	10.53%	2.63%	0%
合计 （202）	数量	90	57	38	11	6
	%	44.55%	28.22%	18.81%	5.45%	2.97%

注：此表统计的家长为平时对学生在校情况关注度较高的父亲或母亲。

从表39可以看出，在调查的京津冀排球传统校中，44.55%的学生家长从不了解学生的排球学习情况，28.22%的偶尔了解，18.81%的了解，比较了解的占5.45%，非常了解的仅占2.97%。这一结果同家长与学生交流情况的结果基本一致，说明家长对学生排球学习了解情况较差，不利于学生排球的学习和锻炼。

表40　家长与排球教练交流的态度　N = 202

地区		非常愿意	较愿意	愿意	不愿意	非常不愿意
北京市 （107）	数量	63	28	9	4	3
	%	58.88%	26.17%	8.41%	3.74%	2.80%
天津市 （57）	数量	28	20	4	3	2
	%	49.13%	35.09%	7.02%	5.25%	3.51%
河北省 （38）	数量	19	11	4	3	1
	%	50.00%	28.95%	10.53%	7.89%	2.63%
合计 （202）	数量	110	59	17	10	6
	%	54.45%	29.21%	8.42%	4.95%	2.97%

注：此表统计的家长为平时对学生在校情况关注度较高的父亲或母亲。

表41　家长与教师交流情况统计表

地区		0 次/月 （%）	1－2 次/月 （%）	3－4 次/月 （%）	4 次以上/月 （%）
北京市	家长/教师	20(18.69%)	34(31.78%)	49(45.79%)	4(3.74%)
	教师/家长	0	26(29.55%)	51(57.95%)	11(12.50%)

续表

地区		0 次/月 （%）	1 - 2 次/月 （%）	3 - 4 次/月 （%）	4 次以上/月 （%）
天津市	家长/教师	9(15.79%)	18(31.58%)	26(45.61%)	4(7.02%)
	教师/家长	0	11(23.91%)	31(67.39%)	4(8.70%)
河北省	家长/教师	6(15.79%)	11(28.95%)	20(52.63%)	1(2.63%)
	教师/家长	0	8(25.81%)	19(61.29%)	4 (12.90%)
合计	家长/教师	35(17.32%)	63(31.19%)	95(47.03%)	9 (4.46%)
	教师/家长	0	45(27.27%)	101(61.21%)	19(11.52%)

注:此表统计的家长为平时对学生在校情况关注度较高的父亲或母亲。

从表40中可以看出,在调查的京津冀排球传统校中,54.45%的家长表示非常愿意与排球教练进行交流,29.21%的表示比较愿意,8.42%的表示愿意,仅有4.95%和2.97%的表示一般和不愿意。其中,北京市家长表示非常愿意、比较愿意和愿意的占93.46%,天津占91.24%,河北占89.48%,这说明,家长均愿意与排球教练进行交流,愿意关注学生的学习和锻炼。

表41中可以看出,排球传统校的教师和家长针对学生的训练等的交流情况,教师主动和家长的沟通好于家长主动和教师沟通,但整体沟通有待加强。教师主动和家长沟通频次3～4次/月的101人,占61.21%;1～2次/月的45人,占27.27%;家长主动和教师沟通频次3～4次/月的95人,占47.03%;1～2次/月的63人,占31.19%;从各地区看,北京和天津的沟通情况好于河北。通过访谈得知,沟通少的原因主要在于:第一,工作忙,时间不能保障,部分学生由老人或托管接送;第二,缺少沟通交流的平台和机制,交流手段较单一。

3.京津冀排球传统校体育教师和学生家长对家校联动的态度

（1）传统校体育教师对家校联动的态度

从表42可以看出,在调查的京津冀排球传统校中,体育教师认为建立家校联动非常有必要的占49.09%,较必要的占38.18%;北京市排球传统校体育教师认为非常有必要和较有必要的占88.64%,天津市共占82.61%,河北省共占90.32%。这说明,排球传统校体育教师对建立家校联动持非常肯定和支持的态度,并且北京市和河北省教师的态度好于天津。

表 42　传统校体育教师对建立家校联动的态度　　N = 165

地区	非常有必要	较必要	一般	不必要	非常不必要
北京市(88)	44(50.00%)	34(38.64%)	10(11.36%)	0	0
天津市(46)	24(52.17%)	14(30.44%)	8(17.39%)	0	0
河北省(31)	13(41.93%)	15(48.39%)	2(6.45%)	1(3.23%)	0
合计(165)	81(49.09%)	63(38.18%)	20(12.12%)	1(0.61%)	0

(2)传统校学生家长对家校联动的态度

从表 43 可以看出,在调查的京津冀排球传统校中,学生家长认为建立家校联动非常必要的占 34.65%(70 人),较必要的占 35.15%(71 人),一般的占 25.25%(51 人);北京市排球传统校学生家长认为非常有必要和较有必要的占 67.29%,一般的占 28.04%;天津市认为非常有必要和较必要的占 75.44%,一般的占 19.30%;河北省认为非常有必要和较必要的占 68.42%,一般的占 26.32%。这说明,传统校学生家长对家校联动机制的建立持有肯定态度,但是与体育教师对家校联动的态度的调查结果稍有差别,这可能与学生家长对京津冀发展或排球发展的关注程度低于体育教师有关。需要注意的是,仍有 25.25% 和 4.95% 的家长持有一般和没必要的态度。建议加强京津冀协同发展、京津冀体育协同发展和排球发展的相关宣传,让学生家长关注学生、关注排球、关注学校的发展。

表 43　传统校学生家长对建立家校联动的态度　　N = 202

地区	非常有必要	较必要	一般	不必要	非常不必要
北京市(107)	33(30.84%)	39(36.45%)	30(28.04%)	5(4.67%)	0
天津市(57)	23(40.35%)	20(35.09%)	11(19.30%)	3(5.26%)	0
河北省(38)	14(36.84%)	12(31.58%)	10(26.32%)	2(5.26%)	0
合计(202)	70(34.65%)	71(35.15%)	51(25.25%)	10(4.95%)	0

注:此表统计的家长为平时对学生在校情况关注度较高的父亲或母亲。

二、京津冀排球传统校家校联动机制的设计分析

(一)家校联动机制的内涵

京津冀排球传统校家校联动是指京津冀排球传统校和家庭为学生更好的发展,双方达成的配合、支持和协调的互动关系。其关键在于家校间的互动理念、互动目标、互动形式及互动保障。京津冀排球传统校家校联动机制是通过家庭与学校的相互合作与配合,以学生发展为中心,促进排球项目良性发展的运行机制。该机制主要是通过建立京津冀排球传统校与家长之间的互动理念、目标以及形式等,采用有效手段合理配置家庭和学校等各项教育资源,形成教育合力,共同促进学生全面发展、推动排球项目的发展,进而促进京津冀排球传统校的协同发展。

(二)家校联动机制的构造

1.家校联动机制的行为人

家校联动机制的行为人主要包括机制设计人员、机制实施人员与机制参与人员,如图25所示,家校联动机制的设计人员是指京津冀家校联动机制发展委员会是指负责制定与完善京津冀排球传统校家校联动机制的相关规则与政策,使家校联动机制的实施有法可依;家校联动机制的实施人员是指排球传统校的联动委员会,主要负责落实机制设计人员制定的联动机制的规则以及制约参与人员的行为;家校联动机制的参与人员是指排球传统校的师生及学生家长在实施人员的引导下参与家校联动机制的人员,是家校联动机制的落实者。

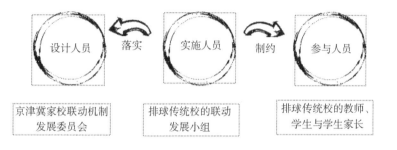

图25　京津冀排球传统校家校联动机制的行为人结构图

图 26　京津冀排球传统校家校联动设计人员构成图

（1）联动机制的设计人员

家校联动机制的设计人员是机制能否顺利开展的核心,主要负责制定京津冀排球传统学校家校联动机制的相关政策与规则,是家校联动机制的关键环节。鉴于京津冀教育趋势和地区的差异性,建议由教育部、国家体育总局或省市教育局等部门的领导、排球传统校的领导、排球传统校的相关教师以及家委会组长共同协商组成京津冀排球项目传统校家校联动机制发展委员会(如图 26),完成排球传统校家校联动机制的设计工作。

（2）联动机制的实施人员

排球传统校家校联动机制的实施者主要负责落实设计人员制定的政策规则,监督参与人员的行为,并及时反馈机制的结果。家校联动机制涉及人员较为广泛,管理难度大,需要细化各个部门的职责,为统筹管理,建议设立京津冀排球传统校统筹委员会。

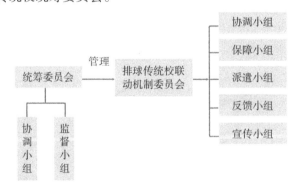

图 27　京津冀排球传统校家校联动机制实施人员管理结构图

130

如图 27 所示,京津冀排球传统校家校联动机制的实施人员是由排球传统学校的联动委员会组成,而联动委员会又受到统筹委员会的管理。建立统筹委员会,实际上是联动委员会的领导部门,管理指导实施人员的工作,确保联动机制的顺利进行,其中设立监督小组与协调小组并任命一名组长,另设一名会长,负责管理两个小组以及主持联动中的各种行政事务。为了能够使机制全方位有效实施,建议统筹委员会会长由国家体育总局或各省市体育总局中参加机制设计的领导出任,由设计人员投票产生。协调小组主要是负责与联动委员会中的机制反馈小组进行沟通,及时了解家校联动机制的最新实施情况,及时解决联动委员会无权或者无法解决的问题;监督小组主要负责对京津冀排球传统校以及联动机制工作的实施人员进行监督、监察,以防出现违法乱纪、贪污腐败行为。

京津冀排球传统校家校联动委员会分别设立宣传小组、协调小组、反馈小组、保障小组、派遣小组等。宣传小组主要是对家长进行介绍与宣传家校联动机制以及活动的内容,使家长了解家校联动的优势,以及家校联动对于学生的成长与学习的帮助等,提高家长参与的积极性与主动性;协调小组主要负责与派遣小组进行及时的沟通,将其他地区排球传统校最新情况反映给领导小组,以保障家校联动机制的有效进行;反馈小组主要负责将家校联动机制的实施结果以及机制过程中的一系列问题如实的记录并及时报告给统筹委员会中的协调小组,确保机制实施过程中的问题妥善解决;保障小组负责家校联动机制中场馆器械、人员及相关费用等的合理调配,保障家校联动机制实施过程中的物资充盈;派遣小组可分为天津市外派人员、北京市外派人员和河北省外派人员,主要负责与当地排球传统校进行沟通,将当地排球传统校出现的问题及时上报给协调小组,同样也要及时地将统筹委员会下发的文件传达到各个地区的排球传统校。

（3）联动机制的参与人员

京津冀排球传统校家校联动的参与人员主要是京津冀排球传统校的教师、学生及学生家长,他们是机制实施的主体,所有活动与规则都围绕他们进行设计,设计人员与实施人员都是在保障他们的权益,同时,受监督小组的监督。

2. 家校联动机制的规则

京津冀排球传统校家校联动机制的规则是为了对联动机制行为人员的

权利与义务进行界定,明确自身利益。家校联动机制的设计人员要根据京津冀排球传统校的不同情况,制定家校联动机制的有效方案,并监督后期方案的运营,同时享有薪资、饮食住宿补助等福利;实施人员不仅要督导机制的实施,对实施过程中出现的问题做出决策和必要措施,对体育场馆和场地的管理,拥有奖励与惩罚的权利,而且要对实施小组进行监督与评判,满足家校联动过程中产生的经费,监督参与者是否违反规则;参与人员对排球传统校要具体明确到每名教师和管理者的义务与权利,对于参与人员的权利有管理学生的秩序、学校决策具体实施权,要有保护学生安全的义务,学生家长在参与家校联动过程中要做到遵守规章制度。

3. 家校联动机制的收益方式

京津冀排球传统校家校联动机制在运行过程中会存在利益形式,主要有排球运动人才收益形式、学校自身发展方面收益形式、区域带动方面收益形式及具体经济方面收益形式四种收益形式。

(1)排球运动人才收益形式

在京津冀排球传统校家校联动的过程中,一方面通过与家长的沟通交流,让家长了解学生学习排球的程度及学生学习排球项目的好处,便于从家庭方面去激发学生排球学习的热情,让学生得到家庭和学校两方面的保障;另一方面,通过京津冀排球传统校家校联动机制促进排球传统校的发展,优化师资力量,培养出更多优秀的排球后备人才。

(2)学校自身发展方面收益形式

京津冀排球传统校家校联动机制能够促进京津冀排球传统校的协同发展。在协同发展和家校联动的过程中,通过对资源整合,优化学校的硬件设施,师资力量,能够促进传统校的软硬件建设;同时,随着家长对排球运动支持度和参与度的提升,能够促进传统校教学、训练、竞赛模式的改变;随着各级各类比赛的进行和家庭的参与,能够有效扩大传统校的知名度,促进传统校竞赛训练水平的提升,进而提高生源质量,带动排球传统校的全面发展。

(3)区域带动方面收益形式

京津冀各地区排球传统校发展的不均衡不利于京津冀协同发展。京津冀排球传统校家校联动机制旨在运用北京市和天津市传统校的优势,有效带动河北省排球传统校的发展,从而促进地区经济文化的发展。排球传统校家校联动机制可以刺激消费,带动地区经济的发展,进而促进体育产业与服务业的发展。同时,通过提高各地区人民的收入,传播城市文化、体育文化和排球精神,使京津冀区域形成良好的沟通和密切的配合,从而带动京津冀地区的协同发展。

(4)具体经济方面收益形式

京津冀排球传统校家校联动机制实施过程中,为促进京津冀排球传统的可持续健康发展,促进排球训练和学生竞技水平的提升,举办京津冀传统校排球比赛或排球技能展示活动、夏令营、亲子趣味运动会等。活动中,可收取门票、报名费和广告费等形式获得经济利益;还可以寻求取赞助来举办各种赛事活动,不仅能够使更多的家庭参与排球运动,激发社会各界人士对排球项目的兴趣和关注,还可以获得经济支持,带动当地经济发展,进而促进京津冀排球传统校的发展。

(三)家校联动机制的方式

1. 家校联动机制保障方式

(1)家校联动的政策制度保障方式

所谓政策保障是指国家相关部门为保障京津冀排球传统校家校联动机制构建、实施运行的有序进行而制定的有效措施,以调动排球传统校和学生家长的积极性,参与排球运动,促进排球运动发展和京津冀排球传统校的协同发展。

在现阶段的家校联动机制的构建过程中,一方面,由于学校领导者的合作意识淡薄,缺少吸引家长参与排球运动的有效途径;另一方面,由于家长自身对家校联动认识、对其自身的责任和义务认识模糊,无法行使自己的教育权利。因此,家校联动机制的政策保障成为家校联动机制的重要保障之一。鉴于此,建议京津冀排球传统校家校联动机制的行为人(京津冀家校联动机制发展委员)应加快颁布相关的政策法规,制定合理的解决方案,保证学校、家长以及学生能够明确自身的权利和义务。既可以提高学校和家长的认识,保障家长顺利参与家校联动机制的构建,使其在行使权力时有法可依,调动其积极性,同时,监督学校和家长的工作,进而保障家校联动机制的顺利运行。

(2)家校联动的资源整合保障方式

资源整合是将内部资源通过组织协调,整合成一个可以运行的系统,产生 1 + 1 ≥ 2 的效果。京津冀排球传统校家校联动资源可分为人力、物力、财力,这些资源整合需要建立在一定规整制度的基础上进行,相关政策的制定依赖于政策保障,亦由京津冀排球传统校家校联动机制的行为人(京津冀家校联动机制发展委员)统一制定,由京津冀排球传统校家校联动机制的实施人员(京津冀排球传统校家校联动机制发展小组)安排落实。我们知道,家校联动机制的资源整合不是简单的人力、物力、财力的累加,而是要对整合后出现的问题进行预见,并提出解决方案。具体来说,就是制定政策法规对京津冀排球传统校家校联动机制中资源整合后出现的问题进行解决、责任指定等,以便更好地保障传统校、学生家长及学生的合法权益,使其出现相关问题能够有法可依、有章可循。京津冀排球传统校家校联动机制资源整合的规章制度,对于整个资源的整合起到了一个标杆的作用,共同引领资源整合内容的有效连接。

资源整合是京津冀排球传统校家校联动的重要内容。在实施过程中,要注意以下问题。首先,提高资源整合的利用率。排球传统校的场馆设施等资源不能停留在表面层次,要合理利用整合后的资源,真正运用到教师、学生和家长的教学、训练和竞赛活动中。其次,明确整合资源的归属。在京津冀排球传统校资源整合过程中,要明确各校各类资源的使用权、占有权、支配权、收益权和处置权等,权责明确。在追求人力、物力、财力资源共享最大化的同时,满足各自的需求,避免产生矛盾,影响京津冀排球传统校家校联动的有序推进。最后,完善整合资源的管理。京津冀排球传统校家校联动由于地域的限制,可能会影响大区域的有形教学设备的共享,建议在相应政策法规的引导下,做好联动资源的最优整合管理。例如联动资源的登记、维护和管理,资源整合中的利益均衡和利益分配等。总之,京津冀排球传统校家校联动机制的行为人(设计人员、实施人员和参与人员)在整个过程中要各司其职,以真诚、积极的态度投入工作中,以推动联动机制的有效运行,促进京津冀排球传统校的联动发展。

(3)家校联动的评估监督反馈保障方式

评价监督反馈保障方式是京津冀排球传统校家校联动机制中至关重要的环节。京津冀排球传统校家校联动机制的评估监督反馈方式应该注重于排球传统校的评估,主要是通过排球传统校联动委员会中的反馈小组在家校联动机制的实施过程中将出现的问题及时记录并反馈给统筹委员会协调小组；协调小组将问题归纳总结到统筹委员会的会长，然后由会长再与设计人员以及统筹委员会组长共同分析讨论出现问题的原因，并且商讨合理的解决方案。评估监督的内容和方法应该从不同层次不同角度去进行客观的评价监督反馈。

京津冀排球传统校家校联动的评估监督反馈方式涉及政府（国家和地方）、排球传统校、教师、学生以及家长五个方面，每个方面看待家校联动机制的利益出发点都不同。政府方面主要是以节约国家财政支出、以政策为导向，推进京津冀排球传统校健康发展，促进京津冀体育传统校的协同发展，促进社会和谐及可持续发展的利益需求；排球传统校方面主要是为了提升自身办学水平、扩大学校知名度、吸引高质量人才、能够促进学校健康发展；教师层面主要是为了获取充足的教学经验、教师、自身待遇提高与学校发展联系密切、享有更多发展机会；学生主要是为了开阔视野、挖掘自身潜力、增强自身竞争力获得知识技能、实现自我价值；家长层面主要是为了了解学校办学水平、了解孩子学习状况、配合学校提高教学质量。

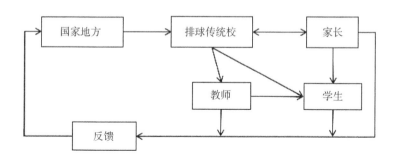

图28　家校联动机制评估监督反馈方式对象关系模式图

评估监督反馈方式的评估对象主要是以上五个方面（见图28）同时又可将这五个方面分成两个层面：国家层面，国家层面主要包括政府（国家和地方）这一方面，主要是机制的设计人员，一部分为实施人员的领导者，可以从国家的角度以及地方特色给予机制设计上的引领，可以引导家校联动机制评估监督的大方向。排球传统校层面，此层面主要包括排球传统校、教师、学生以及家长，是家校联动评估监督反馈方式最直接的主体，是机制实施以及参与的主要对象，排球传统校首先要建立自我评估监督反馈体制，同时要与家长之间互相评估监督,这样不仅可以在家校联动机制实施的过程中起到评估监督的作用,在日常的学习中也可灵活进行,可以有效提高排球传统校的健康发展,从而满足所有评估对象的利益需求。

评价监督反馈保障是京津冀排球传统校家校联动机制中不可或缺的组成部分,贯穿于家校联动机制的整个过程,对家校联动机制的发展具有举足轻重的作用。建立科学合理的家校联动评估监督体系,将会调动和激励政策参与人员的积极性和创造性,发挥政府、学校及家庭整体效能,提升家校联动的社会效应。

2. 家校联动机制的激励方式与制约方式

京津冀排球传统校家校联动机制的激励是家校联动机制运行的外在动力,无规矩不成方圆,任何组织机构的建立和运行必须依赖相应的制约条例,才能保障其有效运行。京津冀排球传统校家校联动机制的激励方式主要是对排球传统校的参与人员(排球传统校、教师、学生和学生家长)采取的激励方式,充分调动其参与的积极性,使其能够主动参与家校联动。京津冀各地区各级排球传统校的奖励机制要统一标准,公开透明,激励包括联动前激励、联动中激励、联动后激励。联动前激励是指国家或京津冀地方主管部门作为评估监督的主体,对于开展家校联动给予的优惠政策及物质奖励。联动中激励是指联动中家长之间的相互交流、家长与学校之间的沟通,形成健康的竞争方式,互相激励,力争在评估监督中得到良好的评价。联动后激励是指评估监督主体对于在联动中取得优异成绩的传统校、教师、学生、学生家长给予物质奖励及精神鼓舞,如颁发证书和荣誉称号等。

京津冀排球传统校家校联动机制的制约方式主要是制定严格的规章制度、科学的分配权利和有层次的下达任务。由京津冀排球传统校家校联动机制的设计人员统筹安排,指派具体的家校联动机制实施人员对某一区域或者某一任务进行负责,逐级逐层地扩大管理范围;按照机制流程制定严格、明确、清晰的程序步骤;京津冀排球传统校家校联动机制参与人员要依据制定的相关文件,明确自己的权利与义务;在实施过程中,注意宣传优秀事迹、榜样事迹和反面教材,使其得到直观的感受,进而能够约束自己的行动,推动和保障家校联动机制的运行。

（四）家校联动机制的构建措施

1. 建立排球家校联动家委会

所谓京津冀排球家校联动家委会就是京津冀排球传统校家长联合委员会，是由京津冀排球传统校学生家长组成的，既可以参与家校联动的构建工作，又可以参与学校的相关工作，是学校和家长沟通的纽带。家委会由班级、年级、学校本着公开透明的原则逐级选举产生，并且制定相应的规章制度，例如制定《家长联合委员会章程》以及《家委会委员行为指导规则》等一系列规章制度，明确家委会的权利和义务，可以代表学生以及家长意见的组织。

家委会有一定的权利，使其参加学校对学生的管理，从家长层面提出合理化建议，完善家委会，成立家委会活动部门，如生活部、秘书部、财务部、安全部等，这些部门各司其职，定期与学校沟通交流，将问题及时反馈给学校或者家校联动机制，相关部门及时讨论并落实家委会提出的问题或建议。

2. 建立排球家校联动家长资源信息平台

"家长资源信息平台"就是京津冀家校联动机制设计人员或实施人员根据家长的信息资源，可以对社会上的资源进行整合利用，以便为学校、学生和家长提供便利的信息服务平台。例如家校联动资源整合的信息可以发布到家长信息资源平台，也可以借助某领域的家长为学生提供排球训练或参加实践活动的基地或者场所，或者根据信息归纳总结，可以召集部分全职家长或关心孩子成长的家长参与其中，为学生排球教学、训练、竞赛等活动提供相关服务。排球家校联动家长资源信息平台也可以由排球家校联动家委会和排球传统校统一组织管理。

3. 延续排球传统校家校联动的传统方式

京津冀排球传统校家校联动的传统方式主要有教师家访、校园网信箱、家长会、家长座谈会、家长开放日、打电话、发短信、微信、邮箱等形式。教师家访、电访、微信等形式都是比较常见的双向沟通方式，家长开放日就是学校向家长展示学校情况和孩子在学校表现的一种形式，不同形式产生不同的效果。学校应搭建多平台交流体系，将面对面形式、书面形式和电子信息形式等交流方式结合起来，引导家长在过度关注孩子学习成绩的现实状况下，接受素质教育，例如举办排球亲子运动会，让家长参与进来，切身感受到排球运动、排球夏令营等活动给孩子带来的身体上的健康和心理上的自信与快乐,感受到孩子多元化的发展,看到孩子不一样的一面。

三、京津冀排球传统校家校联动机制的方案设计

（一）案例一:京津冀排球传统校排球夏令营设计

体育夏令营不仅能够提高青少年的体质健康,丰富青少年的课余时间,增强运动技能,也是实施素质教育的有效途径,是学校教育和家庭教育的良好补充,还可以培养学生的团队协作能力、吃苦耐劳的精神。目前,由于缺少统一的组织、规则以及政策,京津冀地区没有开展排球传统校排球夏令营活动,然而在京津冀体育传统校协同发展的大背景下,随着各个项目夏令营的顺利举办,京津冀排球项目传统校排球夏令营活动将成为促进京津冀排球传统校联动机制的重要途径。根据京津冀排球传统校家校联动机制的设计,拟设计京津冀排球传统校排球夏令营流程:

第一步,由京津冀排球传统校家校联动机制的设计人员（京津冀排球传统校家校联动机制发展委员会）提案并通过京津冀排球传统校排球夏令营活动,设计具体实施方案:

（1）活动目的

通过三天两夜的排球夏令营活动,可以使学生体验集体生活,培养孩子的动手能力,使家长进一步了解自己的孩子,多方位地看待孩子,挖掘孩子潜能,在此期间,也可以加强家长与教师之间的沟通交流,增加互动,加深彼此之间的感情。亲子露营、亲子定向寻宝、野外排球趣味活动等活动,使孩子们走出校门,感受不一样的大自然。

（2）活动时间地点

由家校联动机制设计者根据申请学校实际情况安排具体活动时间与地点。

（3）活动具体内容

①露营环节:野餐、搭建帐篷、篝火晚会、排球表演、露营。

②定向寻宝:利用指南针以及地图（分为家长地图与学生地图）根据地图规定的方向与路线沿途打卡。

③两人三足:家长与学生两人一组,将两人的相邻腿用绑带绑于膝盖以

下的位置,起点出发,见标志杆再折回跑,计算时间。

④野外排球趣味活动:趣味排球比赛、采野果、抓山鸡等。

(4)活动保障

①活动制度:由机制设计人员制定夏令营的规章制度,其中设计家长、教师以及学生的基本权利、需要遵守的条例、基本义务、基本责任等。

②生活保障:参与人员的吃、住、行,野餐的食材、露营的帐篷、往返的交通工具由机制的实施人员制定详细清单。

③资金保障:由实施人员对活动期间的生活、团队组建、所需物资等作出详细的资金预算。

④后勤保障:活动期间的材料补给、外联、采购以及野餐等,由实施人员分配具体人员管理。

(5)活动奖励

①奖状设置:一等奖、二等奖、三等奖、优秀奖、优秀家庭、优秀学生。

②奖品设置:由机制设计人员根据申请参与的学校的实际情况,结合当地的风土人情,设立奖品种类。

第二步,由京津冀排球传统校家校联动机制的设计人员向家校联动机制的实施人员(京津冀排球传统校家校联动机制发展小组)发出通告,告知各个地区的排球传统校,其根据自身的现实情况决定是否申请承办,确定申办后,向设计委员会提出书面的申请,由设计委员会成员对于申办的排球传统校进行筛选、考察与评定,最终确定排球夏令营的举办城市和学校,并与之签订合同。

第三步,由京津冀排球传统校家校联动机制设计人员通过研究制定相应的措施,通过制定资金整合保障措施,对贫困家庭给予优惠或者补助;通过制定信息资源整合措施,对本次排球夏令营活动进行大规模地宣传;通过制定激励措施,比如加学分,评定优秀标兵荣誉称号等形式来刺激青少年以及家长参与排球夏令营的积极性;通过制定制约措施对排球夏令营中的规矩进行明确规定,并且将具体的政策通过家委会或者家庭教育信息平台等各个渠道下发到家校联动机制的参与人员(京津冀排球传统校、教师、学生、学生家长)。

第四步,京津冀排球传统校家校联动机制设计人员与举办单位合作,负责排球夏令营的招募及具体工作的安排,及相关信息的统计、整理、报道与反馈。

(二)案例二:天津市小学排球传统校趣味运动会设计

趣味运动会可以增强青少年的体质健康水平,强身健体,使青少年形成终身体育的意识,可以使家长感受到体育带来的快乐,可以提高青少年的团结协作,积极拼搏的精神,也为家长与家长、家长与学校、家长与孩子之间提供一个可以沟通交流的机会。由于缺乏统一的组织安排以及适当的规章制度,目前天津市没有举办过排球传统校小学趣味运动会。然而在京津冀体育传统校协同发展的大背景下,天津市排球传统校小学趣味运动会活动将成为促进京津冀排球项目传统校家校联动机制的重要途径。根据京津冀排球传统校家校联动机制的设计,拟设计天津市小学排球传统校趣味运动会活动开设流程步骤:

第一步,由京津冀排球传统校家校联动机制的设计人员(京津冀排球传统校家校联动机制发展委员会)提案,并开展天津市小学排球传统校趣味运动会活动,设计具体实施方案。

(1)活动目的

趣味运动会可以增强青少年的体质健康水平,强身健体,使青少年形成终身体育的意识,可以使家长感受到体育带来的快乐,可以提高青少年的团结协作,积极拼搏的精神。

(2)活动时间地点

家校联动机制设计者根据申请学校实际情况安排具体活动时间与地点。

(3)活动具体内容

①两人三足趣味跑:家长与学生两人一组,用绑带将两人的相邻腿用绑带绑于膝盖以下的位置,起点出发,见标志杆再折回跑,计算时间。

②趣味排球比赛:以家庭为小组,三个家庭为一组,进行趣味排球比赛。

③排球传球比赛:以家庭为单位,一名家长和孩子传球,三分钟内,数量多的为胜。

④抬轿子:以家庭为小组,派出三名成员,在标志线外放着玩具,家长用手搭成轿子,由起点跑到标志线外拿到排球折返,放到起点的箱子里,规定时间内,排球最多的家庭获胜。

（4）活动保障

①活动制度：由机制设计人员制定排球趣味运动会的规章制度，其中设计家长、教师以及学生的基本权利、需要遵守的条例、基本义务、基本责任等。

②资金保障：由实施人员对活动期间的器材、物资、人员待遇等作出详细的资金预算。

③后勤保障：活动期间的材料补给、外联、采购以及野餐等，由实施人员分配具体人员管理。

（6）活动奖励

①奖状设置：一等奖、二等奖、三等奖、优秀奖、优秀家庭、优秀学生。

②奖品设置：由机制设计人员根据申请参与的学校的实际情况，结合当地的风土人情，设立奖品种类。

第二步，由京津冀排球传统校家校联动机制的设计人员向家校联动机制的实施人员（京津冀排球传统校家校联动机制发展小组）发出通告，告知天津市小学排球传统校，根据自身实际决定是否申请承办单位，确定申办后，向发展委员会提出书面申请，由发展委员会对申办传统校进行筛选、考察与评定，最终确定天津市小学排球传统校趣味运动会活动举办校和地点，并与之签订合同。

第三步，京津冀排球传统校家校联动发展委员会通过研究制定相应的措施，通过制定资金整合保障措施，对贫困家庭给予优惠或者补助；通过制定信息资源整合措施，对本次排球夏令营活动进行大规模的宣传；通过制定激励措施，比如加学分，评定优秀标兵荣誉称号等形式来刺激小学生以及家长参与趣味运动会的积极性；通过制定制约措施对趣味运动会中的规矩进行明确规定，并且将具体的政策通过家委会或者家庭教育信息平台等各个渠道下发到家校联动机制的参与人员（天津市排球传统校、教师、学生、学生家长）。

第四步，京津冀排球传统校家校联动机制发展委员会与举办单位合作，负责趣味运动会的招募、具体工作的安排，以及相关信息的统计、整理、报道与反馈。

第二节 京津冀田径传统项目学校
后备人才培养的联动机制

一、京津冀田径传统校后备人才培养联动的现状分析

(一)京津冀田径传统校的基本情况

从表 44 可以看出,京津冀国家级和省(市)级田径传统校共 412 所,占京津冀体育传统校(658 所)的一半以上,其中国家级 45 所,占京津冀田径传统校的 10.92%,该比例高于京津冀体育传统校的发展规模(10.18%),说明京津冀国家级田径传统校发展较快;京津冀省(市)级田径传统校 367 所,占京津冀田径传统校的 89.08%,低于京津冀省(市)级体育传统校的发展规模(89.82%),说明京津冀省(市)级田径传统校发展较为缓慢。

表 44 京津冀田径传统校发展情况一览表

级别	京津冀田径传统校		京津冀体育传统校	
	数量	比例(%)	数量	比例(%)
国家级	45	10.92%	67	10.18%
省(市)级	367	89.08%	591	89.82%
总计	412	100.00%	658	100%

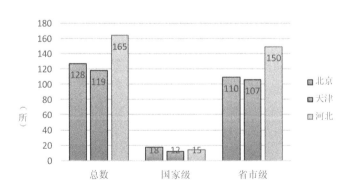

图 29 京津冀田径传统校数量分布图

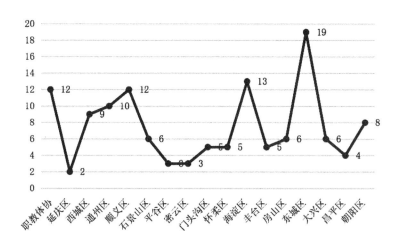

图 30　北京市田径传统校区域分布图

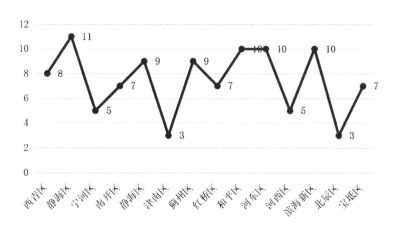

图 31　天津市田径传统校区域分布图

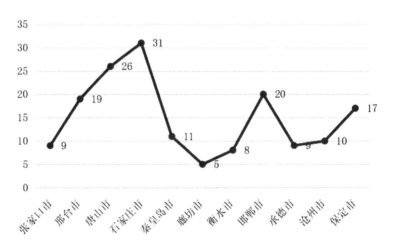

图 32   河北省市田径传统校区域分布图

从图 29 可以看出,河北省田径传统校数量最多,150 所,占京津冀田径传统校的 36.41%,其中国家级和省(市)级各 15 所和 150 所;北京市第二,128 所,占 31.08%,国家级和省(市)级各 18 所和 110 所;28.88%;天津市共119 所,占 28.88%,国家级和省(市)级各 6 所和 66 所;从等级来看,北京市国家级传统校数量最多、比例最高,所占比例(14.06%)高于京津冀田径传统校的平均水平(10.92%);而天津市(10.08%)和河北省(9.09%)国家级传统校所占比例低于京津冀田径的平均水平(10.92%)。建议天津市加强省(市)级传统校的培育与申报,河北省加强国家级传统校的培育与申报。

从区域分布来看,北京市田径传统校主要集中在东城区、海淀区、顺义区和职教体协,其中,东城区以 19 所位居第一,占 14.84%;海淀区次之占10.16%;然后是顺义区和职教体协,占 9.38%。其他地区分布比较均匀,大兴区、房山区和石景山区各 6 所,丰台区、怀柔和门头沟区各有 5 所;延庆区最少仅 2 所。天津市田径传统校布局分布较为均衡,主要集中武清区、和平区和滨海新区,而发展极为缓慢的是津南区和北辰区,占 2.52%。河北省田径传统校的分布呈现两极分化,其中发展较为集中的地区是石家庄市和唐山市,而定州市和辛集市发展极为缓慢,只占河北省田径传统校的1.21%。

（二）京津冀田径传统校后备人才培养的现状分析

1. 体育教师的基本情况

（1）年龄情况

由表 45 可知,所调查的京津冀田径传统校体育教师 29 岁及以下的占 6.03%,30～39 岁的占 35.24%,40～49 的占 41.90%,50 岁及以上的占 16.83%。其中,29 岁以下的北京市比例最高,占 9.90%;30～39 岁和 40～49 岁的河北省比例最高,分别占 38.40% 和 44.80%;50 岁及以上的天津市比例最大,占 19.10%。整体来说,河北省和北京市体育教师年轻化程度较高,天津市相对较低。

表 45　京津冀田径传统校体育教师年龄情况统计　N＝315

地区	北京		天津		河北		合计	
	数量	%	数量	%	数量	%	数量	%
29 岁及以下	10	9.90%	5	5.62%	4	3.20%	19	6.03%
30－39 岁	33	32.67%	30	33.71%	48	38.40%	111	35.24%
40－49 岁	39	38.61%	37	41.57%	56	44.80%	132	41.90%
50 岁及以上	19	18.81%	17	19.10%	17	13.60%	53	16.83%
总计	101	100.00%	89	100.00%	125	100.00%	315	100.00%

（2）职称情况

如表 46 所示,所调查的京津冀田径传统校体育教师二级职称占 23.17%,一级职称占 52.06%,高级职称占 24.76%。其中,二级职称北京市比例最高,占 27.72%;一级职称河北省比例最高,占 56.80%,高级职称北京市比例最高,占 28.71%。这说明,北京市田径传统校体育教师职称情况好于天津市和河北省。

表 46　京津冀田径传统校体育教师职称统计　N = 315

职称	北京		天津		河北		合计	
	数量	%	数量	%	数量	%	数量	%
二级	28	27.72%	18	20.22%	27	21.60%	73	23.17%
一级	44	43.56%	47	52.81%	71	56.80%	164	52.06%
高级	29	28.71%	24	26.97%	27	21.60%	78	24.76%
总计	101	100.00%	89	100.00%	125	100.00%	315	100.00%

（3）运动技术等级情况

由表 47 可知,所调查的京津冀田径传统校体育教师运动技术水平为健将级的占 4.44%,一级的占 15.24%,二级的占 42.54%,三级的占 6.03%,没有等级的占 31.75%。从整体来看,运动技术水平越高人数越少。

表 47　京津冀田径传统校体育教师运动技术等级统计表　N = 315

运动等级	北京		天津		河北		合计	
	数量	%	数量	%	数量	%	数量	%
健将级	4	3.96%	4	4.49%	6	4.80%	14	4.44%
一级	8	7.92%	18	20.22%	22	17.60%	48	15.24%
二级	47	46.53%	29	32.58%	58	46.40%	134	42.54%
三级	7	6.93%	8	8.99%	4	3.20%	19	6.03%
无等级	35	34.65%	30	33.71%	35	28.00%	100	31.75%
总计	101	100.00%	89	100.00%	125	100.00%	315	100.00%

（4）培训交流情况

由表 48 可知,所调查的京津冀田径传统校体育教师没有培训交流的占 2.22%,1 ~ 2 次的占 55.56%,3 ~ 4 次的占 34.60%,5 次及以上的占 7.62%。从地区来看,北京体育教师均参加过培训交流,其中 3 ~ 4 次的最多,占 56.44%;天津市体育教师亦都参加过培训交流,其中 1 ~ 2 次的最多,占 70.79%;河北体育教师亦是 1 ~ 2 次最多,占 62.40%,但仍有 5.60% 的教师没有参加培训交流。建议鼓励和支持体育教师参加培训交流,促进协同发展。

表 48　京津冀田径传统校体育教师培训交流次数统计表　N＝315

次数	北京		天津		河北		合计	
	数量	%	数量	%	数量	%	数量	%
0 次	0	0.00%	0	0.00%	7	5.60%	7	2.22%
1～2 次	34	33.66%	63	70.79%	78	62.40%	175	55.56%
3～4 次	57	56.44%	19	21.35%	33	26.40%	109	34.60%
5 次及以上	10	9.90%	7	7.87%	7	5.60%	24	7.62%
总计	101	100.00%	89	100.00%	125	100.00%	315	100.00%

2. 田径运动员训练竞赛情况

(1)周训练频次

训练是实现竞技运动目标最重要的途径。由表 49 可得,所调查的京津冀田径传统校田径队周训练 1～2 次的占 16.51%,3～4 次的占 24.44%,5～6 次的占 40.00%,7 次及以上占 19.05%。从地方来看,京津冀均以周训练 5～6 次居多,分别为 40.59%、33.71% 和 44.00%。北京和天津周训练 7 次及以上较少,分别占 8.91% 和 4.49%,而河北周训练 1～2 次的较少,占 3.2%。

表 49　京津冀田径传统校学生每周训练次数统计　N＝315

训练次数	北京		天津		河北		合计	
	数量	%	数量	%	数量	%	数量	%
1～2 次	20	19.80%	28	31.46%	4	3.20%	52	16.51%
3～4 次	31	30.69%	27	30.34%	19	15.20%	77	24.44%
5～6 次	41	40.59%	30	33.71%	55	44.00%	126	40.00%
7 次及以上	9	8.91%	4	4.49%	47	37.60%	60	19.05%
总计	101	100.00%	89	100.00%	125	100.00%	315	100.00%

(2)每次训练时长

由表 50 可知,京津冀地区田径传统校田径队每次训练 1 小时以下的占

3.81%;1～1.5小时的占10.79%,1.5～2小时的占48.25%,2～2.5小时的占26.67%,2.5小时以上的占10.48%。从地区来看,北京、天津和河北均是1.5～2小时最多,分别占39.60%、50.56%和53.60%。这说明,体育教师对每次训练1.5～2个小时比较认可。

表40　京津冀田径传统校学生每次训练时长统计　N＝315

时间 （小时）	北京		天津		河北		合计	
	数量	%	数量	%	数量	%	数量	%
1以下	5	4.95%	2	2.25%	5	4.00%	12	3.81%
1～1.5	14	13.86%	10	11.24%	10	8.00%	34	10.79%
1.5～2	40	39.60%	45	50.56%	67	53.60%	152	48.25%
2～2.5	26	25.74%	22	24.72%	36	28.80%	84	26.67%
2.5以上	16	15.84%	10	11.24%	7	5.60%	33	10.48%
总计	101	100.00%	89	100.00%	125	100.00%	315	100.00%

（3）参赛情况

表51　京津冀田径传统校竞赛情况统计表　N＝315

地区	次数	全国性	%	省 （市）级	%	市 （区）级	%	校级	%
北京	0次	79	78.22%	11	10.89%	0	0.00%	0	0.00%
	1次	14	13.86%	78	77.23%	19	18.81%	4	3.96%
	2次	8	7.92%	12	11.88%	82	81.19%	97	96.04%
	3次及以上	0	0.00%	0	0.00%	0	0.00%	0	0.00%
天津	0次	80	89.89%	32	35.96%	0	0.00%	0	0.00%
	1次	7	7.87%	54	60.67%	33	37.08%	10	11.24%
	2次	2	2.25%	3	3.37%	56	62.92%	79	88.76%
	3次及以上	0	0.00%	0	0.00%	0	0.00%	0	0.00%

续表

地区	次数	全国性	%	省(市)级	%	市(区)级	%	校级	%
河北	0 次	115	92.00%	76	60.80%	0	0.00%	0	0.00%
	1 次	10	8.00%	43	34.40%	79	63.20%	33	26.40%
	2 次	0	0.00%	6	4.80%	46	36.80%	92	73.60%
	3 次及以上	0	0.00%	0	0.00%	0	0.00%	0	0.00%
总计	0 次	274	86.98%	119	37.78%	0	0.00%	0	0.00%
	1 次	31	9.84%	175	55.56%	131	41.59%	47	14.92%
	2 次	10	3.17%	21	6.67%	184	58.41%	268	85.08%
	3 次及以上	0	0.00%	0	0.00%	0	0.00%	0	0.00%

竞赛是体育运动的生命与活力所在,既是推动训练工作的有力杠杆,也是检验训练成效的有效手段。由表51可得,所调查的田径传统校没参加全国性比赛的较多,占86.98%,1 次的占9.84%,2 次的占3.17%;没参加过省(市)级比赛的占37.7%,1 次的占55.56%,2 次的占6.67%;所有的学校均参加过市(区)级比赛和校级比赛;85.08%的传统校每年举办春季与秋季校级运动。从地区来看,北京市参加全国性和省(市)级比赛占21.78%和89.11%。天津市参加全国性和省(市)级比赛的占10.11%和64.04%。河北省参加过全国性和省(市)级比赛的占8.0%和39.20%。可以看出,北京和天津田径传统校参加高级别比赛的情况要好于河北省,建议河北省鼓励运动队参赛,同时给予政策支持京津冀地区举办田径传统校联赛。

3.田径运动员选材与输送情况

(1)选材方式

表52　京津冀田径传统校队员选材方式统计表(多选题)　N=315

选材方法	北京		天津		河北		总计	
	频数	%	频数	%	频数	%	频数	%
下一级运动队输送	38	37.62%	34	38.20%	47	37.60%	119	37.78%
比赛中发现	62	61.39%	55	61.80%	77	61.60%	194	61.59%

选材方法	北京		天津		河北		总计	
	频数	%	频数	%	频数	%	频数	%
学生自愿参加	35	34.65%	31	34.83%	44	35.20%	110	34.92%
通过别人推荐	31	30.69%	27	30.34%	38	30.40%	96	30.48%
自己去各学校挑选	76	75.25%	67	75.28%	94	75.20%	237	75.24%
其他	15	14.85%	13	14.61%	19	15.20%	47	14.92%

由表 52 可得,所调查的京津冀田径传统校田径队选材途径较为丰富,下一级运动队输送的占 37.78%,比赛中选拔的占 61.59%,学生自愿参加的占 34.92%,他人推荐的占 30.48%,体育教师自己去学校挑选的占 75.24%,其他的占 14.92%。诚然,实际选拔过程中是多种途径综合运用,为田径后备人才培养提供先决条件。

(2)运动员输送情况

京津冀田径传统校运动员生源直接影响田径运动的发展。从表 53 可知,京津冀地区运动员生源完全能够满足后备人才发展的占 8.89%,能满足后备人才发展的占 21.27%,一般能满足后备人才发展的占 46.03%,不能满足后备人才发展的占 17.14%,完全不能满足后备人才发展的占 6.67%。其中北京市田径传统校运动员生源满足后备人才发展的需要情况中,一般的占比居多为 39.6%,能满足的占 28.71%,完全满足的占 8.92%。天津市田径传统校运动员生源满足后备人才培养情况一般的占比较多 50.56%,能满足的占 17.98%,完全满足的占 8.99%。河北省田径传统校运动员生源一般能满足后备人才培养的占 48%,较能满足的占 17.6%,不能满足的占 19.20%。这说明北京市和天津市运动员生源基本能满足后备人才发展,但是对于河北省来说,生源满足度上相对较差一些,应适度缩小京津冀的差距,实现京津冀的协同发展。

表53　京津冀田径传统校运动员生源满足度统计表　N＝315

生源情况	北京		天津		河北		总计	
	人数	％	人数	％	人数	％	人数	％
完全满足	9	8.92％	8	8.99％	11	8.80％	28	8.89％
较能满足	29	28.71％	16	17.98％	22	17.60％	67	21.27％
一般	40	39.60％	45	50.56％	60	48.00％	145	46.03％
不能满足	16	15.84％	14	15.73％	24	19.20％	54	17.14％
完全不能满足	7	6.93％	6	6.74％	8	6.40％	21	6.67％

4.场地器材与经费情况

（1）场地器材

表54　京津冀田径传统校运体育场地、器材情况统计表　N＝315

地区 充足度	北京		天津		河北		合计	
	场地％	器材％	场地％	器材％	场地％	器材％	场地％	器材％
非常充足	10.89％	21.78％	16.85％	4.49％	8.00％	1.60％	11.43％	8.89％
较充足	53.47％	34.65％	43.82％	26.97％	17.60％	17.60％	36.51％	25.71％
一般	35.64％	37.62％	34.83％	46.07％	46.40％	46.40％	39.68％	43.49％
较不充足	0.00％	5.94％	4.49％	16.85％	24.00％	24.00％	10.79％	16.19％
非常不充足	0.00％	0.00％	0.00％	5.62％	4.00％	10.40％	1.59％	5.71％

充足的场地设施与器材是田径运动发展的必要物质条件,是实施田径训练的物质基础。从表54可知,京津冀田径传统校训练场地基本能满足后备人才培养需要,其中,北京和天津的体育场地较能满足后备人才培养需要,但是对于河北来说,体育场地有待进一步提升。京津冀田径传统校体育器材非常充足的占8.89％,较充足的占25.71％,一般的占43.49％,较不充足的占16.19％,非常不充足的占5.71％。其中,北京的体育器材充足度最好,天津次之。

（2）经费情况的对比分析

经费是田径训练的核心条件与根本保障。从表55可知,京津冀田径传统校经费非常充足的占 20.00% ,较充足的占 37.78% ,一般的占 25.71% ,较不充足的占 16.51% 。其中,北京田径传统校经费情况较好,都处在一般以上,天津次之,河北相对比较差,经费不充足情况较高,占 34.40% 。

表 55　京津冀田径传统校经费情况统计表　N = 315

经费情况	北京		天津		河北		合计	
	数量	%	数量	%	数量	%	数量	%
非常充足	37	36.63%	16	17.98%	10	8.00%	63	20.00%
较充足	50	49.50%	35	39.33%	34	27.20%	119	37.78%
一般	14	13.86%	29	32.58%	38	30.40%	81	25.71%
较不充足	0	0.00%	9	10.11%	43	34.40%	52	16.51%
非常不充足	0	0.00%	0	0.00%	0	0.00%	0	0.00%

二、京津冀田径传统校后备人才培养联动机制的设计分析

(一)联动机制的内涵

联动机制是将零散的部件经过某种规律牵引,从而形成一种具有协调性与整体性的组织。京津冀田径传统校后备人才培养的联动机制界定为,在京津冀田径传统校后备人才的培养过程中,通过整合两市一省现有的训练资源,改变培养过程中构成要素的结构、功能和关系,以及这些要素产生影响、发挥功能的作用过程和作用原理及其运行方式。该联动机制是在京津冀协同发展的背景下,通过对京津冀现有田径传统校后备人才培养管理机构的改革,加强对田径传统校的管理指导和控制,从而促进参与协同的田径传统校培养和储备多数量厚基础的后备人才,形成有序的可持续发展。

(二)联动机制的设计目标

为促进协同发展,京津冀田径传统校必须齐心协力履行管理职能,跨越地区、部门、政府与社会的藩篱,整合社会资源,实现平战结合、上下左右内外互联互动。这不仅有利于提高京津冀田径传统校的管理能力,协同应对

区域后备人才的培养和协同培养模式的完善,也有助于京津冀实现全面可持续发展。

京津冀田径传统校后备人才培养在数量和质量上仍有较大的发展空间,在京津冀协同发展的战略布局下,对京津冀田径传统校后备人才培养进行联动,有利于培养和储备田径后备人才,推进田径运动的发展。有利于京津冀田径传统校同步发展,推进体育事业的进步,形成京津冀体育的可持续发展。

(三)联动机制的组织架构

京津冀田径传统校联动机制是个有机整体,是实现田径传统校联动的重要基础,田径后备人才联动培养整体格局的实现,离不开联动组织的架构。联动组织的科学架构可以从建立京津冀田径传统校联动小组和整合京津冀田径传统校联动组织体系两方面展开。京津冀田径传统校联动小组主要协调京津冀田径传统校管理机构和田径传统校后备人才的关系,负责京津冀田径传统校的联动决策、资源整合等。其中,京津冀田径传统校联动领导小组具有最高决策权,在协调发展过程中领导和管理组织中的其他层面,并与之协作,形成田径传统校协同发展的整体合力。

1. 建立京津冀田径传统校后备人才联动领导小组

经济、政治、文化的差异导致京津冀田径传统校后备人才联动障碍,直接影响联动发挥应有的效能。京津冀田径传统校后备人才联动领导小组主要解决三地区田径传统校后备人才培养时协作不足的问题。京津冀田径传统校后备人才联动领导小组是京津冀田径传统校管理机构和职能部门沟通协商成立的,目的在于打破传统的组织体系,形成联动合作格局。京津冀田径传统校后备人才联动领导小组享有最高权威,承担整体掌控的职能,站在整体的高度上,科学地、合理地协调京津冀田径传统校后备人才的联动培养。建立京津冀田径传统校后备人才联动领导小组应从人、财、物、信息与技术四个方面着手(如图 34)。

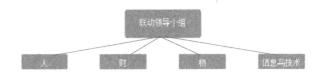

图34 京津冀田径传统校后备人才联动领导小组结构图

（1）人。确定京津冀田径传统校后备人才联动小组的领导人员。包括一名组长、两名副组长和小组成员（由教育部、发改委、总局等部门相关领导、京津冀体育局部门相关领导），其中三名组长由国家发改委、国家体育总局和教育部直接提名，为京津冀田径传统校后备人才联动出谋划策。领导人员作为联动机制的总领导者、总协调者和总监督者，首先要具有权威性；其次，具备管理的业务素质和专业技能，懂体育、懂管理、懂田径；最后，具有坚定的意志品质。

（2）财。建立京津冀田径传统校后备人才联动小组运行基金。京津冀田径传统校后备人才联动小组的运行离不开经费的支持，这就需要建立运行基金，运行基金应由京津冀三个地区共同负担。

（3）物。设立领导小组的办公机构。由秘书处、评审办公室、监督办公室和保障办公室组成。共同负责管理京津冀田径传统校田径后备人才培养的场地、器材、网络等资源，统筹安排、整合资源。

（4）信息与技术。缺少京津冀田径传统校后备人才联动培养信息资源的整合，是影响京津冀田径传统校后备人才培养联动的重要因素之一。京津冀田径传统校联动运作平台是通过现代信息技术和互联网＋，整合京津冀田径传统校资源。

2.整合京津冀田径传统校联动组织体系

从图35可以看出，京津冀田径传统校联动组织体系由决策层、执行层、行动层三个层次组成，三个层次纵、横向紧密联系。

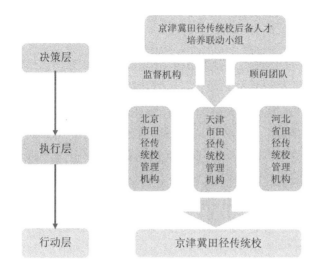

图35 京津冀田径传统校联动组织体系示意图

（1）决策层。京津冀田径传统校后备人才联动领导小组以及下设办公室作为决策层，把握全局，全面领导京津冀田径传统校后备人才的联动工作。主要职能是：草拟及制定未来京津冀田径传统校后备人才协同发展中的方针政策，规划发展蓝图；协调北京、天津与河北在协同发展过程中出现的矛盾；发出联动相关指令和决定；监督京津冀田径传统校的贯彻和执行情况；接收反馈；收集整合组织系统内的信息和资源。决策层中包括监督机构和顾问团队。前者由各部门相关领导、管理人员、田径传统校教师代表等组成，负责监督和制约整个组织系统。后者由京津冀田径传统校的管理人才和专业人才组成，也可来自京津冀体育院校的专家学者和田径传统校教师代表等，为决策者提供优化方案，为具体措施的出台出谋划策。

（2）执行层。京津冀田径传统校管理机构。负责接收京津冀田径传统校后备人才联动小组及下设办公室发来的相关指令和决定，推广联动政策和计划，督促京津冀田径传统校后备人才联动培养的行动情况等，起着"承上启下"的作用。

（3）行动层。京津冀各级田径传统校。在联动机制中处于重要地位，行动层需要落实和推广决策层和执行层的指示，关系着联动的实施情况和有效程度，其活动受京津冀田径传统校管理机构的领导和监督。

（四）联动机制的运行方式

查阅联动机制相关文献,访谈相关领域的专家,结合京津冀田径传统校后备人才联动培养自身的特点,认为京津冀田径传统校后备人才培养联动机制的运行方式(见图36)主要包括:动力机制、协调机制、保障机制、制约机制。动力机制是推进京津冀田径传统校后备人才联动培养的必备条件。协调机制是打破京津冀三地区各自为政的格局,通过协调沟通实现京津冀协同发展,是京津冀田径传统校后备人才联动的手段。保障机制是京津冀田径传统校后备人才联动的基础保证。制约机制作用于京津冀田径传统校后备人才联动的各个过程,统一执行层、行动层和决策层的意识,保证联动的正常运行。

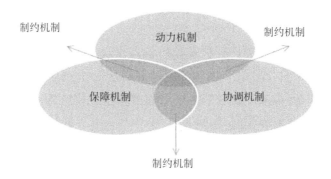

图 36　京津冀天津传统校后备人才联动机制的运行方式

1. 动力机制

政策驱动:政策驱动是京津冀田径传统校后备人才培养联动机制制定、实施和推广的重要前提。在京津冀田径传统校后备人才联动培养的初期阶段,政府的扶持至关重要。政策驱动是京津冀田径传统校后备人才培养联动的外显动力,为促进京津冀田径传统校后备人才培养的联动机制长效发展制定切实可行的政策制度、执行标准、法律保障等,有效地发挥政府的管理职能,为京津冀田径传统校后备人才培养联动提供保障。

目标驱动:目标驱动是京津冀田径传统校联动的深层动力,其终极目标是推进京津冀田径传统校后备人才培养联动。只有清晰的认识这一目标,才能促进京津冀体育局、田径传统校之间的协同合作和联动。当然,目标一致性的同时需要考虑各自需求的多样性,即在实现共同目标的同时需要满足各自利益的最大化。

需求驱动:需求驱动是京津冀田径传统校后备人才培养联动整合功能发挥的必要条件。在对京津冀田径传统校后备人才联动机制的制定过程中,满足传统校学生、体育教师、学校的利益需求,才能推动联动的更好运行。

2. 协调机制

协调机制是京津冀田径传统校为实现共同的目标而彼此相互作用的机制,以保障田径传统校教练员、器材、场馆、信息技术的合理运用,发挥人、财、物的共享,协调上下级和各部门之间的精神传达和信息沟通,形成完善、通畅的渠道。在京津冀田径传统校后备人才培养联动过程中,联动领导小组和组织体系的各个层级应通过优势互补构建共享的田径后备人才培养环境,保障田径后备人才培养过程中的场馆设施、教练员、经费等的需求。同时,依靠国家体育总局、京津冀体育局的行政政策,通过政策指导和保障,协调京津冀三地不同部门在田径传统校后备人才培养中训练、竞赛、教师交流、学生交流等方面的职责和任务,建立高效的协同发展机制。

3. 保障机制

在京津冀田径传统校后备人才联动过程中,保障系统(图32)包括人力保障、财力保障、物力保障、管理保障和科技保障。其中,人力、财力、物力保障是后备人才联动培养的基础和联动机制运行的保障;管理保障是人力、物力和财力资源保障运行的基础,科技保障能提高整个联动机制的运行水平。

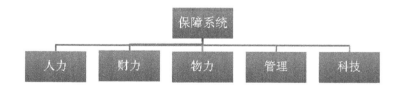

图37　京津冀田径传统校后备人才联动保障系统

（1）人力保障

第一，运动员队伍保障

首先，建设京津冀田径传统校后备人才训练数据库，保证传统校训练队训练管理的科学化。其次，把传统校作为培养后备人才的基地，以传统校学生运动兴趣为突破口，建设和利用田径传统校的活动载体，发展学生专项技能，储备后备人才。然后，加强田径传统校后备人才文化教育，培养具有高素养的田径后备人才。通过赛前文化课测试为手段，将训练、竞赛与文化学习相结合，规定只有文化学习合格才能参加比赛。最后，重视奖励机制，吸引和鼓励优秀后备人才坚持田径训练，对训练和比赛中表现突出的给予荣誉称号。

第二，体育教师队伍保障

体育教师的素质和能力直接影响田径训练和人才培养的质量。首先，引进年轻的体育教师，选拔成绩突出有潜力体育教师。其次，加强京津冀田径传统校体育教师的交流，特别是训练队教练员的合作交流。最后，对体育教师的教学、训练、竞赛给予支持，鼓励其进行科学研究，对表现突出和成绩优异的体育教师给予荣誉奖励，对其职称评定给予倾斜。

第三，管理人员队伍保障

管理人员队伍是保证京津冀田径传统校后备人才培养的重要条件。首先，重视管理政策的学习和解读。其次，熟悉和精通田径项目，从管理人的角度去思考田径训练、竞赛和发展的纵深联系，关心教练员和后备人才的需求。最后，具备较强的沟通协调能力，与京津冀田径传统校联动组织管理机构的各层次人员协调与沟通。

（2）物力保障

京津冀田径传统校后备人才培养联动培养离不开田径场地、器材和配套设施。在加强场地、器材建设的同时，加强场地、器材设施的管理，形成有效的管理体系，最大限度地保证田径训练和竞赛工作的有序进行。

（3）财力保障

京津冀田径传统校后备人才培养联动培养需要政府资金纳入财政预算，落实以政府公共财政为主要来源的保障机制。改善京津冀田径传统校教学训练的设施，提高学生、体育教师的相关待遇。健全人才引进规章制度，加大财政投入。发挥相关政策法规的导向作用，保障运动员、体育教师的日常训练和生活。京津冀田径传统校后备人才联动需要大量资金投入，而单纯依靠政府资金投入远远不能满足需求，因此，建议其积极拓展资金渠道。运用联动过程中的无形资产，吸引社会力量进行投资赞助。

（4）管理和科技保障

京津冀田径传统校后备人才培养联动管理保障是指联动运行的各个主体，为实现统一的联动目标，形成分工明确、相互协作的有机整体。其主要功能是，合理分配联动工作，设置各主体人员的职责和权限，在联动过程中发挥协调监督作用，共享资源，实现机制的有效运行。京津冀田径传统校后备人才培养联动科技保障是指联动机制运行环境中的基础性科技支撑，使联动培养的模式不再局限于理论研究阶段，降低机制运行成本，提高联动人才培养的水平。

4. 制约机制

京津冀田径传统校后备人才培养联动培养涉及利益面较广，相关利益主体之间关系错综复杂，主要包括监督机制和评价反馈机制。

（1）监督机制

京津冀田径传统校后备人才培养监督机制是确保工作规范、长期、有效开展的重要保证。人才联动培养是在京津冀协同发展背景下应运而生，在发展和完善的过程中要结合京津冀田径传统校后备人才培养的实际情况，建立健全监督机制，推动田径后备人才联动培养的工作良好、有序的发展。

发挥行政管理部门的监督职能，注重政策执行的监督落实。近年来，在后备人才培养领域针对运动员、体育教师队伍建设和体教结合方面出台了许多文件，对深入推进体育后备人才培养起到指导作用，有助于操作过程中有章可循。同时，后备人才培养工作还强调定期检查评估。建议京津冀田径传统校后备人才联动培养形成年检制度，由京津冀田径传统校联动领导小组制定政策，组织体系部门制定详细的方案，各层级各司其职，监督检查各环节的执行情况。

（2）评价反馈机制

京津冀田径传统校后备人才联动培养评价反馈机制对促进田径后备人才联动培养工作的开展、增加其竞争力有积极意义。田径传统校后备人才联动培养评价应注重过程评价，注重联动的过程。其作用是改进田径后备人才联动培养模式，有效的发展包含两大要素，一是在结合田径传统校自身实际基础上,能够体现传统校联动参与者的合作精神;二是根据已有的评价反馈信息制定出改进方案,如存在不足、导致原因、预期目标等。

三、京津冀田径传统校后备人才培养联动机制的方案设计

(一)京津冀田径传统校校际对抗赛

设计京津冀田径传统校校际对抗赛,主要宗旨是为改善目前京津冀地区田径传统校参赛级别低与参赛次数少的现状。通过京津冀地区田径传统校后备人才培养竞赛体制的有效联动,开展不同等级、不同形式的京津冀地区田径传统校校际对抗赛。对抗赛比赛项目的设置形式多样,可设置全部田径项目、也可根据京津冀各地区田径传统优势项目设项,还可按照田径项群进行项群赛以及净跳、净投项目竞赛等。目前,京津冀地区尚未开展过任何形式的田径传统校校际对抗赛,为推进京津冀地区田径传统校的协同发展,促进田径传统校后备人才培养的质量,尝试设计京津冀田径传统校校际对抗赛,并以京津冀田径传统校校际对抗赛为例进行联动实施方案的设计。京津冀田径传统校校际对抗赛联动方案:

1. 决策层:京津冀田径传统校校际对抗赛联动会议

由京津冀田径传统校后备人才联动培养领导小组(决策层)签订京津冀地区田径传统校校际竞赛协同联动协议。

(1)确定京津冀田径传统校校际对抗赛活动这一联动活动意向

在京津冀协同发展战略和区域体育联动的大背景下,为加强京、津、冀田径传统校后备人才竞赛方面的联动,经京津冀田径传统校后备人才联动培养领导小组(决策层)开会研究,确定京津冀田径传统校校际对抗赛这一活动,以校际对抗赛的形式推进京津冀田径传统校的协同发展。

(2)确定京津冀田径传统校校际对抗赛活动的时间和地点。

(3)确定京津冀地区竞赛联动主席单位。

(4)确定京津冀地区田径传统校校际对抗赛承办方与参赛单位经费来源。

2. 执行层:京津冀田径传统校校际对抗赛组织机构

京津冀田径传统校校际对抗赛在京津冀三地区轮换举行,将举行京津

冀田径传统校校际对抗赛的地区确定为联动主席单位,由该联动主席单位来组织本年度京津冀田径传统校校际对抗赛。竞赛联动协议参与单位,负责组织接收竞赛通知和竞赛规程,确定选拔该地区参赛学校。

（1）联动主席单位发送对抗赛的通知和竞赛规程

向联动参与单位发送京津冀田径传统校校际对抗赛的邀请通知和具体的比赛规程。京津冀田径传统校校际对抗赛比赛规程如下：

第一,主办单位

联动主席单位体育局

联动主席单位教育局

第二,承办单位

联动主席单位体卫艺处

第三,比赛的时间和地点

第四,竞赛的组别和竞赛项目

A、京津冀田径传统校校际对抗赛的竞赛组别

小学男子、女子组；

初中男子、女子组；

高中男子、女子组。

B、京津冀田径传统校校际对抗赛的竞赛项目：

径赛类、田赛类、全能项目、接力项目

第五,参赛办法

A、京津冀各选拔 10 所田径传统校,以学校为单位组队参赛。各参赛学校单位可报领队一人,教练员 2 人,队医 1 人,运动员 20 人（各参赛单位赛事期间食宿和交通费用自理）。各单位报名学生必须为同一学校的正式在校在籍学生,各单位可报男、女运动员各 10 名,每项限报 3 名学生,每人限报 2 个项目,全能和接力项目除外。

B、京津冀地区参赛学校将报名表加盖京津冀各地区体卫艺处、学校公章,以传真方式发送至联动主席单位指定邮箱。

C、参加比赛的学生必须由学校统一在保险公司办理"人身意外伤害险",否则不得参加比赛。

D、各单位学校学生必须持有《运动员注册参赛卡》和二代身份证原件方可参加比赛,各单位参赛学校必须按规定办理运动员注册和资格认定。

第六,竞赛办法

A、比赛执行国家体育总局审定的最新《田径竞赛规程》。

B、由联动主席单位负责竞赛工作的组织实施。

C、由联动主席单位选派比赛裁判员(裁判员的食宿差旅都由联动主席单位负责)。

D、比赛器材由联动主席单位统一提供。

E、比赛检录时必须出示《运动员注册参赛卡》和二代身份证原件,否则不予参赛。

F、比赛中如遇争议,在赛后成绩公布后30分钟内向仲裁组提出书面申诉并附上申诉费作为调查取证费用,如果申诉失败申诉费不予退回。

第七,计分、录取名次及奖励办法

A、各参赛队运动员单向比赛取得前八名的,按9、7、6、5、4、3、2、1记取团体总分。

B、各单项比赛均录取前八名,颁发获奖证书。各单项比赛8人或不足8人按参赛人数减1录取。

C、各组别男女运动员得分总和为团体成绩,得分高者团体名次列前,如总得分相等,以单项第一名多者名次列前,余类推。

D、比赛将评选优秀运动员、优秀教练员、优秀裁判员,分别颁发获奖证书。

第八,本规程未尽事宜另行通知,本规程最终解释权归主办单位。

(2)联动主席单位经费申请

联动主席单位向本地区财政部门申请拨款完成京津冀田径传统校校际对抗赛,比赛运行的经费全部由联动主席单位承担,各参赛单位食宿和交通费用自理。

(3)联动主席单位接收赛前报名

联动主席单位根据参赛单位提供的报名材料进行运动员的注册、资格审查、接收报名表等。

(4)联动主席单位完成赛前编排

根据参赛单位报名的信息,编排秩序册。

(5)联动主席单位主持召开技术会议、裁判长会议、裁判员会议。

安排京津冀田径传统校校际对抗赛的具体事宜,分发秩序册等。

（6）联动主席单位组织实施比赛。

根据赛事的时间、地点，按照各职能部门的职责，完成组织实施比赛的运行。

3.参与层：京津冀地区各田径传统校

京津冀地区选定的参赛学校，负责本校的报名工作。包括选拔参赛运动员、填写报名表、运动员注册表、参赛运动员资格审查等工作，按照竞赛规程要求的时间节点完成参赛单位报名表等信息的提交工作；完成组织实施运动队训练以及参赛的实施工作。

（二）京津冀田径传统校田径夏令营

设计京津冀田径传统校田径夏令营，主要宗旨是为了加强京津冀地区田径传统校运动员、教练员间的交流，达到相互交流、增进了解、相互促进、共同提高的目的。通过京津冀地区田径传统校夏令营的联动，建成纵向贯通、横向衔接规范有序的田径传统校后备人才培养体系，提高田径项目运动员和教练员人才培养质量。目前，京津冀地区尚未开展过任何形式的田径传统校校际夏令营活动，为推进京津冀地区田径传统校的协同发展，本研究尝试设计京津冀田径传统校田径夏令营活动，并以京津冀地区田径传统校田径夏令营活动为例进行实施方案的设计。京津冀田径传统校田径夏令营的联动方案：

1.决策层：京津冀田径传统校田径夏令营联动会议

由京津冀田径传统校后备人才联动培养领导小组（决策层）签订京津冀地区田径传统校校际夏令营协同联动协议。

（1）确定京津冀田径传统校田径夏令营活动意向

京津冀田径传统校后备人才联动培养领导小组（决策层）开会研究，确定以京津冀地区田径传统校田径夏令营的活动来增进京津冀田径传统校田径后备人才和参训教师的交流，实现京津冀田径传统校协同发展。

（2）确定京津冀田径传统校田径夏令营活动的时间和地点。

（3）确定京津冀地区夏令营联动主席单位。

（4）确定京津冀地区田径传统校夏令营活动承办方与参加单位经费来源。

2.执行层：京津冀田径传统校田径夏令营组织机构

京津冀田径传统校田径夏令营在京津冀三地区轮换举行，每年举行一次。将举行京津冀田径传统校田径夏令营活动的地区确定为联动主席单位,由该联动主席单位来组织本年度京津冀田径传统校田径夏令营活动。

（1）联动主席单位发送夏令营的通知和活动方案

向联动参与单位发送京津冀田径传统校夏令营活动的邀请通知和具体的活动方案。京津冀地区田径传统校夏令营活动方案:

第一,田径传统校夏令营活动的主题和活动的目的;

第二,田径传统校夏令营活动时间和地点;

第三,主办单位:联动主席单位体育局、联动主席单位教育局;

第四,承办单位:联动主席单位的体卫艺处;

第五,参加单位以及报名方式。

参加单位:京津冀地区田径传统校均可报名参加夏令营活动(如京津冀地区报名学校过多,将分期举行),每所学校限报10名运动员,2名教练员,领队1人。

报名方式:采取网上报名的方式,将所需报名表加盖当地体卫艺处和学校的公章,以传真方式发送至联动主席单位。

第六,费用:实施运行费用全部由联动主席单位承担,各参加单位夏令营期间食宿和交通费用自理。

第七,夏令营活动内容日程安排:根据田径夏令营活动安排,承办方主席单位将聘请我国优秀田径教练员、专家围绕提高青少年科学化训练、科学选材等相关内容的讲座;组织运动员、教练员训练公开课,按照跑类、跨栏、远度跳跃、高度跳跃、投掷类项目进行实践课的分组,按照各类项目分组聘请高水平教练员;组织项群交流赛等活动。

（2）联动主席单位经费申请

联动主席单位向本地区财政部门申请拨款完成京津冀田径传统校夏令营活动运行经费,实施运行费用全部由联动主席单位承担,各参加单位夏令营期间食宿和交通费用自理。

（3）联动主席单位聘请教练员、专家

联动主席单位负责聘请优秀田径教练员、专家,培训费、食宿差旅由联动主席单位负责。

（4）联动主席单位接收夏令营的报名

联动主席单位接收参加田径夏令营活动的报名工作,按照实际报名学校和运动员、教练员参加人数做好前期准备工作。

（5）联动主席单位组织实施田径夏令营活动

根据活动的日程安排，组织实施田径夏令营活动，提高京津冀地区田径夏令营活动的效果，做好田径传统校夏令营活动的宣传和新闻报道工作。

3.参与层：京津冀地区田径传统校

京津冀地区田径传统校应积极参与夏令营活动，负责本校的报名工作。包括选拔参加夏令营运动员、教练员以及填写报名工作，按照夏令营活动要求的时间节点完成参加单位报名等信息的提交工作，组织参与夏令营活动。

第三节　京津冀健美操传统项目
学校体育教师培训的联动机制

一、京津冀健美操传统校体育教师培训的现状分析

（一）京津冀健美操传统校的基本情况

京津冀共有国家级和省（市）级健美操传统校共 37 所，其中，国家级 7 所、省（市）级 30 所。由表 56 可以看出，京津冀国家级健美操传统校所占比例为 18.92%，高于京津冀国家级体育传统校的发展规模 10.18%，说明京津冀国家级健美操发展规划好；而省（市）级健美操传统校所占比例为 81.08%，低于京津冀省（市）级体育传统校的发展水平 89.82%，说明省（市）级健美操传统校的规模小，建议应加强省（市）级健美操传统校的申报。

表 56　京津健美操传统校发展规模情况一览表

级别	京津冀健美操传统校		京津冀体育传统校	
	n（所）	百分比（%）	n（所）	百分比（%）
国家级	7	18.92%	67	10.18%
省（市）级	30	81.08%	591	89.82%
总计	37	100.00%	658	100.00%

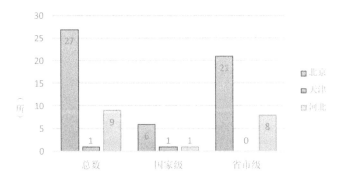

图 38　京津冀健美操传统校数量分布图

从图 38 可以看出,京津冀健美操传统校数量差别较大,发展严重失衡。北京市健美操传统校数量最多,共 27 所,其中国家级和省(市)级各 6 所和 21 所,占京津冀健美操传统校的 72.97%;排在第二位的是河北省,共 9 所,国家级和省(市)级各 1 所和 8 所,占 24.32%;天津市最少,仅有 1 所国家级传统校,仅占 2.71%。从等级来看,北京市国家级传统校数量最多、比例最高,所占比例(22.22%)高于京津冀健美操传统校的平均水平(18.92%);而河北省所占比例(11.11%)远低于京津冀篮球传统校的平均水平(18.92%)。这提示我们,首先必须加强天津市省(市)级传统校的培育与申报,其次加强河北省健美操传统校培育的同时,加强国家级传统校的培育与申报。

从区域分布来看,北京市健美操传统校分布不均,东城区、海淀区、职教体协健美操传统校分布较为密集,其他地区分布较少。天津市唯一一所国家级健美操传统校是位于河北区的华晨学校。河北省健美操传统校的分布呈现明显的两极分化,一方面石家庄市、邯郸市、邢台市、保定市以及唐山市的发展水平较高;另一方面辛集市、定州市等发展水平较低。

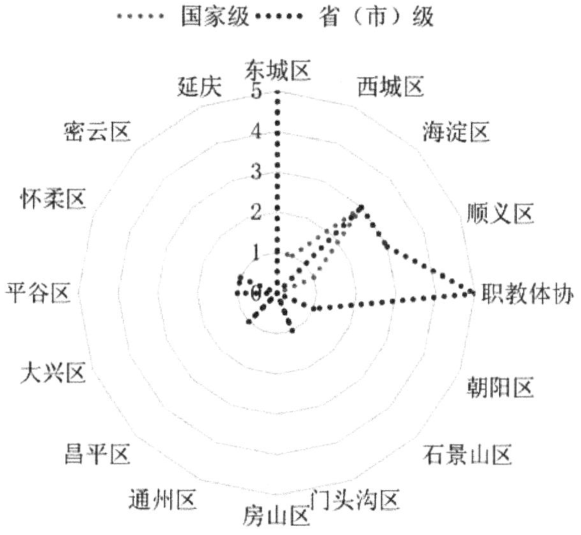

图 39　北京市健美操传统项目学校分布图

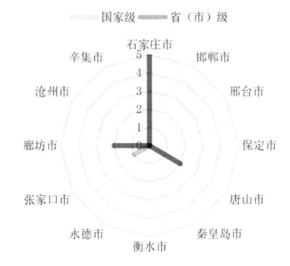

图40 河北省健美操传统校分布图

(二)京津冀健美操传统校体育教师的基本情况分析

1.体育教师性别构成情况

从表57可看出,京津冀健美操传统校体育教师男、女教师分别为66.38%(77人)和33.62%(39人);但各地区男女教师比例基本较为均衡,北京市健美操传统校男体育教师为58人,占北京市健美操传统校体育教师总数的66.67%,河北省16人,占河北省健美操传统校体育教师的64%,其男女比例差别不大;天津市男体育教师75%(3人),女教师占25%(1人),主要是由于天津市健美操传统校数量少造成的。

表57 京津冀健美操传统校体育教师性别构成情况 N=116

性别	男		女		总计	
	人数	%	人数	%	人数	%
北京市	58	66.67	29	33.33	87	100
天津市	3	75.00	1	25.00	4	100
河北省	16	64.00	9	36.00	25	100
合计	77	66.38	39	33.62	116	100

2. 体育教师年龄构成情况

由表 58 可看出,京津冀健美操传统校体育教师团队整体偏向年轻化,26～35 岁体育教师最多,占 45.99%。55 岁以上的体育教师相对较少。由此可见,年轻体育教师成为参与体育教师培训的主力军,也从侧面反映出体育教师的队伍较为年轻化,符合健美操教学的特点和需求。青年体育教师是新时期迅速崛起的队伍,尽管教龄相对稍短,教学经验欠缺,但精力充沛,更易接受新的教学方法与手段、促进交流合作和提高自身的教学能力,有利于京津冀健美操传统校的协同发展。

表 58　京津冀健美操传统校体育教师年龄构成情况　N = 116

年龄(岁)	北京市		天津市		河北省	
	人数	%	人数	%	人数	%
≤25	18	20.69	1	25.00	5	20.00
26～35	40	45.99	2	50.00	11	44.00
36～45	11	12.64	1	25.00	2	8.00
46～55	14	16.09	0	0	3	12.00
≥55	4	4.59	0	0	4	16.00
总计	87	100.00	4	100.00	25	100.00

3. 体育教师学历结构情况

体育教师学历结构是指体育教师队伍中不同学历(或学位)体育教师的比例,健美操学历的高低也从侧面反映出体育教师队伍的理论知识水平和教学、科研和运动训练能力以及日后的发展潜力的大小。[①] 通过调查和访谈了解到,京津冀健美操传统校体育教师的学历正在逐年升高。从地域角度看,北京市研究生学历的体育教师相对较多,而天津市及河北省相对较少。这可能与北京市的经济发展较天津市、河北省较好有关。北京市作为经济发达的地区,其生活质量和工资待遇好于天津市和河北省,能吸引大量高学历人才。随着体育教学改革的不断向前推进,新时代对体育教师提出了更高要求,加强体育知识系统的更新、自身教学能力的提高,健美操教学组织

---

① 钟玉海. 高等教育学[M]. 合肥:合肥工业大学出版社,2005:107.

和方法手段的学习,培养学生对健美操的兴趣,让健美操课堂教学训练焕发新的生机,已成为新时代京津冀健美操传统校体育教师的任务和使命。

(三)京津冀健美操传统校体育教师参加培训的现状及影响因素分析

1. 体育教师参与培训的情况

由表59可看出,京津冀健美操传统校体育教师培训不均衡,近三年培训3~5次的体育教师最多,天津市、河北省高于平均水平,但北京市则低于京津冀平均水平。培训10次以上的体育教师,北京市、河北省均高于平均水平。培训5~10次的体育教师,北京市最多,占21.84%,超过京津冀平均水平。河北省占16.00%,低于京津冀平均水平。京津冀培训1~3次的体育教师较少,北京市低于京津冀平均水平,天津市、河北省均高于平均水平。近三年未参加任何健美操培训的体育教师极少,北京市与京津冀平均水平持平,天津市高于京津冀平均水平,河北省低于京津冀平均水平。由此可见,京津冀健美操传统校的体育教师对健美操培训的参与程度存在很大的差别,北京市、河北省参与度较高,天津市有待进一步提升。

表59 京津冀健美操传统校体育教师培训规模一览表 N=116

次数 (近3年)	北京市		天津市		河北省		合计	
	人数	%	人数	%	人数	%	人数	%
≥10	7	8.05	0	0	2	8.00	9	7.76
5~10	19	21.84	0	0	4	16.00	23	19.82
3~5	42	48.27	2	50.00	13	52.00	57	49.14
1~3	13	14.94	1	25.00	5	20.00	19	16.38
0	6	6.90	1	25.00	1	4.00	8	6.90
总计	87	100.00	4	100.00	25	100.00	116	100.00

2. 影响体育教师参与培训的因素分析

由表60可以看出,有116名健美操传统校体育教师认为影响其参加培训的因素排在第一位的是培训内容不合理、缺乏实用性,占97.41%。103人选择学校制度不合理,课务繁重、培训时间少,占88.80%。排在第三位的是学校管理层对培训重视程度不够,占77.59%(90人)。68人选择内容枯燥,没有兴趣参加,占58.62%。排在第五位的是培训水平较低,占37.07%(43人)。有13人选择组织机构良莠不齐,培训走过场,占11.21%。据了解,目前还没有专门针对京津冀健美操传统项目学校体育教师的培训,加之现存的健美操培训机构资质无法保障,严重的阻碍了体育教师的培训。

表62　影响京津冀健美操传统校健美操教师参加培训的因素　N=116

排序	百分比(%)	人数	排名
培训内容不合理、缺乏实用性	97.41	113	1
学校制度不合理,课务繁重、培训时间少	88.80	103	2
学校管理层对培训重视程度不够	77.59	90	3
内容枯燥,没有兴趣	58.62	68	4
培训水平较低	37.07	43	5
组织机构良莠不齐,培训走过场	11.21	13	6

3.体育教师对京津冀健美操传统校健美操培训的态度

由表61可知,北京市有27位体育教师表示非常有必要进行健美操的培训,占北京市健美操传统校体育教师的31.03%,稍低于京津冀平均水平;较必要的35人,占40.23%,稍低于京津冀平均水平;一般的14人,占16.09%;不必要的6人,占6.90%;非常不必要的5人,占5.75%;不必要和非常不必要的北京市体育教师比例均低于京津冀平均水平。天津市认为较必要和一般的各1位,占25%;非常有必要的2人,占50%,高于京津冀平均水平。河北省认为非常有必要的11人,占44.00%,高于京津冀平均水平;较必要的9人,占36%;3人持中立态度,占12%;没必要和非常没必要的各1位,各占4%。这些说明,京津冀健美操传统校体育教师对健美操培训持肯定的态度,健美操培训符合大多数体育教师的需求,组织京津冀健美操传统校教师培训是我们亟待解决的课题。

表 61 　体育教师对京津冀传统校健美操培训的态度 　 N = 116

地区	非常有必要 人数（%）	较必要 人数（%）	一般 人数（%）	不必要 人数（%）	非常不必要 人数（%）
北京市（87）	27（31.03%）	35（40.23%）	14（16.09%）	6（6.90%）	5（5.75%）
天津市（4）	2（50.00%）	1（25%）	1（25.00%）	0（0%）	0（0%）
河北省（25）	11（44.00%）	9（36.00%）	3（12.00%）	1（4.00%）	1（4.00%）
合计（116）	40（34.48%）	45（38.79%）	18（15.52%）	7（6.04%）	6（5.17%）

（四）京津冀健美操传统校体育教师对协同发展联动机制的态度

1. 体育教师对京津冀体育协同发展的认识

由表 62 可以看出，京津冀健美操传统校体育教师对京津冀体育协同发展，非常了解和较了解的占 43.96%，一般的占 33.62%，不了解和非常不了解的占 22.42%，说明京津冀体育协同发展有待加强宣传，让更多的体育教师了解。北京市有 7 人对其非常了解，占 7.95%，与京津冀平均水平（7.76%）持平；33 人较了解，占 37.94%，稍低于京津冀平均水平；一般了解的 27 人，占 31.03%；14 人不了解，占 16.09%；6 人非常不了解，占 6.9%。天津市较了解与不了解的体育教师各 1 人，各占 25%，一般了解的 2 人，占 50%，高于京津冀平均水平。河北省有 10 人表示一般了解，占 40%，高于京津冀平均水平；较了解的 8 人，占 32%；2 人非常了解，占 8%；不了解和非常不了解有 2 人和 3 人，占 8% 和 12%。

表 62 　体育教师对京津冀体育协同发展的认识 　 N = 116

地区	非常了解 人数（%）	较了解 人数（%）	一般 人数（%）	不了解 人数（%）	非常不了解 人数（%）
北京市（87）	7（7.95%）	33（37.94%）	27（31.03%）	14（16.09%）	6（6.90%）
天津市（4）	0（0%）	1（25.00%）	2（50.00%）	1（25.00%）	0（0%）
河北省（25）	2（8.00%）	8（32.00%）	10（40.00%）	2（8.00%）	3（12.00%）
合计（116）	9（7.76%）	42（36.20%）	39（33.62%）	17（14.66%）	9（7.76%）

2.体育教师对京津冀健美操传统校协同发展的态度

由表63可以看出,京津冀健美操传统校体育教师对京津冀体育协同发展的必要性持肯定态度,其中认为非常有必要和较有必要的占65.52%,一般的占26.72%,没必要和非常没必要的占7.76%。北京市健美操传统校体育教师中有10人认为非常有必要,占11.49%,稍低于京津冀平均水平;44人认为较有必要,占50.57%;一般的26人,占29.89%;没有必要的6人,占6.90%;1人认为非常不必要,占1.15%。天津市有2人认为非常有必要,2人认为较有必要和一般,各占25.00%。河北省有8人认为非常有必要,占32.00%,远高于京津冀平均水平;11人表示较有必要,占44.00%。一般的4人,占16.00%。2人表示没有必要,占8.00%。可见,京津冀健美操传统校的体育教师对京津冀健美操传统校的协同发展持支持态度,这有利于京津冀健美操传统校的协同发展。

表63 体育教师对京津冀健美操传统校协同发展的态度 N=116

地区	非常有必要 人数(%)	较必要 人数(%)	一般 人数(%)	不必要 人数(%)	非常不必要 人数(%)
北京市(87)	10(11.49%)	44(50.57%)	26(29.89%)	6(6.90%)	1(1.15%)
天津市(4)	2(50.00%)	1(25.00%)	1(25.00%)	0(0%)	0(0%)
河北省(25)	8(32.00%)	11(44.00%)	4(16.00%)	2(8.00%)	0(0%)
合计(116)	20(17.24%)	56(48.28%)	31(26.72%)	8(6.90%)	1(0.86%)

表64 体育教师对京津冀健美操传统校联动机制构建的态度 N=116

地区	非常有必要 人数(%)	较必要 人数(%)	一般 人数(%)	不必要 人数(%)	非常不必要 人数(%)
北京市(87)	24(27.58%)	43(49.43%)	13(14.94%)	5(5.75%)	2(2.30%)
天津市(4)	1(25.00%)	2(50.00%)	1(25.00%)	0(0%)	0(0%)
河北省(25)	6(24.00%)	12(48.00%)	3(12.00%)	3(12.00%)	1(4.00%)
合计(116)	31(26.72%)	57(49.14%)	17(14.65%)	8(6.90%)	3(2.59%)

3.体育教师对京津冀健美操传统校联动机制构建的态度

由表64可以看出,京津冀健美操传统校体育教师对联动机制的构建持

肯定态度,认为非常有必要和较有必要的占75.86%,一般的占14.65%,没
必要和非常没必要的占9.49%,这说明体育教师充分认识和肯定京津冀健
美操传统协同发展联动机制构建的必要性,与京津冀健美操协同发展的必
要性的态度一致。北京市有24人非常有必要,占27.58%,稍高于京津冀平
均水平;较有必要43人(49.43%);一般13人(14.94%);认为没必要的有5
人(5.75%);仅有2人认为非常没有必要。天津市认为非常有必要与一般
的各1人,较有必要2人。河北省6人认为非常有必要,占24%;较有必要
12人(48%),与京津冀平均水平持平;3人认为一般,占12%;没有必要的3
人(12%);仅有1人表示非常不必要。可见,京津冀体育教师对构建京津冀
健美操传统校联动机制的认可度较高,说明构建京津冀健美操传统校联动
机制有利于促进京津冀健美操传统校的协同发展。

二、京津冀健美操传统校体育教师培训联动机制的设计分析

联动机制是指多个部门或机构联合起来,依照共同拟定的实施方案,进
行密切合作,从而达成既定目标与方针路线。

(一)联动机制的设计目标

京津冀健美操传统校协同发展联动机制的设计目标是实现京津冀健美
操传统校之间的均衡、协同发展。通过对京津冀健美操传统校的调查研究
发现,京津冀健美操传统校的发展存在着严重的不平衡现象。该联动机制
的目的在于,通过创建京津冀健美操传统校的互动平台,依托各健美操传统
校的优势资源,以健美操竞赛、教师培训为载体,加强信息沟通、合作交流和
资源配置,使各传统校能够综合协调、统一行动、协同发展,进而推动京津冀
体育协同发展。

(二)联动机制的组织关系

京津冀健美操传统校体育教师培训联动机制应形成以国家体育总局为
龙头,以京津冀各省市体育局为主导,以京津冀健美操传统校为承载,以京
津冀健美操传统校师生为主体的组织形成。组织中的各个要素结合自身的
职能和义务各司其职,共同促进联动机制的有效运行,进而促进京津冀健美

操传统的协同发展(见图 40)。

图 45　京津冀健美操传统校联动机制组织关系图

1.国家体育总局和京津冀省(市)体育局的主导作用

国家体育总局和京津冀各省市体育局在协同发展中的角色和定位是京津冀健美操传统校协同发展的关键。总局和京津冀体育局在协同发展中起主导作用,建立以国家体育总局为龙头,京津冀体育局为主导的协同发展联动机制,从政策和领导意识上形成共识,带动和促进京津冀健美操传统校的协同发展(见图 41)。

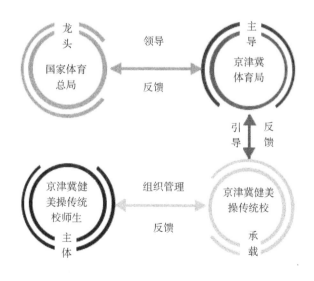

图 41　国家体育总局和京津冀体育局组织关系图

首先,基于京津冀各健美操传统校具有各自的资源禀赋和教学特色,京津冀体育局应结合各省市学校的实际情况制定省(市)内健美操传统校协同发展联动机制的规划,进而形成省(市)间健美操传统校的联动,既有利于发挥京津冀各健美操传统校的特色和优势,增强各校的自我发展能力,又能利用京津冀健美操传统校的区域优势,形成合力。

其次,京津冀各省市体育局在协同发展联动机制中,应是协同发展良好氛围的塑造者。随着优质资源、优秀教师、优秀运动员等"硬实力"的不断加强,其在健美操传统校协同发展的重要性亦日益提升。

最后,国家体育总局应结合京津冀体育局和京津冀健美操传统校的实际情况制定相关的政策文件,其指示精神与支持政策文件对促进京津冀体育局之间、京津冀健美操传统校之间以及体育局与传统校之间的联动具有重要的作用。

总之,在京津冀健美操传统校协同发展联动机制中,国家体育总局和京津冀省(市)体育局在引导支持的基础上,一方面要鼓励健美操传统校的申报和审批(特别是天津市),另一方面还需要加强对部分健美操传统校的基础设施建设,对健美操发展薄弱地区进行的政策倾斜,支持薄弱地区的发展,从而提高京津冀健美操传统校整体数量与质量的提升。

2. 健美操传统校的承载作用

在京津冀健美操传统校联动机制中,健美操传统校具有承上启下的作用,是国家体育总局、京津冀体育局和师生之间的桥梁。一方面接受国家体育总局和京津冀体育局的领导,另一方面又要管理和服务于健美操传统校的师生。

学校作为京津冀健美操传统校协同发展的主体,在其发展中发挥着基础性的作用。学校在健美操课程设置、资源的合理分配、教师及学生的教学、训练与管理上充当着重要角色。健美操项目的发展、教师的交流培训、学生训练竞赛、体质健康,及后备人才的培养都离不开学校的承载。健美操传统校作为承载的主体,一方面要关注各校健美操项目的推动和发展,关注教师的教学、训练、竞赛与交流培训和学生的教学训练竞赛与体质健康;另一方面要关注京津冀省(市)内和省(市)间健美操传统校的发展,加强交流,优势互补,共同提高。

我们知道,越是竞争性较强的领域,联动机制在配置与协调各种关键要素中的作用越是明显。京津冀健美操传统校联动机制是京津冀健美操传统校协同发展资源配置的有效方式,完善京津冀健美操体育传统校之间的协同发展体系,使得京津冀各健美操传统校在京津冀省(市)内和省(市)间均能达到得到有效的交流和协同发展,尤其是促使健美操传统校的数量与质量、分布与规模与京津冀地区经济教育发展的集聚在时间、空间上相匹配。京津冀健美操传统校在依附于相关政策和立足于各自特色的基础上,形成京津冀区域特色。

3.健美操传统校师生的主体作用

我们知道,完整的教学系统包括教学主体、教学目标、教学行为、组织形式以及教学内容五部分要素。① 其教学主体指体育教师与学生,可知在体育教学中,体育教师和学生起主体作用。在京津冀健美操传统校联动机制中,健美操传统校的师生是联动机制的主体,主要表现为自主性、主动性与创造性。自主性是对自我的认识和实现自我的不断完善,主动性旨在对健美操课程教学、训练竞赛的现实选择与外界环境适应的能动性,创造性是对健美操教学、训练竞赛现实的超越。健美操传统校师生的变化、发展势必会影响学校组织目标与任务的规划与达成、健美操教学训练竞赛的管理与领导。

京津冀健美操传统校的师生作为联动机制的主体,一方面受学校的领导和管理,另一方面其自身的发展对传统校的发展又具有重要的推动作用,进而能促进健美操传统校联动机制的有效运行。在实际操作过程中,健美操传统校的师生既要关注自身教学、训练竞赛的实际,又要关注京津冀省(市)内和省(市)间健美操传统校师生的相关情况,多与之进行交流,取长补短,进而提升自身的教学、训练竞赛水平。健美操传统校的师生同时要监督健美操传统校的组织管理、服务运行和保障机制的合理运转,进而促进京津冀健美操传统校的新迈进和新跨越。

(三)联动机制的形式

1.健美操传统校间的省(市)内联动

京津冀健美操传统校省(市)内联动是指京津冀各区域内两个或两个以上健美操传统校通过学分互认、教师互聘、资源共享、共同举办比赛、培训等

---

① 吴也显主编.教学论新编[M].北京:教育科学出版社,1991:327.

方式,实现人力、物力、财力等方面的充分优化整合,共同实现提升传统校办学水平的目标,促进内区域内健美操传统校的协同发展。如图 42 所示,北京市健美操传统校的联动、河北省健美操传统校的联动。具体来说,北京市东城区共有北京市东城史家胡同小学、北京市第五十五中学、北京市东城区安外三条小学、北京市第二中学、北京市东城区师范学校附属小学、北京市东城区府学胡同小学 6 所健美操传统校,可以组织区域内的中小学健美操传统校交流赛等,促进其训练竞赛水平的提升。省(市)内联动是京津冀健美操传统校在自愿互利基础上开展的,各省(市)区域内健美操传统校之间通过培训、竞赛、训练等手段的交流协作,旨在提升京津冀健美操传统校教师的业务水平和科研创新能力,拓宽学生的知识视野和运动技能水平,区域内各校优势互补、协同发展。面对如今京津冀部分健美操传统校名存实亡的现实状况,我们必须清楚地认识到,在数量不断增长的同时,质的提高必须与之同步发展。需要指出的是,天津市仅有 1 所健美操传统校,省(市)内联动不适合天津,建议天津市体育局等相关部门应出台相关政策鼓励健美操传统校的申报和审批,增加传统校的数量,以促进健美操项目的发展。在京津冀协同发展的战略背景下,京津冀健美操传统校作为学校协同发展的重要组成部分,首先要形成区域内的资源共享、协同发展。

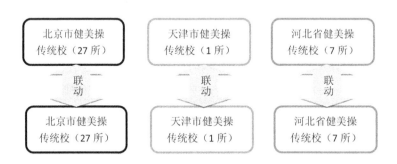

图 42　健美操传统校间的省(市)内联动示意图

2.健美操传统校间的省(市)间联动

京津冀健美操传统校省(市)间联动是以实现京津冀健美操传统校优质资源共享,提升京津冀健美操传统校整体办学水平为目标,通过省(市)健美操传统校间相互合作、竞争的关系,充分发挥各种积极因素,促使京津冀健美操传统校省(市)间联动的目标。如图 43 所示,北京市健美操传统校与天津市健美操传统校进行联动或者北京市健美操传统校、河北省健美操传统校和天津市健美操传统校三个区域间进行联动。具体来说,如举办京津冀健美操传统校体育教师健美操培训、举办京津冀健美操传统校健美操比赛;举办京津冀三个区域或两个区域的健美操传统校友谊赛等。京津冀健美操传统校省(市)间联动整体功能的发挥,有赖于各要素之间的密切配合及相互作用,从而实现京津冀健美操传统校的创新性良好发展。

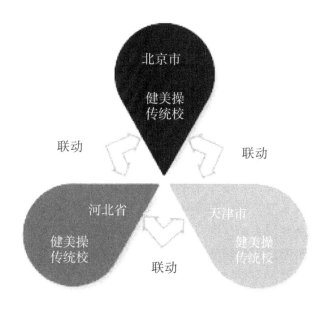

图 43　健美操传统校间的省(市)间联动示意图

(四)联动机制的实施保障

1. 政策支持

京津冀健美操传统校协同发展联动机制的政策支持指在宏观层面国家体育总局或京津冀体育局对京津冀健美操传统校协同发展联动机制予以肯定的基础上,为促进京津冀健美操传统校长效发展制定切实可行的支持政策,调动京津冀健美操传统校发挥其潜能积极参与到协同发展中,实现京津冀健美操传统校协同发展。从京津冀健美操传统校协同发展联动机制实情出发,通过提高健美操传统校师生参与联动的意识,通过物质和精神激励,借助资源的有效配置,发挥其积极性和能动性。

2. 制度保障

京津冀健美操传统校协同发展联动机制制度保障是指构成健美操传统校联动机制的各组成部分之间相互作用的关系,包含教学、科研、人员和环境等关键要素在运行中的内在关联,以及与之配合的联动管理方式。

京津冀健美操传统校协同发展联动机制所涉及的范围较大,内容较多,为了使各方满意,最大限度地满足联动各方的实际需求,从而促使健美操传统校联动顺利实现预期目标。其制度保障包括法律制度、决策制度、组织制度、健美操传统项目学校内部管理制度等。健美操传统校协同发展联动机制的制度保障,是实现京津冀健美操传统校联动的重要骨架,构建出具有我国特色的健美操传统校协同发展联动机制,有助于发挥健美操传统校的优势,促进其健康、协调发展。

3. 资源整合

健美操传统校间资源的充分整合和合理优化配置是京津冀健美操传统校协同发展的重要条件。通过合理的联动、资源共享、优化配置,可以有效提高健美操传统校间资源的利用率,是实现健美操传统校协同发展的有效方式。健美操传统校联动学校应明确其职责与权利,明确能为联动伙伴提供的资源,联动的目的,及相关因素的分析。在双方达成共识的基础上,以真诚、积极的态度投入到联动中,实现联动总体目标的达成。

4. 评估监督

评估监督是健美操传统校联动机制中不可或缺的重要组成部分,科学合理的评估监督机制可以充分调动和激励制定者及参与人员的积极性和创造性,充分发挥政府相关部门的职能,提高健美操传统校整体效能。健美操传统校联动评估监督体系是一项系统工程,无论是国家体育总局、京津冀体育局还是健美操传统校各部门都应充分发挥自身主观能动性,努力创新,不断提高健美操传统校整体的办学实力,实现联动评估的总体目标,创造健美操传统校可持续发展的有利条件。

三、京津冀健美操传统校体育教师培训联动机制的方案设计

本部分内容以京津冀健操传统校体育教师培训进行方案设计,既可以举办省(市)间培训,又可以举办省(市)内培训。体育教师培训是提升京津冀健美操传统体育师资的重要途径。加大京津冀健美操教师培训的力度,首先要树立科学正确的培训导向,聘请专家编写健美操传统校教师和教练员培训大纲;其次,培训内容要理论与实际相结合;再次培训形式要灵活多变,注重传统学校之间、健美操教师、教练员之间的经验交流,取长补短,不断培养并提高创新能力;最后,有条件的最好依托当地体育院校的师资优势进行进一步的培训交流活动,例如定期邀请一线的国家队教练员骨干或训练专家给他们专门开设讲座加强传统校健美操教师的教研活动,还可以通过聘请外国专家授课,观摩比赛和出国训练等办法,不断提高其理论素养、技术水平、管理水平、科研意识与创新能力。

鉴于教育资源共享和网络平台的发展,构建京津冀健美操传统校体育教师多层次、宽领域的信息网络培训平台。建立教育资源共享信息平台,在教育资源共享方面,可以通过开放课堂的方式,将教学质量高、师资力量雄厚学校的教学视频、音频放到共享信息平台上去,供其他学校学习借鉴,促进资源在区域内的有效流动,有利于推动京津冀健美操传统校协同发展的进程。具体方案如下:

(一)京津冀健美操传统校体育教师培训流程

1、政策方面:京津冀体育局或京津冀协同发展委员会发文进行为期3－7天集中培训,由体育局带头,国家队健美操教练员进行专业指导。

2、制度方面:完善考勤制度、进行结课考试,对于考试成绩合格者颁发资格证书,录制培训实时内容课程视频上传。

3、资源整合方面:培训前教师准备平时教学视频在培训中分享,分组进行讨论;专业教练员给予参考意见,并及时总结。

4、评估监督方面:培训完成后进行总结报告,分享心得体验,培训结束后定期上传培训后教学视频互评。

（二）京津冀健美操传统校体育教师培训直播教学互助平台

京津冀健美操传统校体育教师培训直播教学互助平台又称看课 App，App：Application（计算机应用程序），随着智能手机、iPad 等移动终端设备的普及，运用手机客户端上网成为主要方式，与 PC 计算机类似，其软件的运行需要相应的操作系统平台。目前市场上主流的操作系统有苹果公司的 IOS 系统平台与谷歌公司的 Android 安卓系统平台。App 在手机上的页面表现形式是以网页的形式在 PC 端实现的，也可以理解为一个网站的页面。

京津冀健美操培训教学工作需要与时俱进，及时运用互联网开展教学科研创新，这款看课 App 为此而生，通过在线教育直播的方式链接京津冀健美操传统校的教育教学资源，借以实现教育资源共享的新突破。

1. 项目适用地域：北京市、天津市、河北省（后期可全国推广）

2. 项目报告用途：网络平台简介与招商 VC 融资

3. 项目简介：以健美操课程教学直播与赛事直播为切入点，整合京津冀健美操场馆与教师资源，为健美操爱好者和健美操运动员提供一个实际课堂情况展示的平台，做好培训招生与教师的知识产权保护。

4. App 盈利方向：

① 第三方视频流量广告；② 观看与下载视频的知识产权付费；③ 场馆的培训招生与宣传；④平台提现费用的收取。

5. App 基础架构与业务逻辑

（1）基础架构：管理后端

第一，管理后端业务逻辑：视频资讯上传—教学视频上传或比赛视频上传—视频内容审核—通过保存到数据库—结束

图 44

◆场馆信息维护—学校场馆信息录入注册注销—百度地图验证—场馆信息变更—内容审核保存并上传数据—结束

◆培训信息发布—超链接跳转学校招生信息—进入学校官方网站页面—结束意见反馈与处理更新—程序版本的 BUG 修改与后续新功能的上线（各端口注册人数统计、各端口在线人数统计）

◆注册教师与信息维护—教师注册资格审核注册注销—职业资格证书拍照上传（历史荣誉证书）—工作教师证拍照上传—个人直播视频维护（审核通过上传服务器保存数据）—结束

第二，客户端登录界面业务逻辑：

◆客户端开始界面—欢迎，您要找（视频导览首页呈现）—搜索—健美操视频或场馆信息—结束

◆视频资讯—教学公开课视频与比赛视频—免费观看或付费观看

◆场馆：客户登录—运动（健美操）—请把 GPS 定位打开—进入地图—附近的场馆—场馆页面—场馆简介—与该校场馆相关开放的健美操公开课教学直播视频与竞赛活动直播视频—视频（1～5 分免费观看）—付费或免费—付费观看—跳转支付页面—钱包，微信或支付宝或其他方式支付成功—观看直播视频—结束

◆发现：培训信息资讯—跳转各校招生报名页面—结束

◆竞赛信息资讯—京津冀健美操传统项目学校竞赛视频信息列表按照时间顺序—付费观看或免费观看—结束

◆优惠信息与其他资讯—充值优惠，报名优惠或其他赞助商广告页面

（2）主播端架构：

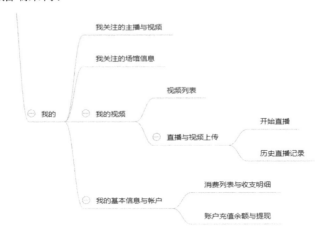

图 45

第一，主播端业务逻辑：

◆我的—用户注册—个人信息录入—我的钱包、我的课程、我关注的场馆（对应该校区公开课直播招生信息推荐）、我关注的教师。

◆我的—我关注的主播与视频—收藏的视频与观看过的直播视频页面—结束

◆我的—我关注的场馆信息—结束

◆我是教师—我要直播［登录—注册教师资质认证通过—公开课直播开始—权限设置（免费或付费）—结束］

◆我的基本信息与账户—个人基本信息—消费列表与收支明细

◆我的基本信息与账户—账户充值—跳转支付宝或微信支付充值—结束

◆我的基本信息与账户—账户提现—提现到支付宝或微信—结束

直播与回放架构:

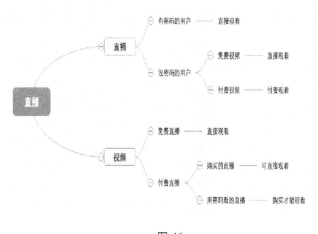

图 46

第二,主播端业务逻辑:

◆教师认证—我要直播—客户端(用户识别—随机生成直播授权码—直播完成后授权码失效)—直播视频同时上传服务器—加密—结束

(备注:教师资格只要通过认证就可开通直播权限,无须挂靠场馆)

App 用户界面展示

引导页面:

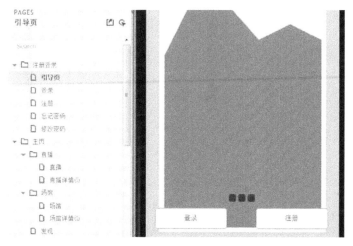

用户登录：

用户注册：

主页直播页面：

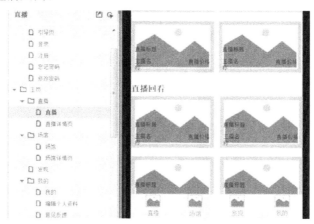

直播详细页；

场馆页面：

场馆详细页面：

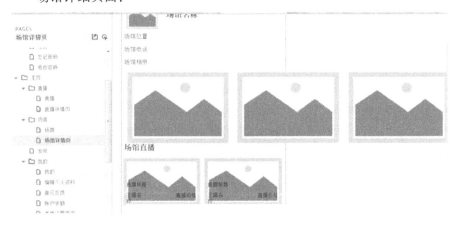

场馆详情页面：

个人页面：

个人资料编辑：

账户余额页面：

直播页面：

我的关注主播页面：

我关注的场馆信息页面：

主播认证页面：

后台发布资讯页面：

场馆信息修改页面：

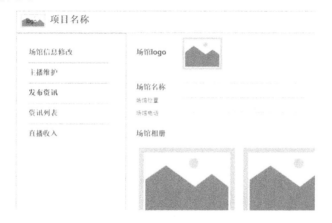

主播账户维护界面：

资讯列表维护页面：

直播收入列表界面：

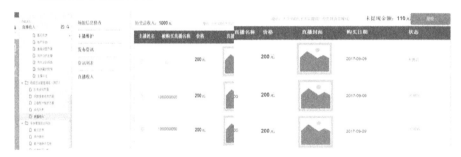

用户提现界面：

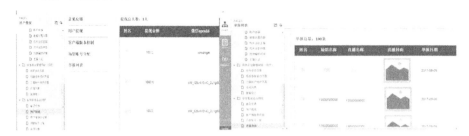

举报界面：

提现金额	微信openId	申请日期	操作
100元	xoisdnigal	2017-09-09	转账
1000元	oW_QBv4V0wC_2L1gi60j4llRnH	2017-09-09	转账
100元	oW_QBv4V0wC_2L1gi60j4llRnH	2017-09-09	转账

第四节　京津冀体育传统项目学校
"快乐体操"教学内容设计的研究

一、京津冀小学"快乐体操"教学内容设计的依据

(一)教学内容设计的理论基础

京津冀小学"快乐体操"的设计应以系统理论、学习理论和教学理论为依据进行。系统原理是指用相同的原理构建不同学科概念体系的方法,其意义在于为教学内容设计制定计划和解决问题提供系统工具,其次一般的教学原理为教学设计提供了一种系统方法。学习理论对教学设计具有深远影响,强调学习是刺激和反应之间的相互联系,为教学设计的实践提供了相对应的理论基础。教学理论是教学设计者最直接的理论根基,是以教学的普遍规律为主要研究对象,以教学任务、教学内容、教学过程和教学评价为研究范围。

(二)教学内容设计的理念

京津冀小学"快乐体操"的设计应坚持健康第一、快乐体育和终身体育的理念。体育锻炼为人的健康发展提供了坚实的物质基础。根据世界卫生组织统计,缺乏身体活动是现在世界第四主要死亡原因。因此,我们必须从小培养孩子养成体育锻炼的习惯,这与快乐体操所倡导的理念不谋而合。孩子的"玩"就是游戏,是通过走、跑、跳、投、爬、悬等基本动作发现自身的潜能,在游戏中与小伙伴建立良好的关系,锻炼其身心。快乐体操就是要体现孩子的天性,让孩子快快乐乐地玩,使其在玩的过程中,提高身体素质,养成终身运动的生活观念,掌握和提高解决问题的能力,获得自豪感,增强自信心。终身体育理念是指一个人终身进行身体锻炼和接受体育教育,指人从生命开始至生命结束过程中学习与参加身体锻炼,使体育成为生活中始终不可缺少的部分,并以体育的体系化、整体化为目标,为人在不同时期、不同生活领域中提供参加体育活动机会的实践过程。在快乐体操教学内容的设计过程中,要以培养学生的兴趣为主,使其养成终身体育锻炼的习惯。

（三）教学内容设计的原则

京津冀小学"快乐体操"的设计应坚持安全性、科学性、兴趣性和保留体操本质的原则。安全是快乐体操教学的首要问题，教师的整个教学过程都应专注于学生的安全问题。安全是在教学过程中具体动作的设计要安全，采用安全、灵活多样的器材，选用难度小而有效的辅助练习，并注意保护帮助。科学性是指科学的确定教学目标和对教学内容的科学筛选、编排和优化。兴趣是最好的老师，在快乐体操运动技能的学习过程中，根据场地、器材的设计和多种形式的教学组织培养孩子的情景兴趣。回归体育的本位目标，即追求运动的兴趣。运动乐趣的培养和运动技能的掌握是相辅相成的，没有技能的掌握不可能体验到运动的乐趣，没有乐趣也不能更深入地掌握运动技能。但快乐体操本质上还是以体操基础动作为载体，因此在娱乐性、安全性的同时，在内容的选择上不能完全脱离体操的基本元素。

二、京津冀小学"快乐体操"教学内容的设计方案

（一）教学内容的学年教学计划

义务教育阶段的体育教学计划分为段、学年、学期、单元和学时 5 个层次（见图 47）。在构建小学"快乐体操"教学内容时，根据专家建议将分别对应学段、学年做出详细的教学计划，并作一个具体的学时教学计划。

体育教学总时数是国家规定的，但具体的内容时数是由学校按需分配，以周数表示。国家规定体操课程每学期大约 6 周，那么全年就是 12 周，以下将各水平段的快乐体操教学内容以大项分配到教学计划中，也就是学段快乐体操教学计划（如表 65）。

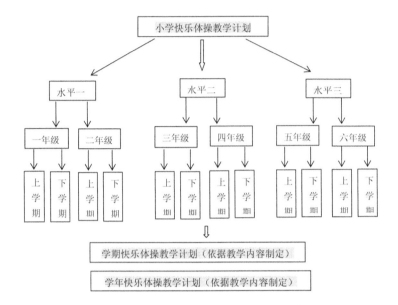

图 47　京津冀小学快乐体操教学计划设计图

表 65　京津冀小学水平一水平三快乐体操教学周数设计表

适用水平	教学内容	周数
水平一	蹦床	2
	自由体操	4
	双杠	1
	跳跃	1
	单杠	2
	平衡木	2
水平二	蹦床	2
	自由体操	2
	双杠	2
	跳跃	2
	单杠	2
	平衡木	2

续表

适用水平	教学内容	周数
水平三	蹦床	1
	自由体操	2
	双杠	2
	跳跃	3
	单杠	3
	平衡木	1

（二）教学内容的选择和编排

根据京津冀小学快乐体操教学内容的优化分析,并结合小学生特点、师资情况、教学场地与器材等因素,总结京津冀小学三个水平段快乐体操教学项目的开设顺序和对应的教学内容(见表66)。

表 66　京津冀小学水平一水平三快乐体操教学内容的选择与开设顺序

水平	开设顺序	教学内容
水平一	蹦床	预备跳、团身跳、前后分合跳、左右分合跳、屈体分腿跳
	平衡木	向侧走步、向侧移中心、前踢腿、前踢—后摆腿、单腿站立 2s、单腿站立平衡
	双杠	进杠、支撑、跳上成支撑、支撑摆动、跳起支撑
	跳跃	上板起跳
	自由体操	熊猫滚、团身前滚翻、屈体前滚翻、后滚翻、小鱼跃前滚翻
	单杠	悬垂移位、悬垂振摆、走浪—回荡、出浪、出浪—回摆
水平二	蹦床	直体跳、并腿小跳、屈体并腿跳、分腿小跳、屈体分腿跳转体
	平衡木	脚尖步、脚尖步—转体—后退步、交换步、直体小交换腿跳、跳步组合
	双杠	分腿坐杠、分腿直角坐杠、外侧坐杠
	跳跃	软体跳箱或高垫 100 公分、跳上成蹲撑
	自由体操	仰卧两头起、坐地体前屈、原地侧手翻、趋步—侧手翻、单腿站立平衡 2S
	单杠	翻身上、单腿蹬地翻身上、并腿蹬地翻身上、向后腹回环

续表

水平	开设顺序	教学内容
水平三	蹦床	"跪弹""坐弹"、直体跳转体
	平衡木	双脚起踵立、双脚起踵转体
	双杠	下法、支撑摆动—下法
	跳跃	分腿腾越、跳上成屈体分腿立撑
	自由体操	肩肘倒立、摆倒立、直体跳转360度
	单杠	单腿摆越成骑撑、后倒挂膝上、下法

（三）教学内容的学年教学时数与分配

小学体育课全年授课 36 周,体操课 12 周,水平一每周 4 学时,水平二、水平三每周 3 学时,各水平全年体操教学时数分别为 48 学时、36 学时和 36 学时。首先,选定快乐体操分项,然后,分配到两个学期,并确定各教学时数,即快乐体操学年教学计划。由于教学时数不同,将三个水平段分开标注,在学时总计一栏,将学期体操总时数相加就是学年快乐体操教学的总时数(见表 67 – 表 89)。

表 67　京津冀小学水平一学年快乐体操教学时数与分配

	周数 项目名称	1	2	3	4	5	6	7	8	9	10	11	12	13	14	15	16	17	18	学时总计
上学期	蹦床	1	2	1																4
	平衡木				1	1	2													4
	双杠							1	1											2
	跳跃									1	1									2
	自由体操											1	2	2	1	2				8
	单杠																1	1	2	4

续表

周数 项目名称	1	2	3	4	5	6	7	8	9	10	11	12	13	14	15	16	17	18	学时总计
蹦床	1	1	2																4
平衡木				2	2														4
双杠						1	1												2
跳跃								1	1										2
自由体操										2	1	1	2	1	1				8
单杠																1	2	1	4

（下学期）

表 68　京津冀小学水平二学年快乐体操时数与分配

周数 项目名称	1	2	3	4	5	6	7	8	9	10	11	12	13	14	15	16	17	18	学时总计
蹦床	1	1	1																3
平衡木				1	1														2
双杠						1	1												2
跳跃								1	1	1	1								4
自由体操												1	1	1					3
单杠															1	1	1	1	4
蹦床	1	1																	2
平衡木			1	1															2
双杠					1	1	1												3
跳跃								1	1	1	1								4
自由体操												1	1	1	1				4
单杠																1	1	1	3

（上学期：蹦床、平衡木、双杠、跳跃、自由体操、单杠；下学期：蹦床、平衡木、双杠、跳跃、自由体操、单杠）

表69　京津冀小学水平三学年快乐体操时数与分配

项目名称＼周数	1	2	3	4	5	6	7	8	9	10	11	12	13	14	15	16	17	18	学时总计
上学期 蹦床	1	1																	2
平衡木			1	1															2
双杠					1	1	1												3
跳跃								1	1	1	1	1							5
自由体操													1	1					2
单杠															1	1	1	1	4
下学期 蹦床	1	1																	2
平衡木			1	1															2
双杠					1	1	1												3
跳跃								1	1	1									3
自由体操											1	1	1						3
单杠														1	1	1	1	1	5

（四）教学内容的设计方案

1. 案例一：熊猫翻跟头

（1）侧重技能

熊猫滚、前滚翻、后滚翻

（2）教学对象

小学水平一学段学生

（3）课前准备

50平方左右的场地、三角垫、彩虹伞

（4）热身活动

猫和老鼠：一个学生爬到彩虹伞上面扮作"猫咪"，另一个藏在彩虹伞下面扮作"老鼠"，猫咪和老鼠都只能爬着移动，边上的同学要抖动彩虹伞来帮助老鼠进行掩蔽，不要被猫咪抓住。

会挠痒的鲨鱼：让一个小朋友到彩虹伞下面扮作"鲨鱼"，其他人都并直腿围坐在彩虹伞的周边。当大家抖动彩虹伞的时候，鲨鱼就去挠其他人的脚,被鲨鱼挠到的小朋友也要变成鲨鱼。

图 48　熊猫翻跟头教学示图

（5）拉伸性练习

每个小朋友都拿一个垫子坐好,开始拉伸性训练,保证小朋友之间的距离。

活动颈部:寻找小兔子,在左边? 还是在右边? 还是在天上? 还是在地上? 绕个圈找一找? 再绕个圈找一找?

活动手臂:举起双臂超过头顶,假装是兔子长长的耳朵,放下一只手臂（合拢一只耳朵）,换另一只耳朵,竖起两只耳朵,放下两只耳朵,左右交替摆动耳朵,前后交替摆动耳朵。

腿部拉伸:坐下,屈体,伸出兔子耳朵（双臂）,用耳朵去够脚趾头。

分腿拉伸:分腿坐,用"兔子耳朵"去够两边的脚,"兔子耳朵"向前伸至最远处。

（6）技术动作训练

拉伸过后,有趣的"快乐体操"课程要开始啦,先让同学们想一想动物园里的熊猫是怎么滚动和翻跟头的呢,让学生凭借自己的想象做一下动作,等同学们产生兴趣,自己模仿完之后,老师进行正确动作的演示与讲解(图48)。

熊猫滚:首先由蹲撑开始,推手使身体后倒,低头含胸圆背,同时屈膝抱腿,向上翻臀身体向后滚动;然后当臀部下落时,上体前压,身体向前滚动,脚积极着地以结束动作,类似不倒翁练习。

在练习初期可以借助体操器械,在具有一定坡度的平面器材上完成动作,做小范围动作时能始终保持对身体的控制,通过学习滚动运动技能提高身体滚动意识和空间感觉。

前滚翻:身体半蹲,两臂向前伸直,然后把手放在脚的前方,同时下巴向胸部收紧,两脚蹬地,身体向前倾斜,两臂屈臂缓冲慢慢让身体的重量过渡到肩背上,保持身体为球状,向后翻滚直至还原到半蹲姿势。

在练习时可尝试以分腿站姿为起始与结束动作来进行此项练习,或者尝试在一个纵向摆放的稳固盒子上来进行此项练习。练习此动作可以有控制地在特定区域移动,学会关键动作的运动模式,增强空间意识。

后滚翻:身体保持屈腿蹲坐,两臂向前伸直两手掌心向下,当重心后移时,含胸、圆背、后倒,两手推地,两脚着地站立。

在练习初期,可以借助体操器材在斜面上做后滚翻或者在高于地面的平面上进行练习。学习后滚翻运动技术,增强空间意识,掌握安全落地技巧。

(7)放松活动

让学生坐在垫子上,播放舒展柔美的音乐,按摩手臂和腿部(保持腿部笔直坐在地上按摩)。

(8)注意事项

①滚动过程中,腹部发力,身体保持收紧,避免出现身体倾倒现象;②滚动过程中,身体内收不充分,易造成滚动速度不快、内收和滚动不协调等现象;③练习的任何环节都不应该将身体重量落在头部和颈部;④练习过程中,有效地控制身体,避免出现团身不紧、滚动不圆现象;⑤后滚翻时,容易出现后倒、臀部后移而不是团身后倒,使滚翻失去速度现象。

2.案例二:轻功水上漂

(1)教学目标

运动参与:培养对体操的兴趣与爱好,鼓励更多的孩子参与到体操运动之中。

技术能力:发展各项身体生理机能,特别是平衡能力的发展。

情感态度:促进良好生活习惯的养成。

图 49　轻功水上漂教学示图

(2)教学对象

小学水平二学段学生

(3)教学内容

单腿站立平衡2s、燕式平衡

(4)教学准备

平整的场地一块、体操垫若干

(5)热身活动

老鹰抓小鸡:首先在游戏中选出老鹰、鸡妈妈和小鸡仔们,然后小鸡仔们在鸡妈妈的身后依次站好,小鸡仔们可以相互拉着对方的衣服或者抱住对方的腰连成一条线,老鹰不能抓鸡妈妈,只可以抓最后面的小鸡,鸡妈妈为了防止最后面的小鸡被抓住,可以张开双臂,拦住老鹰,并且可以大声告诉小鸡仔们老鹰从那个方向过来了等提示语,鸡妈妈为了躲避老鹰的逮捕身体可以左右移动,与此同时,身后的小鸡也要跟着鸡妈妈往相同的方向移动,万一老鹰突破了鸡妈妈的防线,快要抓住最后面的小鸡时,小鸡仔可以蹲下,双手捂住耳朵,这样老鹰得重新站在鸡妈妈的面前,游戏重新开始,而老鹰一旦突破了鸡妈妈的防线,抓住最后面的小鸡仔,则老鹰胜,游戏重新开始。

(6)拉伸性练习

抓脚趾:学生直体站立在垫子上,手臂自然垂于体侧,脚并拢。两手从身体两侧慢慢提起至头顶上方,合掌。接着由手掌带动手臂和上身,低头往下,慢慢让自己的头、胸、腹部尽量贴近腿部,两手抓住脚趾,注意膝盖不能弯曲。

跪坐压肩:跪撑于垫子上,背部与地面保持平直。接两腿跪坐含胸低头,两臂向前延伸,后坐压肩时胸部向下用力并尽量贴近地面,然后两臂伸直,脚背及小腿紧贴地面,身体向前伸展挺身。

跪撑下腰:两腿分开与肩同宽成跪姿,抬头挺胸伸髋、上体后仰,直至头朝下,两手握住脚踝,向上推拱起成"桥"状。

蝴蝶飞过河:坐于垫上,两腿屈膝分开,两脚脚底相对,两脚上下振动,就像蝴蝶的翅膀。腰背平直,双手握住双脚。

(7)技术动作训练

单腿站立平衡:身体直立站在垫子上,手臂自然打开成侧平举,接着慢慢提起左脚,脚尖绷直,大腿与地面平行,单腿站立平衡后,可做各种姿势(自由腿可以向前、向侧或向后举起45度左右;举起的姿势自选)。

燕式平衡:由站立开始,一腿向前迈出一步,同时上体前倾,另一腿尽量后举,抬头、挺胸、挺髋,两臂侧举成腹平衡姿势。

练习初期,教师可以站在练习者侧面,一手托其肩部,一手托其后举腿,教师帮助学生练习时要注意,后举腿的脚不低于头,站立要稳定,或者学生可以先借助器械加强后压腿、后踢腿、后控腿的练习(如图49)。

(8)放松活动

让学生坐在垫子上,播放舒展柔美的音乐,按摩手臂和腿部(保持腿部笔直坐在地上按摩）。

（9）注意事项

教师应做好示范讲解，帮助孩子理解动作要领，对于平衡性不好的学生，应加强鼓励与帮助。

3.案例三：倒立成柱

（1）教学目标

运动参与：培养对体操的兴趣与爱好，鼓励更多的孩子参与到体操运动之中。

技术能力：发展各项身体素质，特别是力量素质。

情感态度：培养学生坚强的意志表现，增强学生自信心。

（2）教学对象

小学水平三学段学生

（3）教学内容

摆倒立、控倒立

（4）教学准备

平整的场地一块、体操垫若干、海绵软垫

（5）热身活动

"T"形跑：将3个锥形桶排成一条直线，每个锥形桶相隔4.5米，并命名为锥形桶C、B、D。将第4个锥形桶A垂直于锥形桶B，A与B间隔9米。"T"形跑训练要求孩子站在A点始终向前方不能改变，听到指令后，孩子快速由A点跑到B点触摸锥形桶，然后迅速侧向移动到C点触摸锥形桶后再反向滑到点触摸锥形桶，然后滑到B点，最后倒退回A点，练习结束。

袋鼠跳：孩子排成一路纵队面对敏捷梯站在一端，肩部与髋部与敏捷梯的横格平行。孩子双脚同时跳进第一格，然后连续跳过后面的所有格子，教师在纵队的排头安排孩子练习。

交通指挥跑：将4个锥形桶摆成"T"字形，并命名为锥形桶A、B、C、D，A与B、B分别与C、D间隔10米，孩子排成一路纵队站在锥形桶A后，听到哨声后第一个孩子开始起跑，当跑到锥形桶时，教师用手指挥接下来的跑动方向，孩子根据手势判断方向完成游戏。

图 53 倒立成柱教学示图

（6）拉伸性练习

弓步压腿：一腿向前迈出一大步，同时膝关节弯曲成 90 度左右，另一腿伸直，全脚掌着地，上体与地面保持垂直姿势，双手放于前腿上方，一前一后晃动，两腿交换进行，使腿部肌肉得到拉伸。

搭桥练习：两名同学面对面站立，之间留有一定的距离，弯腰，同时双手上举，举过头部，两名同学的双手分别扶在对方同学的肩部，头看向下方，然后一起向下振动，使肩部的肌肉得到拉伸。

踢腿练习：学生成站立状态，两臂从体侧展开，手心朝下，一只腿快速向上抬起，举过头部，脚尖绷直，膝盖不能弯，整条腿保持平直状态，另一只腿起支撑作用，保持垂直，膝盖不能弯，双腿相互交换进行。

（7）技术动作训练

控倒立：两手与肩同宽，手腕稍内旋，两手五指抓地。缩脖稍抬头，眼看拇指,锁肩,收腹、立腰,紧臀,夹腿,蹦脚尖,身体重心在两手之间。

摆倒立:两手与肩同宽,手腕稍内旋,两手五指抓地。缩脖稍抬头,眼看拇指,两腿慢起成倒立状态,锁肩,收腹、立腰,紧臀,夹腿,蹦脚尖,身体重心在两手之间,倒立后,两腿依次下落成弓步。

练习初期,可以先让学生靠墙倒立练习,或者教师利用海绵垫帮助学生进行练习(如图50)。

(8)放松活动

让学生坐在垫子上,播放舒展柔美的音乐,按摩手臂和腿部(保持腿部笔直坐在地上按摩)。

(9)注意事项

①学生手臂力量不足者要加以保护,防止学生手臂支撑不住,发生扭伤;②注意对学生头部的保护,防止头部碰于地面;③初学者身体容易发生倾斜,要提醒学生抬头,收腹,使身体保持一条直线。

本章小结

第一,京津冀排球国家级和省(市)级传统校共64所,国家级10所、省(市)级54所,京津冀分别占33所(7、26)、19所(2、17)、12所(1、11);田径国家级和省(市)级传统校共412所,国家级45所、省(市)级367所,京津冀各128所(18、110)、119所(12、107)、165所(15、150);篮球传统校251所,国家级25所、省(市)级226所,京津冀各89所(12、77)、72所(6、66)、90所(7、83);健美操国家级和省(市)级传统校共37所,国家级7所、省(市)级30所,京津冀各27所(6、21)、1所(1、0)、9所(1、8),整体情况尚好,但区域发展不平衡;体操传统校仅天津有1所省(市)级传统校,其数量和规模不符合京津冀区域发展的需求。

第二,京津冀排球校整体的发展规模较好,国家级排球传统校规模发展状况要优于市级,河北省发展明显低于天津市与北京市,京津冀发展不均衡。京津冀排球传统校家长对孩子学习排球的关注度普遍偏低,与教师沟通少,但是家长对家校联动持肯定态度。京津冀排球传统校家校联动机制构建的措施包括建立家长联合委员会;建立家长教育资源平台,整合利用社会资源,为学生提供活动平台;延续传统家校联动方式,搭建多平台交流体系。从家校联动机制的构造、保障方式、激励方式与制约方式四个方面设计京津冀排球传统校家校联动机制,并据此设计京津冀排球传统校排球夏令营和天津市小学排球传统校趣味运动会。

第三,京津冀田径传统校的发展好于京津冀体育传统校整体水平。其中,北京市最好,天津次之,河北落后于北京和天津。京津冀田径后备人才培养方面,训练时间和频次以1.5~2小时/次为主;竞赛方面,河北省竞赛类型落后于北京和天津;后备人才的选材和生源基本能满足当地的发展,运动员输送以体育院校和地方体校为主。从联动机制的内涵、目标、组织架构和运行方式等构建京津冀田径传统校后备人才培养联动机制。其组织架构是京津冀田径传统校后备人才联动机制规划、制定、决策、出台、执行到完成的整体体系;运行方式是推动联动机制执行的手段,包括动力机制、共享机制、协调机制、监督机制和保障机制。

第四,京津冀健美操传统校体育教师较为年轻,参加培训情况不均衡,区域差别较大;影响其参加培训的因素主要有培训内容不合理,学校制度不合理、课务繁重,学校管理层对培训重视不够等;但体育教师认为非常有必要参加培训,并对其协同发展和联动机制构建持肯定态度。健美操传统校协同发展联动机制应以国家体育总局为龙头,以京津冀各省市体育局为主导,以京津冀健美操传统校为承载,以京津冀健美操传统校师生为主体。其联动形式应包括健美操传统校的省(市)内联动和省(市)间联动。从京津冀健美操传统校教师培训流程和直播教学互助平台(看课 App)为切入点,设计京津冀健美操教师培训方案。

第五,京津冀小学快乐体操教学内容设计应坚持健康第一、快乐体育和终身体育的理念,依据教学计划和教学内容合理的顺序开设,并设计熊猫翻跟头、轻功水上漂、倒立成柱的小学快乐教学方案。

第五章 京津冀体育传统项目学校协同发展联动机制的实施构想与对策

第一节 京津冀体育传统项目学校协同发展联动机制的实施构想

京津冀体育传统校协同发展联动机制的实施主要包括三个阶段,第一阶段是初期—基础建设;第二阶段是中期—利益主体之间的博弈与协商;第三个阶段是后期—体育传统校联动机制的调整与推广。

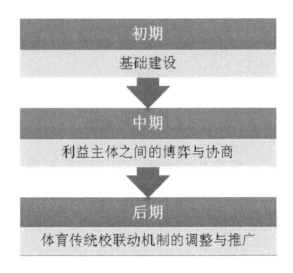

图51 京津冀体育传统校协同发展联动机制的实施路径图

一、初期:基础建设

在京津冀体育传统校协同发展联动机制正式实施的初期,有四个方面的内容:第一,制定和修改京津冀体育传统校协同发展联动机制中相关制度和措施;第二,完善京津冀各级体育传统校的基础设施;第三,根据京津冀体育传统校协同发展联动机制中的相应措施,重新划分与评定体育传统校的等级;第四,培训京津冀体育传统校的体育教师。

(一)联动制度的制定和修改

在京津冀体育传统校协同发展联动机制的实施前期,联动机制刚刚起步,具体政策措施尚需完善,因此,首要任务是架构京津冀体育传统校协同发展组织机构(制定者—京津冀体育传统校协同发展委员会、执行者—京津冀体育传统校协同发展小组、参与者—京津冀各级体育传统校);然后,京津冀体育传统校协同发展委员会制定符合京津冀地区体育传统校实际情况的联动政策。

联动制度的制定是为了保证京津冀体育传统校的协同发展,其根本目的在于加强京津冀体育传统校之间的交流、京津冀三地体育局之间的交流、政府部门对体育传统校的指导、管理和监督,因此,联动政策的制定是不断完善的过程,并保证其科学性、实用性和有效性。

(二)体育传统校的基础设施建设

良好的基础设施是保障体育传统校的师生教学训练和课余体育活动的必备条件。京津冀体育传统校协同发展的推进,前期需要建设和完善体育传统校的基础设施,主要是指京津冀体育传统校体育场馆的建设和修缮、体育器材的购置和维修两个方面。

体育传统校基础设施的建设主要依据《中学生体育器材与场地》文件规定,及京津冀体育传统校传统项目的不同和教学、训练竞赛的实际情况。需要注意的是,基础设施的建设在满足教学、训练、竞赛之余,避免铺张浪费。

(三)体育传统校等级的重新划分与评定

目前京津冀体育传统校在等级划分上存在级别不清的问题,北京市和天津市属于直辖市,其传统校分为国家级、地市级和区级;而河北省属于省级,其传统校分为国家级、省级、地市级和县级等。不利用京津冀体育传统校协同发展委员会对其进行统一管理,有必要对体育传统校等级进行重新评定和划分。

建议京津冀体育传统校协同发展委员会制定相关政策与评价标准,重新划分和评定京津冀体育传统校,将其等级划分为一级、二级和三级,一级对应原来的国家级,二级对应省(市)级(包括河北省级,北京和天津的市级),三级对应地(市)级[河北省的地(市)级、北京和天津的区级]。这样在体育传统校内部进行升降级调整,同时,体育传统校的划分还需要考虑其他中小学的权利,对于满足要求的学校要适当吸纳,对原本属于体育传统校范畴但是各项评分不达标的学校进行降级或剔除。

(四)体育传统校的师资培训

京津冀体育传统校体育教师的培训和再教育也是京津冀体育传统校协同发展需要开展的重要工作。目前京津冀体育传统校体育教师、教练在教育水平、运动水平和裁判水平等方面仍有进一步发展和提升的空间。体育教师的能力与水平会直接影响学生的体育活动、训练与竞赛,因此,在联动机制实施的前期,需要针对其进行培训和再教育。具体操作过程中,可依据京津冀健美操传统校体育教师培训的联动方式,建立体育传统校师资培训机制,重点培训体育教师科研能力和创新能力,以体育师资整体水平。

二、中期:利益主体之间的博弈与协调

京津冀体育传统校协同发展联动机制实施的中期,面临的主要问题是京津冀政府部门、各级体育传统校等利益主体之间的利益协调与博弈。基于各方利益的诉求,在京津冀体育传统校协同发展联动机制内部通过联动机制的保障功能对弱势群体进行政策扶持,补偿利益受损者;在外部增加经费投入与支持,构建政府、体育传统校的新型利益关系,最终实现京津冀体育传统校的协同发展。在实施过程中,要注意联动资源的整合、联动评估监督和网络平台的建设与应用。

(一)原有传统校管理机构的职能转移让渡

目前京津冀各地区的体育传统校的管理机构职责不清,管理部门混乱,严重制约了体育传统校的协同发展。例如,部门学校由所在地的体育部门负责管理,有的由该地区的教育部门管理,有的由体育部门和教育部门联合管理。因此,解决这一困境的首要任务是,原有的管理机构的职能转移和让

渡,将职能交于京津冀体育传统校协同发展委员会或协同发展小组,统一管理京津冀的体育传统校,以保障京津冀体育传统校联动机制的实施,促进其协同发展。

原有管理机构的职能转移让渡是对原有体制的改革。党的十八大以来,政府一直倡导简政放权,为促进社会时间成本打通绿色通道。从这个角度看,京津冀体育传统校管理职能转移和城市定位让渡也可看作是打破京津冀地区行政壁垒的初步尝试。在这个过程中,需要处理、协同和解决的问题会很多,困难也会很多,需要不断地尝试和协同。

(二)京津冀三地传统校联动功能的定位

在京津冀协同发展的大环境下,很多政策和措施都是在将京津冀视为统一的整体进行的,在京津冀体育传统校协同发展构成中,应将京津冀视为统一整体进行相关政策和措施的制定和出台,统一对京津冀进行功能划分和定位。

北京具有得天独厚的优势,在京津冀体育传统校联动机制的运行中,将其作为大脑,出台政策、培训体育师资、举办大型体育赛事等。天津市经济发达,体育场馆丰富,为大型赛事的举办提供了便利条件,也可以举办各类大型体育竞赛的组织和体育传统校的集体交流活动。河北相较于京津来说,气候较好、地价成本低,适合体育训练的实施,如假期开展夏令营、户外体育拓展等活动。鉴于此,京津冀体育传统校协同发展委员会应该依据京津冀三地的特点和功能对京津冀体育传统校协同发展联动机制的实施进行合理的布局。

(三)完善区域间、学校之间、项目间的利益调节

京津冀体育传统校联动机制的实施,会涉及京津冀各区域之间、各体育传统校之间以及各体育项目之间的矛盾问题,特别是在联动机制实施的中期,应根据不同机构、不同群体、不同地区的实际需求,分阶段进行调整。

京津冀体育传统校联动机制的实施运行势必会造成优秀体育教师师资、体育经费、技术外流,造成区域矛盾。因此,需要对此进行把控与监督。首先,补偿利益受到损失的地区、学校和团体;其次,采用行政手段干预流动的范围和力度;再次,通过政策全方位的引导体育传统校;最后,引导和鼓励

京津冀政府给予体育传统校政策支持,做好服务型政府的角色定位。

在京津冀各级体育传统校的学校之间,各级体育传统校存在竞争与合作的关系。一方面,把控体育传统校评比、竞赛中体育师资、体育经费、技术、生源等等方面产生的竞争关系,使其控制在一定范围内,并确保其竞争的公平、公正和公开。另一方面,支持体育传统校在教学、训练、竞赛等方面的合作交流,保证各地区、各等级、各项目体育传统校之间的交流与合作。

在京津冀体育传统校体育项目之间,由于涉及范围广、数量多、项目类型杂,因此,在实施中期,需要调节和布局体育传统项目。可以将体育传统校所开展的体育项目分为必选和自选两类。必选项目是体育传统校的特色,也是体育传统校评选的首要条件,至少选择田径、排球、篮球、足球、体操、快乐体操、健美操、武术、游泳、乒乓球、羽毛球和网球中的一项。自选项目是指根据学校特色自由组织的体育项目,可以是必选项目中的项目也可以是其他项目。诚然,还要通过宣传教育、体育师资培训、再教育、合作交流等方式,保证传统校的体育教师能够及时掌握新的信息、技术、技能和教学方法手段等,保证京津冀体育传统校在协同发展联动过程中顺利通过转型期。

三、后期:体育传统校联动机制的调整与推广

在京津冀体育传统校协同发展联动机制实施后期,需要结合监督反馈情况进行调整和完善联动机制,开展专家研讨会。将京津冀体育传统校协同发展联动的优秀管理和运行的办法和经验作为示范,推广至全国各省市以及京津冀体育协同发展的各个领域,促进我国体育传统校的整体发展。当然,在这过程中,京津冀体育传统校协同发展联动评估监督和联动网络平台建设亦非常重要。

(一)联动机制的结构调整

京津冀体育传统校协同发展联动机制的设计和实施主要依据机制设计原理的相关内容,因此,在实施后期,需要继续运行机制设计原理对京津冀体育传统校协同发展联动机制进行社会目标的校对与调整。

联动机制的社会目标是京津冀体育传统校的协同发展,结合这一目标,在联动机制的实施后期需要从三个方面对联动机制进行结构调整。第一,

在联动机制的内部通过其反馈系统调整联动机制的管理和运行;第二,在联动机制外部通过各领域的专家学者评审和监察联动机制的整体运行,并提出针对性的建议;第三,通过国家监督部门监察联动机制的组织机构和参与人员。

（二）联动机制的发展与推广

京津冀体育传统校协同发展联动机制的设计与实施是针对京津冀体育传统校协同发展的改革和尝试,其实质不是一种机制推翻原有机制意义上的暴力革命,也不是否定和抛弃原有的体制机制,而是在坚持社会主义根本制度下进行的变革,是对于京津冀体育传统校的完善与发展。因此,在京津冀体育传统校协同发展联动机制运行实施的后期,应该及时总结经验和规律,将其优秀的管理、方法、政策、措施推广至其他地区和相关领域,为我国体育传统校发展和相关领域的发展提供引领和示范,从而带动全国各地体育传统校的协同发展和京津冀的协同发展,助力我国体育事业的发展和京津冀区域的协同发展。

第二节　京津冀体育传统项目学校
协同发展联动机制的实施对策

一、以机关—学校为核心，进行顶层设计，统筹管理

在京津冀一体化背景下，京津冀体育传统校的协同发展离不开京津冀协同发展，要推进协同发展必须进行顶层设计，以指导和引领推进合作①。加强顶层设计、建立京津冀体育传统校协同发展联动机制是京津冀体育传统校协同发展的有效手段之一。而京津冀分属三个行政区，协同发展涉及多个层面和协同方，这就需要强有力的组织和制度保障，加快成立京津冀体育传统校协同发展委员会，探讨京津冀传统校协同发展的相关事宜，制定方针政策。在操作实施层面，把控协同发展的步骤、层级和节奏。首先，明确京津冀各级学校的职责和体育教育的功能；其次，选择易于操作和形成共识的领域作为突破点，选择有条件的区域进行试点，发挥引领带头作用，如鉴于首都体育学院在体育教师培训方面的经验，以首体为主办单位，构建京津冀体育传统校体育教师培训交流机制。最后，在京津冀体育传统校学生升学、课业互认、竞赛交流，教师培训和交流等领域寻找突破，形成京津冀区域学校体育一体化，推进京津冀体育传统校协同发展。

二、优化京津冀体育传统项目布局结构，拓宽人才输
###　　送渠道

体育传统校对培养竞技型人才，推动群众运动具有非常重要的影响②。加强京津冀体育传统校传统项目的布局规划是传统校协同发展的重要内容。首先，重视竞技体育后备人才的培养，项目布局应结合京津冀地区竞技体育优势项目，如天津的排球、河北的田径和北京近些年发展迅速的网球、羽毛球等；同时，在优先发展强势项目的同时，整合资源，提供人才交流的平

---

① 连玉明.试论京津冀协同发展的顶层设计[J].中国特色社会主义研究,2014(04):107-112.

② 方吉泉.我国体育传统项目学校近十五年的发展研究[J].成都体育学院学报,2005(04):112-114.

台,搭建人才输送的渠道,例如,天津排球传统校的优秀学生可以交流到北京或河北排球传统校,使地区性的优势项目变成区域性优势项目;其次,落实教育部七项目进校园和促进学生体质健康,增加网球、体操、跆拳道等项目传统校,例如,体操项目可结合国家体育总局推出的"快乐体操",让"快乐体操"进校园,建设快乐体操传统校;最后,促进运动项目的开展,例如举重、棒球、垒球等群众基础差,难以在社会上开展的项目,国家应给予相应的扶持政策,增加这些项目传统校的申报。在实施过程中,建议以京津冀国家级传统为龙头,以省(市)级传统为骨干,结合各自地区优势,合理规划和布局,促进传统项目的开展和协同发展。

三、以政府为导向,构建政府购买京津冀体育传统校联赛服务机制

京津冀体育传统校联赛对调动体育教师和学生的训练积极性、激发其竞争的本能和团队合作的奋斗精神以及传统项目的推广普及具有重要作用。政府购买公共服务是指政府为满足国民公共体育需求,按照政府职能,由政府、公共组织、社会主体或个体等在体育领域内无偿或有偿提供全社会共同消费、平等享受的,满足社会公众多样化体育需求的体育公共产品和体育服务。① 以政府为导向,构建政府购买京津冀体育传统校联赛服务是形成长效联赛机制的有效途径。2015 年财政部印发《政府购买服务管理办法(暂行)》中对政府购买公共服务做了原则性指导。② 对政府购买京津冀体育传统联赛而言,购买内容是针对京津冀体育传统校联赛服务;购买的目标是提升京津冀体育传统校联赛的举办次数和质量,推动京津冀体育协同发展;购买的主体为教育部、国家体育总局,供应的主体为京津冀体育传统校田径、篮球、排球等项目比赛,服务对象是京津冀体育传统校;购买方式可采用为非竞争性委托购买。通过政府购买,定期举办京津冀体育
传统校联赛,构建京津冀体育传统校联赛机制,使联赛成常态。

---

① 张大超,杨娟.我国政府购买公共体育服务的现实困境和发展对策[J].体育科学,2017,37(09):3 - 15 + 27.

② 范方春.政府购买公共服务视角下全国体育传统项目学校体育师资培训行为研究[D].武汉体育学院硕士论文,2015:35 - 36.

四、以体育专业院校为中心，建立京津冀传统校体育
教师培训机制

京津冀拥有北京体育大学、首都体育学院、天津体育学院和河北体育学院四所体育专业院校，拥有雄厚的师资力量和丰富的场馆资源，特别是首都体育学院多次承担全国传统校体育教师培训，具有丰富培训经验。2018年，体育总局、教育部等7部门联合印发的《青少年体育活动促进计划》明确提出，培训国家和省级体育传统校体育骨干教师5000名，这对提升京津冀传统校体育教师素质提供了契机，同时，京津冀传统校也应搭上顺风车，建立以体育专业院校为核心的京津冀体育传统校体育教师培训机制。其一，建立高校培训轮流制，体育院校承办，每年举办至少两次大型培训，可由一所学校承办，也可由不同学校共同承办；其二，培训形式和手段多样化，长期与短期相结合、现场培训与网络远程相结合、基础理论与实践案例相结合；其三，培训规模和主题灵活化，既可针对所有项目，也可针对单个项目；既可针对多个主题，也可针对某一专题。总之，建立京津冀体育传统校体育教师培训的良性机制，提升体育教师胜任力。

五、以市场为导向，让社会资源服务于京津冀传统校

在市场经济高度发达的信息时代，利用社会资源办体育，服务于体育传统校是有效解决京津冀传统校发展中资源和经费短缺的重要途径之一。例如，让社会体育场馆资源服务于体育传统校，对于寸土寸金的京津冀市区来说，进行传统校体育场馆的建设并非易事，但是随着2008年北京奥运会、2017年天津全运会的落幕、2022年河北冬奥运场馆的建设，及各体育俱乐部的增多，政府应该统筹规划，让这些场馆资源用于传统校的训练比赛和课外体育活动。同时，通过赛事带动经济，在举办体育传统项目比赛过程中，引导企业、公司等进行赞助投资，既为赞助商进行品牌宣传，又为传统校赢得体育经费支出，形成共赢。

本章小结

第一,京津冀体育传统校协同发展联动机制的实施条件主要包括联动政策支持、联动制度保障、联动资源整合、联动评估监督和联动网络服务平台,这些环节相互融合,相辅相成。联动政策支持包括宏观层面、中观层面和微观层面;联动制度保障包括联动法律保障制度、联动决策保障制度、联动组织保障制度和联动管理保障制度;联动资源整合包括人力资源整合、物力资源整合、财力资源整合及无形资源的整合;联动评估监督贯穿于各个环节;联动网络服务平台为各个环节和各层面人员提供数据保障和服务。

第二,京津冀体育传统校协同发展联动机制的实施主要包括三个阶段,第一阶段是初期—基础建设;第二阶段是中期—利益主体之间的博弈与协商;第三个阶段是后期—体育传统校联动机制的调整与推广。其中,第一个阶段主要任务是联动制度的制定和修改,体育传统校的基础设施建设,体育传统校等级的重新划分与评定和体育传统校的师资培训;第二阶段的主要任务是原有传统校管理机构的职能转移让渡,京津冀三地传统校联动功能的定位,完善京津冀区域间、学校之间项目间的利益调节;第三个阶段的主要任务是联动机制的结构调整和联动机制的发展与推广。

第六章　结论、研究不足与后续研究

一、结论

（一）京津冀体育传统校协同发展的调查研究

第一，京津冀有国家级和省（市）级体育传统校658所，国家级67所，省（市）级591所。北京、天津和河北各占238所（26、212）、222所（22、200）和198所（19、179）。整体发展较好，区域内体育传统校的发展与分布受经济因素的影响，呈阶梯状分布，北京最好，天津次之，河北省稍弱。

第二，京津冀体育传统校传统项目整体分布不平衡，共开展传统项目34个，田径最多（412），篮球第二（251），体操仅1所；区域分布，河北省最多（24），北京和天津相同（19）。

第三，京津冀体育传统校训练队训练竞赛协同联动情况、体育教师培训交流、学生体育活动、体育资源等协同情况均有待进一步加强；体育教师对协同发展和联动持肯定态度，并认为加强制度建设、建立京津冀协同发展联动机制、加强体育教师交流、建立组织机构等能有效促进京津冀体育传统校的协同发展。

（二）京津冀体育传统校协同发展联动机制的构建研究

第一，京津冀体育传统校联动机制是指以京津冀体育传统校协同发展为目的，京津冀体教部门和体育传统校之间相互合作、联合行动的运行方式。联动机制的设计应遵循可持续发展原则、比较优势原则、动态性原则、务本性原则和创造性原则。

第二，京津冀体育传统校的协同发展离不开联动机制，需要从构造、功能与作用机理、形式与载体三个层面设计京津冀体育传统校联动机制。京津冀体育传统校协同发展联动机制行为人包括京津冀体育传统校协同发展委员会（制定者）、京津冀体育传统校协同发展小组（执行者）和各级体育传统校(参与者)。京津冀体育传统校联动机制的功能包括激励功能、制约功能和保障功能,三者相互作用、相互制约。京津冀体育传统校联动机制的形式与载体主要包括涉及激励标准和经费奖励的激励政策措施,涉及分权、制度、程序、权利的制约政策措施,涉及经费、师资、场馆保障政策和利益补偿政策的保障政策措施。

第三,京津冀体育传统校协同发展联动机制的运行保障主要包括加强联动政策支持、强化联动制度保障、优化联动资源整合、加强联动评估监督和构建联动网络服务平台,这些环节相互融合,相辅相成,其中,联动评估监督贯穿于各个环节;联动网络服务平台为各个环节和各层面人员提供数据保障和服务。

第四,京津冀体育传统校协同发展联动机制的实施举措,应以京津冀体育传统校为核心,既包括京津冀体育传统校与家庭的联动,又包括京津冀体育传统校后备人才培养的联动、京津冀体育传统校体育教师培训的联动和京津冀体育传统校教学内容的联动设计等;在具体实施过程中,应结合体育传统项目和不同类别、不同地区体育传统校的实际情况进行设计实施。

(三)京津冀体育传统校协同发展联动机制的案例实证研究

第一,京津冀国家级和省(市)级传统校的体育项目包括田径、篮球、足球、乒乓球、健美操等 33 个项目。其中,田径传统校最多,有 412 所(京津冀各 128、119、165),排球传统校 64 所(京津冀各 33、19、12),健美操传统校 37 所(京津冀各 27、1、9),体操传统校仅天津 1 所国家级。京津冀区域分布不均衡,体操项目传统校数量和规模与京津冀区域发展不协调。

第二,选取排球技能主导对抗类、田径体能主导类、健美操和体操技能主导难美项目,从家校联动、校社联动、后备人才培养、教师培训和快乐体操内容设计等入手,基于京津冀体育传统校联动机制,构建京津冀排球传统校家校联动机制、京津冀田径传统校后备人才培养联动机制、京津冀健美操传统校体育教师培训联动机制和京津冀小学快乐体操教学内容体系。

第三,研究设计的京津冀排球传统校排球夏令营和天津市小学排球传统校趣味运动会方案,京津冀田径传统校校际对抗赛和田径夏令营联动方案,京津冀健美操传统校体育教师培训方案和京津冀体育传统校快乐体操教学内容设计等能为京津冀体育传统校联动提供可操作性和针对性的方案。

（四）京津冀体育传统校协同发展联动机制的实施构想与对策

第一，京津冀体育传统校协同发展联动机制的实施主要包括初期—基础建设、中期—利益主体之间的博弈与协商和后期—体育传统校联动机制的调整与推广三个阶段。

第二，京津冀体育传统校协同发展联动的对策包括，以机关—学校为核心的顶层设计，统筹管理；优化京津冀体育传统项目布局结构，拓宽人才输送渠道；建立政府为导向的政府购买京津冀体育传统校联赛服务机制；建立体育专业院校为中心的京津冀传统校体育教师培训机制；以市场为导向，让社会资源服务于京津冀传统校。

二、研究不足

京津冀体育传统校协同发展是一个长期的系统工程，涉及多学科、多领域的多个方面；京津冀体育传统校协同发展和联动机制的研究刚刚起步，本研究从理论上构建京津冀体育传统校协同发展联动机制，并结合传统项目对不同传统校进行联动案例设计研究，旨在为京津冀体育协同发展和体育传统校协同发展提供思路和借鉴，不足以解决所有问题，仍存在以下不足：

第一，本研究从理论上构建了京津冀体育传统校协同发展联动机制，但尚未在实践中运用，实践中仍需协调各种关系，例如体育和体育传统校的归属等问题。

第二，本研究从传统项目出发，对不同传统校从不同层面的联动进行现状分析、联动机制构建和联动方案设计，但尚未在实践中落实，其实践的有效性和针对性有待进一步验证和完善。

第三，京津冀体育传统校比赛是协同发展联动的重要举措，本研究针对不同项目传统校进行了联赛的联动设计，但是尚未构建京津冀体育传统校联赛机制，缺少对 举办比赛的期限、举办项目的深入研究。

三、后续研究

第一，构建京津冀体育传统校联赛机制，结合京津冀体育传统校场馆设施的差异，设计和论证不同规模、不同层次、不同项目传统校比赛的实施方案，并论证京津冀体育传统校领导联盟的建立和能否在某一城市举办较大规模比赛等问题。

第二,针对研究设计的不同项目的不同层次和领域的联动进行实证,验证其实践的有效性和针对性,并进一步修改完善;同时结合京津冀不同项目传统校在师资、场地设施等差异进行协同联动发展,例如快乐体操校际联动、排球传统校校社联动、篮球传统校家校联动等。

第三,在实际操作过程中,联动机制的运行,即联动机制的制定与修订、体育传统校的基础设施与师资建设、原有职能机构的职能让渡、地区之间和体育传统校之间的利益权衡、第三方的监督与评价等,将是后续研究亟待解决的课题。

第四,能否在政府购买公共体育服务的背景建立京津冀体育传统校联赛机制和体育教师培训机制等,以及京津冀体育传统校治理体系和治理现代化等问题都是今后研究的重点。

参考文献

［1］京津冀协同发展规划纲要［Z］. 2015 – 4 – 30.

［2］孙久文. 京津冀协同发展 70 年的回顾与展望［J］. 区域经济评论，2019(4)：25 – 31.

［3］国家体育总局发布《体育发展"十三五"规划》［Z］. 2016 – 7 – 13.

［4］杨铁黎. 我国体育传统校的建立与发展［J］. 中国学校体育(高等教育)，2014,1(5)：1 – 6.

［5］刘秀晨，傅凡. 在"京津冀一体化"和"建设北京城市副中心"两大战略背景下加快京津冀生态功能区规划的联动实施［J］. 中国园林，2016,32(12)：44 – 47.

［6］刘勇，李仙. 京津冀区域协同发展的若干战略问题［N］. 中国经济新闻网. 2014 – 10 – 8.

［7］赵钊. 京津冀协同发展关键在产业合作［J］. 海内与海外，2014(7)：7 – 9.

［8］梁昊光. 环京津地区的生态补偿与生态协同机制［J］. 科技导报，2014(26)：12.

［9］宋迎昌. 京津冀协同发展相关研究文献综述［J］. 城市，2016(2)：21 – 25.

［10］杨光宇. 区域一体化视角下的京津冀产业协同发展研究［D］. 兰州大学，2015.

［11］孙虎，乔标. 京津冀产业协同发展的问题与建议［J］. 中国软科学，2015(7)：68 – 74.

［12］魏进平，刘鑫洋，魏娜. 京津冀协同发展的历程回顾、现实困境与突破路径［J］. 河北工业大学学报(社会科学版)，2014(2)：1 – 6 + 12.

［13］薄文广，陈飞. 京津冀协同发展：挑战与困境［J］. 南开学报(哲学社会科版)，2015(1)：110 – 118.

［14］柳天恩. 京津冀协同发展：困境与出路［J］. 中国流通经济，2015

(4):83 - 88.

[15]杨志荣.京津冀协同发展问题研究综述[J].中共青岛市委党校.青岛行政学院学报,2015(6):44 - 49.

[16]寇大伟.京津冀协同发展现状、问题与对策——基于区域协调机制的视角[J].城市观察,2014(3):89 - 96.

[17]毛汉英.京津冀协同发展的机制创新与区域政策研究[J].地理科学进展,2017,36(1):2 - 14.

[18]赵国钦,宁静.京津冀协同发展的财政体制:一个框架设计[J].改革,2015(8):77 - 83.

[19]王雪莹.基于协同理论的京津冀协同发展机制研究[D].首都经济贸易大学,2016.

[20]孙久文,原倩.京津冀协同发展战略的比较和演进重点[J].经济社会体制比较,2014(5):1 - 11.

[21]上官珮茹.京津冀协同发展战略探讨[J].发展研究,2015(4):60 - 63.

[22]余钟夫,胡睿宪.浅谈京津冀区域的合作发展[J].前线,2014(6):35 - 37.

[23]杨东方.重置利益格局促进京津冀协同发展[J].求知.2015(1):51 - 53.

[24]杨开忠.京津冀大战略与首都未来构想——调整疏解北京城市功能的几个基本问题[J].前沿,2015(1):72 - 83 + 95.

[25]李孔珍,张琦.京津冀教育协同发展的三种管理模式研究[J].首都师范大学学报(社会科学版),2016(4):119 - 127.

[26]薛二勇,刘爱玲.京津冀教育协同发展政策的构建[J].教育研究,2016,37(11):33 - 38.

[27]李军凯,刘振东.京津冀教育协同发展的现状、问题与对策[J].北京教育(高教),2018(3):20 - 23.

[28]高兵.京津冀教育协同发展的现代化路径探索[J].教育理论与实践,2015,35(22):16 - 20.

[29]桑锦龙.推进京津冀教育协同发展的战略性思考[J].教育科学研究,2016(4):16 - 21.

[30]郑国萍,陈国华.京津冀教育协同发展供需矛盾及应对策略[J].河北师范大学学报(教育科学版),2017,19(4):95-100.

[31]曹浩文,李政.京津冀基础教育协同发展:定位、现状与对策[J].上海教育科研,2017(5):13-17+8.

[32]肖庆顺,张武升.京津冀基础教育协同发展的政策研究[J].北京师范大学学报(社会科学版),2017(2):5-14.

[33]靳昕,史利平.京津冀基础教育协同发展运行机制研究[J].中国教育学刊,2017(12):14-19.

[34]曹瑞,郑彩华,郭滇华.以跨区域质量监测推进京津冀基础教育协同发展[J].教育科学研究,2018(1):43-46.

[35]梁旭,吴星,张凝宁.京津冀协同发展视域下的高等教育资源优化配置[J].教育与职业,2016(13):27-31.

[36]张连春,付秀芬,夏建军.京津冀高等教育协同发展机制研究[J].河北经贸大学学报(综合版),2016,16(2):89-92+104.

[37]杨振军.推动形成京津冀高等教育协同发展新格局[J].中国高等教育,2017(8):52-54.

[38]田汉族,王超.京津冀高等教育合作困境的制度分析[J].首都师范大学学报(社会科学版),2016(5):122-132.

[39]胡莹."双一流"建设为京津冀高等教育协同发展提供内在动力[J].教育现代化,2018,5(18):169-170.

[40]冯赵建,高鑫娣,崔亿久.京津冀高校创业教育师资协同发展路径研究[J].教育评论,2018(4):65-67+95.

[41]冯晶,韩新宝.京津冀协同发展背景下的高校创业教育实践平台建设[J].中国成人教育,2018(4):115-117.

[42]曹雪宏.京津冀协同发展背景下河北省高等教育发展对策研究[D].河北科技大学,2018.

[43]胥佳慧,王蒙蒙,赵惠娟,范千千,刘慧.基于SWOT分析的京津冀协同发展背景下河北高校创新创业教育研究[J].产业与科技论坛,2018,17(9):126-127.

[44]曲鲁平,钱长浩,刘艳明,靳庆伟,李昂,王健.京津冀体育传统项目学校协同发展联动机制的研究[J].武汉体育学院学报,2017,51(5):74-

79.

[45]马道强,许风洪.京津冀体育协同发展研究[J].体育文化导刊,2015(11):1-4.

[46]李燕,孙志宏,胡海涛.京津冀地区城乡体育协同发展现状及对策研究[J].吉林体育学院学报,2016,32(1):39-44.

[47]魏秀芳.雄安新区建设促进京津冀体育一体化发展研究[J].广州体育学院学报,2017,37(5):15-19.

[48]陈静飞,袁书娟,许晓峰.基于京津冀区域论述体育休闲业协同发展[J].湖北体育科技,2016,35(10):862-864+940.

[49]陈晓丹.雄安新区建设背景下京津冀体育产业一体化发展研究[J].南京体育学院学报(社会科学版),2017,31(4):38-44.

[50]李燕.京津冀全民健身公共服务协同发展的路径选择[J].武汉体育学院学报,2016,50(9):17-21.

[51]刘崇磊.京津冀一体化背景下三省市体育院校合作模式研究[J].科教导刊(中旬刊),2012(6):211-212.

[52]孔一凡.京津冀地区普通高等院校社会体育专业游泳课程设置与实践[D].北京体育大学,2013.

[53]朱静静.京津冀地区体育院校啦啦操运动的开展及其发展策略[D].首都体育学院,2017.

[54]曲鲁平,裴珊,杨元博等.协同发展视阈下京津冀学校体育现代化建设的路径分析[J].体育文化导刊,2018(6):142-146.

[55]梁捍东,郭清梅.京津冀协同创新视阈下的河北省体育产业发展探析[J].河北体育学院学报,2016,30(3):24-28.

[56]马昆,原儒建,赵凤萍.京津冀协同发展背景下河北省公共体育服务均等化发展的对策研究[J].河北北方学院学报(社会科学版),2017,33(2):106-108+112.

[57]王海涛,杜洁.京津冀协同发展背景下河北省体育人才培养模式研究[J].河北师范大学学报(自然科学版),2015,39(3):273-276.

[58]陈静飞,袁书娟,王磊.京津冀协同发展中河北体育旅游业研究[J].体育文化导刊,2016(12):134-137.

[59]方吉泉.我国体育传统校近十五年的发展研究[J].成都体育学院

学报,2005(4):112-114.

[60]赵德勋,黄玉山.我国体育传统校研究综述[J].中国学校体育,2007(3):12-15.

[61]郭晓伟,张龙在.浅析我国体育传统校发展历程与研究现状[J].体育时空.2013,12(1):78-80.

[62]李相如.中国体育传统校发展现状与管理机制研究[J].体育科学,2006(6):16-27.

[63]包云,洪伟,陈金凤.多元培养模式下体育传统校发展的策略研究[J].运动精品,2013,32(6):78-84.

[64]惠陈隆,冯连世,胡利军,郭建军.我国体育传统校的管理现状分析:成效、问题与对策[J].中国体育科技,2017,53(1):9-16.

[65]田丁吉.全国体育传统校体育师资培训现状调查研究[D].首都体育学院,2017.

[66]史学智.国家级体育传统校评分标准实施细则构建研究[D].首都体育学院,2016.

[67]范清惠,李相如.关于北京市体育传统校的调研报告[J].广州体育学院学报,2007(3):113-117.

[68]王晓楠.北京市体育传统校现状的调查研究[D].首都体育学院,2010.

[69]刘丹.北京市体育传统校教练员的现状分析及发展对策的研究[D].首都体育学院,2016.

[70]张芳.对北京市体育传统校现状的调查与研究[D].首都体育学院,2016.

[71]张荣.北京市中小学体育传统校体育师资的研究[D].北京体育大学,2013.

[72]陈欣.北京市体育传统校后备人才培养的可持续发展研究[D].首都体育学院,2016.

[73]李洪国.北京市中学篮球传统项目学校人才培养现状调查与对策研究[D].首都体育学院,2010.

[74]魏琰君.北京市初中乒乓球传统校现状的调查研究[D].首都体育学院,2017.

[75]苏艳景.北京医科大学附属小学排球传统项目开展情况的研究[D].首都体育学院,2016.

[76]李京.河北省体育传统校教练员现状调查与对策研究[D].首都体育学院,2017.

[77]尚守静.河北省体育传统校后备人才培养的现状调查与对策研究[D].首都体育学院,2017.

[78]周亚明.天津市体育传统校教练员现状与对策研究[D].天津体育学院,2015.

[79]陈立刚.天津市乒乓球传统校与非传统校选修课对比研究[D].北京体育大学,2015.

[80]赵连增.京津冀一体化背景下体育传统校协同发展影响因素与对策分析[D].首都体育学院,2018.

[81]曲鲁平,钱长浩,刘艳明,靳庆伟,李昂,王健.京津冀体育传统项目学校协同发展联动机制的研究[J].武汉体育学院学报,2017,51(05):74 - 79.

[82]朱剑.美国的五校联盟探析[J].现代教育科学,2006(2):58 - 60.

[83]杨楠.我国高等教育校际联动机制研究[D].大连理工大学,2010.

[84]惠晓丽,杨楠,徐鹏.我国高等教育校际联动机制影响因素研究[J].国家教育行政学院学报,2009(12):55 - 57.

[85]段诗云.资源整合视角下高校网络思想政治教育联动机制研究[J].教育现代化,2017,4(16):157 - 158 + 160.

[86]李杰.区域义务教育均衡发展的联动机制构建——基于整合性分析模型的思考[J].现代中小学教育,2016,32(3):1 - 4.

[87]施艳,杜尚荣.中小学道德教育启用"家、校、社会"联动机制研究[J].教育与教学研究,2015,29(5):66 - 70.

[88]张志红.我国公益教育联动机制的构建[J].当代教育与文化,2013,5(6):5 - 12.

[89]赵洪波.青少年体育健康促进联动机制研究[J].体育学刊,2018,25(3):44 - 50.

[90]马蕊,贾志强.政府与社区全民健身公共服务联动逻辑及路径创新[J].南京体育学院学报(社会科学版),2017,31(2):41 - 46 + 52.

[91]陈星,王荣波.新时期高等体育院校学生服务管理联动机制探究[J].当代体育科技,2016,6(4):1-2.

[92]向祖兵,李晓天,汪流.社区—社会体育组织—社会体育指导员联动运行机制研究[J].北京体育大学学报,2017,40(9):23-28.

[93]蔡颖辉,王越.我国中小学校与家庭体育联动机制的制约因素和发展策略分析[J].吉林省教育学院学报,2016,32(4):24-26.

[94]曹卫,高翔,郭炎林,施俊华.滨海体育赛事联动的社会功能与波及效应案例分析研究[J].西安体育学院学报,2015,32(3):290-293.

[95]李娜.基于协同理论的京津冀都市圈合作治理研究[D].天津商业大学,2014.

[96]卢涛,周寄中.我国物联网产业的创新系统多要素联动研究[J].中国软科学,2011(3):33-45.

[97]李以渝.机制论:涵义、原理与设计[J].四川工程职业技术学院学报,2006,(4):56-59.

[98]林洁.长三角跨区域风险治理联动机制研究[D].中共上海市委党校,2016.

[99]体育总局,教育部.体育传统项目学管理办法(体青字[2013]10号)[Z].2014.

[100]张仙,刘云华,王艳伟,张慧,马蓉,刘苗苗.基于协同理论的经管类本科人才培养的探索[J].中国管理信息化,2015(3):217-220.

[101]杨文芳.机械设计理论视域下校企协同育人机制设计探索——以五邑大学"综合实验班"为例[J].时代教育,2015(17):41-44.

[102]李以渝.机制论:涵义、原理与设计[J].四川工程职业技术学院学报,2006,(4):56-59.

[103]陈静漪.中国义务教育经费保障机制研究[D].东北师范大学,2009.

[104]张东辉.经济机制理论:回顾与发展[J].福建论坛(经济社会版),2003(8):2-6.

[105]李相如.中国体育传统校发展现状与管理机制研究[J].体育科学,2006(6):16-27.

[106]惠陈隆,冯连世,胡利军,郭建军,温悦萌,郭妍,吴卅.国家级体育

传统校现状调查与发展对策研究[J].中国体育科技,2016,52(1):53 - 59.

[107]周亚明.天津市体育传统校教练员现状与对策研究[D].天津体育学院硕士论文,2015.

[108]王晓楠.北京市体育传统校现状的调查研究[D].首都体育学院硕士论文,2010.

[109]北京市体育局青少体育处.北京市体育局北京市教育委员关于举办2018年北京市体育传统校系列比赛的通知(京体青字[2018]1号)[EB/OL].http://www.bjsports.gov.cn/bjstyjsjdxm/tzgg93/1512447/index.html.

[110]田丁吉.全国体育传统校体育师资培训现状调查研究[D].首都体育学院硕士论文,2017.

[111]国家体育总局,教育部.体育传统校管理办法(体青字[2013]10号)[EB/OL].http://old.moe.gov.cn//publicfiles/business/htmlfiles/moe/s7914/201403/165026.html.

[112]崔丹,吴昊,吴殿廷.京津冀协同治理的回顾与前瞻[J].地理科学进展,2019,38(1):1 - 14.

[113]国家体育总局发布《体育发展"十三五"规划》[Z].2016 - 7 - 13.

[114]赵瑾.习近平关于构建开放型世界经济的重要论述 - 理念、主张、行动与贡献[J].经济学家,2019(4):5 - 12.

[115]金今花,王健.规制者:目标、职能与体系[J].行政与法,2007(7):1 - 3.

[116]徐屏,张豪.我国体育行政奖励体系与机制创新研究[J].武汉体育学院学报,2013(5):21 - 24.

[117]高晓伟.浅谈企业如何建立有效的激励机制[J].经济师,2016(1):259 - 261.

[118]董小玲,于善旭,吴国生.论体育行政处罚的概念、特征及范围[J].武汉体育学院学报,2008(7):44 - 47.

[119]蒋炜,董立山.论从权力制约到制度制约[J].求索,2011(7):73 - 75.

[120]花楷,兰自力,刘志云.我国体育公共服务财政投入现状、问题与对策[J].天津体育学院学报,2014(6):473 - 477 + 495.

[121]雷厉,田麦久,徐刚,杨峻峰,郭振明.我国竞技体育后备人才"明

日新星工程"设计及其制度保障[J].北京体育大学学报,2014(9):117 -
122.

[122]舒盛芳,黄聚云,丁金胜,王米娜.现代化视角下体育的传统性与
现代性[J].上海体育学院学报,2006(3):1 -6.

[123]雷厉,蔡有志,安枫,苗向军,刘海鹏,王燕京,阮云龙.我国体育标
准体系架构初探[J].武汉体育学院学报,2009(11):13 -17.

[124]王军红.高校体育师资队伍建设的现状及策略[J].教育与职业,
2015(27):67 -69.

[125]林民书,刘名远.区域经济合作中的利益分享与补偿机制[J].财
经科学,2012(5):62 -70.

[126]中共中央国务院.关于进一步加强和改进新时期体育工作的意见
[EB/OL].(2008 -11 -23)[2012 -10 -23].http://www. olympic. cn/ruh_
code/code/2004 -04 -26/153235. html.

[127]蒲毕文.社会资源参与竞技体育现状研究[J].体育科学研究,
2013,17(2):29 -32.

[128]赵连增.京津冀一体化背景下体育传统校协同发展影响因素与对
策分析[D].首都体育学院,2018.

[129]黄太斌.关于新余市"体、教、社"三级联动模式的研究—基于竞技
体育后备人才培养的视域[A].体育教育1006 -8902 -(2017) -1 -LXY.

[130]陈平,李凌."政校社联动"培养农村实用人才的实践与反思——
以北京市房山区南窖乡为例[J].北京农业职业学院学报,2017,31(5):78 -
83.

[131]刘江.学校体育与社区体育联动发展模型构建[J].江苏理工学院
学报,2018,24(2):86 -94.

[132]李书锋,曲天敏.家庭体育与学校体育的互动研究[J].甘肃联合
大学学报:自然科学版,2009,5(23).

[133]杨美华.充分利用信息化环境 促进家校互动协作[J].新闻天地
(下半月刊),2010(10):58 -59.

[134]王道俊、王汉澜.教育学[M].人民教育出版社.1999.

[135]李以渝.机制论:事务机制的系统科学分析[N].系统科学学报,
2006 -8 -18.

[136]凌学舞.公共危机管理中的协调联动机制研究[J].前言,2007,
(9):135－138.

[137]钟玉海.高等教育学[M].合肥:合肥工业大学出版社,2005:107.

[138]吴也显主编.教学论新编[M].北京:教育科学出版社,1991:327.

[139]曲鲁平,王健,和平.中小学体育与健康课程中体操教学素材的筛
选与确定[J].首都体育学院学报,2005(5):90－92.

[140]郑旗,李吉慧.现代体育科学研究的理论与方法[M].北京:人民
体育出版社,2003.

[141]曲鲁平.天津市大中小学体育(与健康)课程体操素材的调查与设
计研究[D].天津体育学院,2005.

[142]连玉明.试论京津冀协同发展的顶层设计[J].中国特色社会主义
研究,2014(4):107－112.

[143]方吉泉.我国体育传统项目学校近十五年的发展研究[J].成都体
育学院学报,2005(4):112－114.

[144]张大超,杨娟.我国政府购买公共体育服务的现实困境和发展对
策[J].体育科学,2017,37(9):3－15＋27.

[145]范方春.政府购买公共服务视角下全国体育传统项目学校体育师
资培训行为研究[D].武汉体育学院硕士论文,2015.

附件一　访谈提纲

附件1－1:京津冀体育传统项目学校协同发展现状与联动机制构建的访谈提纲

一、协同发展现状方面:

1.您对"京津冀"协同发展政策的了解程度如何?

2.贵校是否支持"京津冀"体育传统项目学校协同发展的方案?

3.贵校在推动"京津冀"体育传统项目学校协同发展中的措施有哪些?

4.贵校安排本校训练队与教师参与"京津冀"交流的频率是?

5.您认为是否有必要推动"京津冀"协同发展? 原因是什么?

6.您认为京津冀体育传统校协同发展中,京、津、冀三地的优、劣势分别是什么?

7.谈谈您对当前"京津冀"体育传统项目学校协同发展现状、存在问题与建议的观点。

二、联动机制构建方面:

1.谈谈您对构建京津冀体育传统校联动机制可行性与必要性的观点。

2.您认为京津冀体育传统校联动机制构建应遵循的原则?

3.您认为京津冀体育传统校联动机制应具备的功能?

4.您认为京津冀体育传统校联动机制应包括哪些内容?

5.谈谈您对京津冀不同项目传统校协同发展联动机制构建的观点?

6.谈谈您对不同体育传统项目构建联动机制的看法,如田径传统校后备人才培养联动机制、排球传统校家校联动机制、篮球传统校校社联动机制、健美操传统校教师培训机制等。

7. 您对京津冀体育传统校联动机制的实施有何建议？

8. 您认为京津冀体育传统校联动机制的运行保障应包括什么？

9. 您认为京津冀体育传统校联动机制的实施举措应包括什么？

附件1-2:京津冀体育传统项目学校协同发展联动机制实证研究的访谈提纲

一、田径传统校校后备人才培养联动方面:

1. 谈谈您对本校后备人才培养现状的看法。

2. 谈谈您对京津冀田径传统校协同发展的态度。

3. 谈谈您对京津冀田径传统校后备人才联动培养的态度。

4. 您认为京津冀田径传统校后备人才联动培养是否可行?为什么?

5. 您认为京津冀田径传统校后备人才培养联动机制面临的困境及建议有哪些?

二、排球传统校家校联动方面:

1. 您认为京津冀排球传统校协同发展的必要性与可行性?

2. 您认为影响京津冀排球传统校家校联动机制的因素有哪些?

3. 您认为京津冀排球传统校家校联动机制的内容、形式与载体有哪些?

4. 您对京津冀排球项目传统校家校联动机制实施有什么具体化的建议?

5. 谈谈您对京津冀排球传统项目学校夏令营与小学排球趣味运动会的看法。

三、健美操传统校教师培训联动方面:

1. 谈谈您对京津冀健美操传统校发展不均衡的看法?

2. 您对京津冀健美操传统校协同发展的态度?

3. 您认为影响京津冀健美操传统校协同发展的因素有哪些?

4. 您认为京津冀健美操传统校协同发展联动机制的内容与形式应包括什么?

5. 您认为体育教师培训对京津冀健美操传统校联动机制构建的必要性。

四、体操传统校快乐体操教学内容设计方面：

1. 谈谈您对京津冀体育传统校协同发展的看法？

2. 谈谈您对京津冀体操传统校仅有一所的看法？应如何发展？

3. 谈谈您对以"快乐体操"为切入点建立京津冀体育传统校协同发展的看法？

4. 您认为京津冀快乐体操教学内容设计的原则、理念与技术动作包括哪些？

5. 您认为京津冀快乐体操教学的实施路径有哪些？

附件二　调查问卷

附件2-1:京津冀体育传统项目学校协同发展现状调查问卷

附件2-1-1:京津冀体育传统项目学校现状与协同发展的调查问卷(教师)

尊敬的老师:

您好! 目前正在做京津冀体育传统项目学校协同发展联动机制的研究,现对京津冀体育传统校协同发展相关问题进行调查。

您的宝贵意见对本研究的顺利进行非常重要,我们将对您的回答严格保密,请填写您的真实观点。感谢您的支持和帮助!

课题组
2017 年 1 月

填写说明:

1. 请在合适选项前的"□"上划"√";如遇"　　　　"请填写;

2. 如有填写说明请按要求填答,没有特殊说明均为单选题。

学校基本情况:

1. 贵校所在省市:□北京市_____区　□天津市_____区
□河北省_____市

贵校学校名称:_____

2. 您认为贵校体育传统项目的开展对该项目的整体发展:

□非常重要　□较重要　□一般　□不重要　□无意义

体育教师基本情况：

3.贵校在编体育教师人数：

□0　□1~2　□3~4　□5~6　□7~8　□9 人及以上

4.您的年龄：□20~30 岁　□31~40 岁　□41~50 岁　□50 岁及以上

5.您的教龄：

□0~5 年　□6~10 年　□11~20 年　□21~30 年　□30 年以上

6.您的职称：□二级　□一级　□高级　□正高级

7.您的学历：□专科及以下　□大学本科　□硕士研究生　□博士研究生

8.本学期,您一周的课时(体育课程)为：

□12 节以下　□12~13　□14~15　□16~17　□18~19　□20 节及以上

9.您的运动专项为：

□足球　□篮球　□排球　□田径　□乒乓球　□羽毛球　□网球

□健美操　□游泳　□武术　□跆拳道　□散打　□棒球　□垒球

□手球　□曲棍球　□射箭　□高尔夫球　□射击　□体操　其他

10.您的运动技术等级为：

□健将级　□一级　□二级　□三级　□无运动技术等级

11.您的专项裁判等级为：

□国际级　□国家级　□一级　□二级　□三级

12.近三年,您所参与的教师培训交流次数(按三年合计填写,单位：次)：

次　数	省(直辖市)级	地市(区)级	区(县)级
0 次			
1~2 次			
3~4 次			
5 次及以上			

体育代表队基本情况:

13. 您是否参与贵校传统项目训练代表队的训练(若没有参与请跳至17题继续作答,谢谢):

□是　　　　　□否

14. 近三年,您所参与训练代表队学生向运动队输送人才情况为:

类型	地(市)级业余体校	地(市)级体育运动学校	省级业余体校	省级体育运动学校	省级运动队	高等体育院校或体育学院系	高校高水平运动队
输送人数							

15. 目前,您所参与训练代表队学生的运动员等级情况:

一级及以上_____人次;二级_____人次;三级_____人次

16. 近三年,您所参与训练的代表队学生参加各级体育赛事情况(按三年合计填写,单位:次):

国际级_____次;国家级_____次;省级_____次;市级_____次;校级_____次

17. 近三年,您所参与训练代表队学生参与各级体育赛事所获得的各项成绩(按三年合计填写,单位:人次):

类别	第一名	第二名	第三名	4～8名	9～12名
地(市)级运动会(如,保定市级或天津市河西区级或北京市海淀区级)					
省级运动会(如,河北省级、天津市级、北京市级)					
国家级运动会					
国际级运动会					

开展体育课程及体育活动基本情况:

18. 本学期,您所教授班级学生体质健康的基本达标情况为:

□优秀　　□良好　　□合格　　□不合格

19. 您认为贵校的体育传统项目对促进学生体质健康:

□非常重要　□较重要　□一般　□不重要　□无意义

20. 贵校开展体育传统项目活动的形式有(可多选):

□体育课　□体育活动课　□课间操　□校队训练　□课余体育活动

21. 在体育传统项目技能的新授课中,您所教授班级学生对该技能的掌握程度为:

□优秀　　□良好　　□合格　　□不合格

22. 您所教授班级 90% 以上的学生熟练掌握贵校的体育传统项目技能所需课时为:

□1 ~ 2　　□3 ~ 4　　□5 ~ 6　　□7 次及以上

23. 您认为贵校针对体育传统项目所开展的体育课学时:

□非常合理　　□较合理　　□一般　　□不合理　　□非常不合理

24. 您对贵校针对体育传统项目所开展的课外体育活动的态度:

□非常满意　　□较满意　　□一般　　□不满意　　□非常不满意

25. 您所教授班级学生每周参加体育传统项目的次数:

□0　　□1　　□2　　□3　　□4　　□5 次及以上

26. 您所教授班级学生进行体育传统项目课余训练的单次训练时间是否满足训练要求:

□非常满足　　□较满足　　□一般　　□不满足　　□非常不满足

27. 您所教授班级学生进行体育传统项目课余训练的单次训练负荷量,是否合理:

□非常合理　　□较合理　　□一般　　□不合理　　□非常不合理

28. 您所教授班级学生是否满足"学生每天一小时体育活动"的时间要求:

□非常满足　　□较满足　　□一般　　□不满足　　□非常不满足

体育场地设施及保障制度基本情况:

29. 您对贵校体育场馆资源利用程度的态度:

□非常满意　　□较满意　　□一般　　□不满意　　□非常不满意

30. 目前,您的授课时段中,一片场地最多有多少班级同时上课(或进行体育活动):

□1 ~ 2　　□3 ~ 4　　□5 ~ 6　　□6 个班级及以上

31. 您认为贵校体育场地设施是否满足体育课程的需要(请在右侧相应的栏中画"√"):

类　别	非常满足	较满足	一般	不满足	非常不满足
正常体育课教学					
学生课外体育活动					
学生课余体育训练					
体育传统项目训练					

32. 贵校的体育经费来源为(可多选)：

□学校拨款　□教育局或体育局拨款　□自筹　□其他

33. 贵校学生参与体育传统项目课程学习的学费形式：

□自费　□免费

34. 您认为,目前的体育经费是否满足贵校体育课程开设和各项体育活动的开展：

□非常满足　□较满足　□一般　□不满足　□非常不满足

35. 您认为,目前贵校的体育经费运用是否合理：

□非常合理　□较合理　□一般　□不合理　□非常不合理

36. 您对工资及福利待遇的满意程度：

□非常满意　□较满意　□一般　□不满意　□非常不满意

与京津冀其他体育传统项目学校之间的交流情况：

37. 您对"京津冀协同发展"的了解情况：

□非常了解　□较了解　□一般　□不了解　□非常不了解

38. 您了解"京津冀协同发展"的途径：

□新闻媒体　□亲朋介绍　□单位组织学习　□其他_____

39. 您认为"京津冀体育传统项目学校协同发展"对下列左栏内容的影响程度：

项　目	非常重要	较重要	一般	不重要	非常不重要
学校建设					
体育传统项目的发展					
学生体质健康					
体育教师业务水平					
后备人才培养					
体育场馆资源的利用					

续表

项　　目	非常重要	较重要	一般	不重要	非常不重要
其他_____					

40.您认为下列左栏内容对"京津冀体育传统项目学校协同发展"的影响程度：

项　　目	非常重要	较重要	一般	不重要	非常不重要
制度建设					
组织机构					
体育教师交流					
交换生					
体育赛事					
体育经费					
管理模式					
网络平台建设					
联动机制建设					
其他_____					

41.您认为"京津冀体育传统项目学校协同发展"的态度：

□非常重要　□较重要　□一般　□不重要　□毫无意义

42.您对目前贵校"京津冀体育传统项目学校协同发展"现状的态度：

□非常满足　□较满意　□一般　□不满意　□非常不满意

43.近三年,您所教授班级学生与其他体育传统项目学校之间的体育活动、体育比赛等交流情况(按三年合计填写,单位:次)：

校际交流____次;体育教师交流____人次;学生交流____人次;体育赛事____次

44.你认为本次调查：

□非常有意义　□较有意义　□一般　□没意义　□非常没意义

~ ~问卷到此结束,再次感谢您参与本次调查! ~ ~

附件 2－1－2：京津冀体育传统项目学校现状与协同 发展的调查问卷(学生)

亲爱的同学：

您好！目前正在做京津冀体育传统项目学校协同发展联动机制的研究,现对京津冀体育传统校协同发展相关问题进行调查。

您的宝贵意见对本研究的顺利进行非常重要,我们将对您的回答严格保密,请填写您的真实观点。感谢您的支持和帮助！

课题组
2017 年 1 月

填写说明：

1. 请在合适选项前的"□"上划"√"；如遇"　　　"请填写；

2. 如有填写说明请按要求填答,没有特殊说明均为单选题。

学生基本情况：

1. 贵校所在省市：□北京_____区　□天津_____区　□河北_____市

贵校学校名称：_____

2. 您的性别为：□男　□女

3. 您所在的年级：

小学：□五年级　□六年级

初中：□一年级　□二年级　□三年级

高中：□一年级　□二年级　□三年级

4. 您对贵校体育传统项目的喜好程度：

□非常不喜欢　□不喜欢　□一般　□喜欢　□非常喜欢

5. 您最喜欢的体育项目是(可多选)：

□足球　□篮球　□排球　□田径　□乒乓球　□羽毛球　□网球
□健美操　□游泳　□武术　□跆拳道　□散打　□棒球　□垒球
□手球　□曲棍球　□射箭　□高尔夫球　□射击　□体操
其他_____

体质健康及体育课(活动)情况：

6. 目前,您的体质健康达标情况为：

□优秀　□良好　□合格　□不合格

7. 您认为,贵校的体育传统项目对促进您的体质健康：

□非常重要　□较重要　□一般　□不重要　□无意义

8. 您一周的体育课时为：

□1~2　□3~4　□5~6　□7次及以上

9. 您参与过以下哪种形式的体育传统项目活动(可多选)：

□体育课　□体育活动课　□课间操　□校队训练　□课余体育活动

10. 您对贵校针对体育传统项目所开展的课外体育活动的态度：

□非常满意　□较满意　□一般　□不满意　□非常不满意

11. 您每周参加体育传统项目的次数：

□0　□1　□2　□3　□4　□5次及以上

12. 您是否参与过以下各级比赛(是则在选项前的"□"上划"√",可多选)：

□校级　□地(市)级运动会(如,保定市级或天津市河西区级或北京市海淀区级)

□省级(如,河北省级、天津市级、北京市级)　□国家级　□国际级

13. 您对参与各级体育比赛(或各种交流活动)的态度是：

□非常重要　□较重要　□一般　□不重要　□毫无意义

对京津冀体育传统校协同发展的态度：

14. 您对"京津冀协同发展"的了解情况：

□非常了解　□较了解　□一般　□不了解　□非常不了解

15. 您了解"京津冀协同发展"的途径：

□新闻媒体　□亲朋介绍　□学校组织学习　□其他

16. 您认为"京津冀体育传统项目学校协同发展"的态度：

□非常重要　□较重要　□一般　□不重要　□毫无意义

17. 您对目前贵校"京津冀体育传统项目学校协同发展"现状的态度：

□非常满足　□较满意　□一般　□不满意　□非常不满意

18. 您认为"京津冀体育传统项目学校协同发展"对下列左栏内容的影响：

项　　目	非常重要	较重要	一般	不重要	非常不重要
学生体质健康					
交换生					
比赛交流					

19. 您认为下列左栏内容对"京津冀体育传统项目学校协同发展"的影响程度：

项　　目	非常重要	较重要	一般	不重要	非常不重要
学生体质健康					
交换生					
比赛交流					

20. 你认为本次调查：

□非常有意义　□较有意义　□一般　□没意义　□非常没意义

~ ~问卷到此结束,再次感谢您参与本次调查！ ~ ~

附件2-2:京津冀体育传统项目学校协同发展联动机制构建问卷

附件2-2-1:京津冀体育传统项目学校协同发展联动机制构建调查问卷(第一轮)

尊敬的专家:

您好! 目前正在做京津冀体育传统项目学校协同发展联动机制的研究,现对相关问题进行调查。

您作为相关领域的专家,您的宝贵意见对本研究的顺利进行非常重要,我们将对您的回答严格保密,请填写您的真实观点。感谢您的支持和帮助!

课题组
2016 年 10 月

一、个人信息

姓名		性别		专业	
工作单位				职称	
邮箱				联系电话	

二、下列为体育传统校联动机制的构造要素,请您结合自己观点予以评分,在右栏相应数字上划"√"。

序号	联动机制的构造要素	非常满意/赞同——非常不满意/赞同				
01	联动机制的行为人由机制的制定者、执行者和参与者构成。	5	4	3	2	1
02	成立京津冀层面的体育传统校协同发展委员会作为联动机制的制定者,负责相关政策、规定的修改与制定。委员会由体育方面的专家、学者和京津冀各体育传统校的领导、教师代表组成。	5	4	3	2	1

249

序号	联动机制的构造要素	非常满意/赞同——非常不满意/赞同				
03	成立京津冀层面的体育传统校协同发展小组作为联动机制的执行者,负责对具体政策的实施。发展小组与各级体育局相互合作,各级体育局青少处对发展小组负责。	5	4	3	2	1
04	统一评定标准,对京津冀区域内各体育传统校统一划分。体育传统校是联动机制的参与者,享受一定的权利,履行一定的义务。	5	4	3	2	1
05	成立京津冀层面的体育教研小组,统一对中小学体育课的教学研究。	5	4	3	2	1
06	联动机制最终以体育人才收益、区域经济收益、辐射带动收益、产业转型及区域发展收益作为得益方式。	5	4	3	2	1
07	调整京津冀体育传统校划分,按项目、等级重新划分传统校。	5	4	3	2	1
08	其他:＿＿＿＿＿＿＿＿＿＿＿＿＿＿＿。					

三、下列为体育传统校联动机制的功能和作用机理,请您结合自己观点予以评分,在右栏相应数字上划"√"。

序号	联动机制的功能和作用机理		非常满意/赞同——非常不满意/赞同				
01		联动机制的主要功能由激励、制约和保障三个要素组成。	5	4	3	2	1
02	激励功能	调动各项奖酬资源,将精神、薪酬、荣誉以及升学优惠等作为诱导因素。	5	4	3	2	1
03		在联动机制的各行为人之间建立一定的导向制度,培育统御性的主导价值观。	5	4	3	2	1
04		制定奖励、激励的幅度标准,防止奖酬对行为人个体的激励效率快速下降。	5	4	3	2	1
05		针对奖酬制度在时间和空间方面建立一定的限制,防止某些个体的短期行为和地理无限性。	5	4	3	2	1
06		建立归化制度,对行为人个体进行组织同化,对违规行为进行处罚和教育。	5	4	3	2	1
07		完善优秀体育教师的奖励制度,提高对体育教师的奖励标准。	5	4	3	2	1

续表

序号		联动机制的功能和作用机理	非常满意/赞同——非常不满意/赞同				
08		建立分权制度,制约各行为人权力的运行,防止权力的滥用	5	4	3	2	1
09		实行制度制约,设定制度规则,规范行为人的活动范围和边界。	5	4	3	2	1
10	制约功能	实行程序制约,建立程序体系,规范行为人的互动次序。	5	4	3	2	1
11		实行权力制约,加强对行为人权利的监督。	5	4	3	2	1
12		实行文化制约,营造良好氛围,利用舆论力量制约行为人的欲望和冲动。	5	4	3	2	1
13		实行生源制约,对于排名落后的传统校适当减少其生源名额。					
14		从经费的来源、分配和使用三个角度建立经费保障制度,保障经费的合理运行。	5	4	3	2	1
15	保障功能	建立师资制度,保障师资引进高标准、学训搭配科学化、师资培训制度化和教学服务人性化。	5	4	3	2	1
16		建立场馆和设施的保障制度,统一对各体育传统校场馆及体育器材的标准。	5	4	3	2	1
17		通过政策扶持,保障联动机制的运行。	5	4	3	2	1
18		建立利益补偿机制对京津冀各体育传统校的利益诉求加以平衡。	5	4	3	2	1
19		其他:＿＿＿＿＿＿＿＿＿＿＿＿＿＿＿＿。					

四、下列为体育传统校联动机制的形式与载体,请您结合自己观点予以评分,在右栏相应数字上划"√"。

序号	联动机制的形式与载体	非常满意/赞同——非常不满意/赞同				
01	统一关于体育传统项目学校的激励标准,使对于体育传统项目学校的激励措施适度而公平。	5	4	3	2	1

续表

序号	联动机制的形式与载体	非常满意/赞同——非常不满意/赞同				
02	重组体育传统项目学校的等级划分,将体育传统项目学校等级划分为一级、二级和三级三个标准(一级对应国家级,二级对应省级,三级对应地级市级别)。	5	4	3	2	1
03	对于体育传统项目学校按照其等级划分设计一定的经费投入,对于发展较好的体育传统项目学校鼓励其在保持自身优势的同时开发新型运行模式,对于发展一般的体育传统项目学校鼓励其学习借鉴,承接优秀体育传统项目学校的体育项目。	5	4	3	2	1
04	以3年为周期,定期对体育传统项目学校进行评定考核。	5	4	3	2	1
05	将体育传统项目学校的发展规模和数量纳入该城市评定的量化考核之中。	5	4	3	2	1
06	在京津冀区域内的体育高校中设置一定的直招名额,在学生升学中对于一级体育传统项目学校进行直招的名额奖励。	5	4	3	2	1
07	体育传统校传统体育项目的申报,体育资源的配备,体育教师、教练的聘用,评价与考核等权力应该由体育局负责。学校的发展规划,高层干部的配备,课程设置等由教育局负责。	5	4	3	2	1
08	建立纪律检查小组,对人员聘用、职位晋升、招生录取、基建工程、物资采购、财务管理等环节进行监督。	5	4	3	2	1
09	京津冀各级体育传统校要制定明确的权利运行方式和运行步骤。	5	4	3	2	1
10	在体育传统项目学校内部,完善教职工代表大会、学生代表大会等制度,建立健全对领导干部的监督检查、考核、奖惩和责任追究。	5	4	3	2	1
11	在体育传统项目学校定期进行对贪腐、滥用职权等时政问题的学习,树立正确的风气,使体育传统项目学校发展的各个环节"道之以德、齐之以礼"。	5	4	3	2	1

续表

序号	联动机制的形式与载体	非常满意/赞同——非常不满意/赞同				
12	在京津冀各级体育传统校的行政系统、组织系统中定期进行文化服务。					
13	构建京津冀体育传统项目学校的经费管理机构,用以负责申报和分配专项经费。	5	4	3	2	1
14	保持体育师资的年龄阶梯化分布,按阶段、分批次引进体育人才。确保体育师资阶梯化分布良性循环。	5	4	3	2	1
15	国家根据体育传统项目学校的等级及开展情况,在体育传统项目学校中建设、完善相应的体育场馆。以政府采购的方式,对体育器材进行补充。	5	4	3	2	1
16	各级体育传统项目学校学生进社区服务,使学生的体育活动与业余训练不仅局限于体育传统项目学校之中。	5	4	3	2	1
17	京津冀各级体育传统校定期与所在区域的大型的体育场馆进行合作。					
18	通过财政转移支付或运动员直招名额的方式对受损方进行直接补偿,通过技术资金支持、项目合作、信息共享等方式对受损方进行间接补偿。	5	4	3	2	1
19	建立区域利益补偿机构,拓宽补偿基金的筹措渠道,利用体育竞赛、体育传媒等方式进行市场化筹资。	5	4	3	2	1
20	其他:_____。					

五、请您对京津冀体育传统项目学校协同发展的联动机制构建提出宝贵的意见或建议:

_____

_____

～～问卷到此结束,再次感谢您参与本次调查！～～

附件2-2-2:第一轮专家问卷的统计结果

一、体育传统校联动机制的构造要素的总分与平均分。

序号	联动机制的构造要素	总分	平均分
01	联动机制的行为人由机制的制定者、执行者和参与者构成。	80	5.00
02	成立京津冀层面的体育传统校协同发展委员会作为联动机制的制定者,负责相关政策、规定的修改与制定。委员会由体育方面的专家、学者和京津冀各体育传统校的领导、教师代表组成。	80	5.00
03	成立京津冀层面的体育传统校协同发展小组作为联动机制的执行者,负责对具体政策的实施。发展小组与各级体育局相互合作,各级体育局青少处对发展小组负责。	77	4.81
04	统一评定标准,对京津冀区域内各体育传统校统一划分。体育传统校是联动机制的参与者,享受一定的权利,履行一定的义务。	77	4.81
05	成立京津冀层面的体育教研小组,统一对中小学体育课的教学研究。	63	3.93
06	联动机制最终以体育人才收益、区域经济收益、辐射带动收益、产业转型及区域发展收益作为得益方式。	80	5.00
07	调整京津冀体育传统校划分,按项目、等级重新划分传统校。	50	3.16
08	其他　增加反馈系统	/	

二、体育传统校联动机制的功能和作用机理的总分与平均分。

序号		联动机制的功能和作用机理	总分	平均分
01		联动机制的主要功能由激励、制约和保障三个要素组成。	80	5.00
02		调动各项奖酬资源,将精神、薪酬、荣誉以及升学优惠等作为诱导因素。	80	5.00
03		在联动机制的各行为人之间建立一定的导向制度,培育统御性的主导价值观。	80	5.00
04	激励功能	制定奖励、激励的幅度标准,防止奖酬对行为人个体的激励效率快速下降。	77	4.81
05		针对奖酬制度在时间和空间方面建立一定的限制,防止某些个体的短期行为和地理无限性。	77	4.81
06		建立归化制度,对行为人个体进行组织同化,对违规行为进行处罚和教育。	76	4.75
07		完善优秀体育教师的奖励制度,提高对体育教师的奖励标准。	61	3.81

序号		联动机制的功能和作用机理	总分	平均分
08	制约功能	建立分权制度,制约各行为人权力的运行,防止权力的滥用	78	4.88
09		实行制度制约,设定制度规则,规范行为人的活动范围和边界。	76	4.75
10		实行程序制约,建立程序体系,规范行为人的互动次序。	77	4.81
11		实行权力制约,加强对行为人权利的监督。	75	4.69
12		实行文化制约,营造良好氛围,利用舆论力量制约行为人的欲望和冲动。	78	4.88
13		实行生源制约,对于排名落后的传统校适当减少其生源名额。	59	3.69
14	保障功能	从经费的来源、分配和使用三个角度建立经费保障制度,保障经费的合理运行。	80	5.00
15		建立师资制度,保障师资引进高标准、学训搭配科学化、师资培训制度化和教学服务人性化。	78	4.88
16		建立场馆和设施的保障制度,统一对各体育传统校场馆及体育器材的标准。	74	4.63
17		通过政策扶持,保障联动机制的运行。	60	3.75
18		建立利益补偿机制对京津冀各体育传统校的利益诉求加以平衡。	80	5.00
19		其他		无

三、体育传统校联动机制的形式与载体的总分与平均分。

序号	联动机制的形式与载体	总分	平均分
01	统一关于体育传统项目学校的激励标准,使对于体育传统项目学校的激励措施适度而公平。	80	5.00
02	重组体育传统项目学校的等级划分,将体育传统项目学校等级划分为一级、二级和三级三个标准(一级对应国家级,二级对应省级,三级对应地级市级别)。	76	4.75
03	对于体育传统项目学校按照其等级划分设计一定的经费投入,对于发展较好的体育传统项目学校鼓励其在保持自身优势的同时开发新型运行模式,对于发展一般的体育传统项目学校鼓励其学习借鉴,承接优秀体育传统项目学校的体育项目。	80	5.00

续表

序号	联动机制的形式与载体	总分	平均分
04	以3年为周期,定期对体育传统项目学校进行评定考核。	75	4.69
05	将体育传统项目学校的发展规模和数量纳入该城市评定的量化考核之中。	80	5.00
06	在京津冀区域内的体育高校中设置一定的直招名额,在学生升学中对于一级体育传统项目学校进行直招的名额奖励。	71	4.44
07	体育传统校传统体育项目的申报,体育资源的配备,体育教师、教练的聘用,评价与考核等权力应该由体育局负责。学校的发展规划,高层干部的配备,课程设置等由教育局负责。	80	5.00
08	建立纪律检查小组,对人员聘用、职位晋升、招生录取、基建工程、物资采购、财务管理等环节进行监督。	80	5.00
09	京津冀各级体育传统校要制定明确的权利运行方式和运行步骤。	77	4.81
10	在体育传统项目学校内部,完善教职工代表大会、学生代表大会等制度,建立健全对领导干部的监督检查、考核、奖惩和责任追究。	76	4.75
11	在体育传统项目学校定期进行对贪腐、滥用职权等时政问题的学习,树立正确的风气,使体育传统项目学校发展的各个环节"道之以德、齐之以礼"。	63	3.94
12	在京津冀各级体育传统校的行政系统、组织系统中定期进行文化服务。	75	4.69
13	构建京津冀体育传统项目学校的经费管理机构,用以负责申报和分配专项经费。	80	5.00
14	保持体育师资的年龄阶梯化分布,按阶段、分批次引进体育人才。确保体育师资阶梯化分布良性循环。	76	4.75
15	国家根据体育传统项目学校的等级及开展情况,在体育传统项目学校中建设、完善相应的体育场馆。以政府采购的方式,对体育器材进行补充。	75	4.69
16	各级体育传统项目学校学生进社区服务,使学生的体育活动与业余训练不仅局限于体育传统项目学校之中。	62	3.88
17	京津冀各级体育传统校定期与所在区域的大型的体育场馆进行合作。	77	4.81
18	通过财政转移支付或运动员直招名额的方式对受损方进行直接补偿,通过技术资金支持、项目合作、信息共享等方式对受损方进行间接补偿。	77	4.81
19	建立区域利益补偿机构,拓宽补偿基金的筹措渠道,利用体育竞赛、体育传媒等方式进行市场化筹资。	74	4.63
20	其他		无

附件2-2-3:京津冀体育传统项目学校协同发展联动机制构建调查问卷(第二轮)

尊敬的专家:

您好! 目前正在做京津冀体育传统项目学校协同发展联动机制的研究,现对相关问题进行调查,该问卷为第二轮调查,是在第一轮问卷基础上进行修改。

您作为相关领域的专家,您的宝贵意见对本研究的顺利进行非常重要,我们将对您的回答严格保密,请填写您的真实观点。感谢您的支持和帮助!

课题组

2017 年 1 月

一、个人信息

姓名		性别		专业	
工作单位				职称	
邮箱				联系电话	

二、下列为体育传统校联动机制的构造要素,其数据由第一轮问卷得出,请您结合自己观点予以评分,在右栏相应数字上划"√"。

序号	联动机制的构造要素	非常满意/赞同——非常不满意/赞同				
01	联动机制的行为人由机制的制定者、执行者和参与者构成。	5	4	3	2	1
02	成立京津冀层面的体育传统校协同发展委员会作为联动机制的制定者,负责相关政策、规定的修改与制定。委员会由体育方面的专家、学者和京津冀各体育传统校的领导、教师代表组成。	5	4	3	2	1
03	成立京津冀层面的体育传统校协同发展小组作为联动机制的执行者,负责对具体政策的实施。发展小组与各级体育局相互合作,各级体育局青少处对发展小组负责。	5	4	3	2	1

续表

序号	联动机制的构造要素	非常满意/赞同——非常不满意/赞同				
04	将京津冀区域内体育传统校重新洗牌，根据体育传统校的硬件设施、师资以及体育项目的开展情况重组体育传统校的等级划分。	5	4	3	2	1
05	将体育传统校等级划分为一级、二级和三级三个标准（一级对应国家级，二级对应省（市）级，三级对应地级（市）级和区级）	5	4	3	2	1
06	统一评定标准，对京津冀区域内各体育传统校统一划分。体育传统校是联动机制的参与者，享受一定的权利，履行一定的义务。	5	4	3	2	1
07	联动机制最终以体育人才收益、区域经济收益、辐射带动收益、产业转型及区域发展收益作为得益方式。	5	4	3	2	1
08	建立京津冀体育传统项目学校评审办公室，负责对联动机制内部各个部门及体育传统校的工作情况进行评价考核，通过实地考察、网上评议等方式对其进行评定考核，并将联动机制中出现的矛盾与问题反馈到调整机构。	5	4	3	2	1
09	建立京津冀体育传统项目学校监督办公室，负责对联动机制内部各管理人员、工作人员进行监督管理，并将监督过程中发现的问题反馈至调整机构。	5	4	3	2	1
10	其他：＿＿＿＿＿＿＿＿＿＿＿＿＿＿＿＿＿＿。					

三、下列为体育传统校联动机制的功能和作用机理，其数据由第一轮问卷得出，请您结合自己观点予以评分，在右栏相应数字上划"√"。

序号		联动机制的功能和作用机理	非常满意/赞同——非常不满意/赞同				
01		诱导机制:调动各项奖酬资源,将精神、薪酬、荣誉以及升学优惠等作为诱导因素。	5	4	3	2	1
03		导向机制:在联动机制的各行为人之间建立一定的导向制度,培育统御性的主导价值观。	5	4	3	2	1
04	激励功能	幅度机制:制定奖励、激励的幅度标准,防止奖酬对行为人个体的激励效率快速下降。	5	4	3	2	1
05		时空机制:针对奖酬制度在时间和空间方面建立一定的限制,防止某些个体的短期行为和地理无限性。	5	4	3	2	1
06		规划制度:建立归化制度,对行为人个体进行组织同化,对违规行为进行处罚和教育。	5	4	3	2	1
07		分权制度:制约各行为人权力的运行,防止权力的滥用。	5	4	3	2	1
08		制度制约:设定制度规则,规范行为人的活动范围和边界。	5	4	3	2	1
09	制约功能	程序制约:建立程序体系,规范行为人的互动次序。	5	4	3	2	1
10		权力制约:加强对行为人权利的监督。	5	4	3	2	1
11		文化制约:营造良好氛围,利用舆论力量制约行为人的欲望和冲动。	5	4	3	2	1
12		建立经费保障政策:从经费的来源、分配和使用三个角度建立经费保障制度,保障经费的合理运行。	5	4	3	2	1
13		建立师资保障政策:保障师资引进高标准、学训搭配科学化、师资培训制度化和教学服务人性化。	5	4	3	2	1
14	保障功能	建立场馆和设施的保障政策:统一对各体育传统校场馆及体育器材的标准。	5	4	3	2	1
15		建立政策扶持政策:通过政策扶持,保障联动机制的运行。	5	4	3	2	1
16		建立利益补偿政策:建立专门性的利益补偿机制对京津冀各体育传统校的利益诉求加以平衡。	5	4	3	2	1

序号	联动机制的功能和作用机理	非常满意/赞同——非常不满意/赞同
17	其他:_____。	

四、下列为体育传统校联动机制的形式与载体,其数据由第一轮问卷得出,请您结合自己观点予以评分,在右栏相应数字上划"√"。

序号	联动机制的形式与载体	非常满意/赞同——非常不满意/赞同				
01	统一激励标准:统一京津冀各地区、各等级、各体育传统项目学校激励标准,措施适度而公平。	5	4	3	2	1
02	改进体育传统校的等级划分:将体育传统项目学校等级划分为一级、二级和三级三个标准(一级对应国家级,二级对应省级,三级对应地级市级别)。	5	4	3	2	1
03	建立经费激励政策:对于体育传统项目学校按照其等级划分设计一定的经费投入,对于发展较好的体育传统项目学校鼓励其在保持自身优势的同时开发新型运行模式,对于发展一般的体育传统项目学校鼓励其学习借鉴,承接优秀体育传统项目学校的体育项目。	5	4	3	2	1
04	建立荣誉激励政策:以 3 年为周期,定期对体育传统项目学校进行评定考核。	5	4	3	2	1
05	建立荣誉激励政策:将体育传统项目学校的发展规模和数量纳入该城市评定的量化考核之中。	5	4	3	2	1
06	建立工作激励政策:在京津冀中考和高考中设置一定的直招名额,在传统校学生升学中给予名额奖励。	5	4	3	2	1
07	实施体、教分权政策:体育传统校不同适宜分别让体育局和教育局进行管理。	5	4	3	2	1
08	建立制度约束政策:建立纪律检查小组,对人员聘用、职位晋升、招生录取、基建工程、物资采购、财务管理等环节进行监督。	5	4	3	2	1

续表

序号	联动机制的形式与载体	非常满意/赞同——非常不满意/赞同				
09	建立程序制度政策:京津冀各级体育传统校要制定明确的权利运行方式和运行步骤。	5	4	3	2	1
10	建立权力制约政策:在京津冀体育传统校内部,完善教职工代表大会、学生代表大会等组织结构和运行方式,并建立健全监督检查、考核、奖惩和责任追究。	5	4	3	2	1
11	建立文化服务政策:在京津冀各级体育传统校的行政系统、组织系统中定期进行文化服务。	5	4	3	2	1
12	完善经费保障政策:构建京津冀体育传统项目学校的经费管理机构,用以负责申报和分配专项经费。	5	4	3	2	1
13	完善师资保障政策:保持体育师资的年龄阶梯化分布,按阶段、分批次引进体育人才。确保体育师资阶梯化分布良性循环。	5	4	3	2	1
14	建立场馆、器材保障政策:在京津冀体育传统校中建设、完善相应的体育场馆。以政府采购的方式,对体育器材进行补充。	5	4	3	2	1
15	建立场馆、器材保障政策:京津冀各级体育传统校定期与所在区域的大型的体育场馆进行合作。	5	4	3	2	1
16	建立利益补偿政策:通过财政转移支付或运动员直招名额的方式对受损方进行直接补偿,通过技术资金支持、项目合作、信息共享等方式对受损方进行间接补偿。	5	4	3	2	1
17	建立利益补偿政策:建立区域利益补偿补偿机构,拓宽补偿基金的筹措渠道,利用体育竞赛、体育传媒等方式进行市场化筹资。	5	4	3	2	1
18	其他:_____。					

五、请您对京津冀体育传统项目学校协同发展的联动机制构建提出宝贵的意见或建议：

_____

_____

～～问卷到此结束，再次感谢您参与本次调查！～～

附件 2 - 2 - 4：京津冀体育传统项目学校协同发展联动机制构建调查问卷（第二轮结果及第三轮问卷）

尊敬的专家：

您好！目前正在做京津冀体育传统项目学校协同发展联动机制的研究,现对相关问题进行调查,此问卷为第三轮调查,请您对第二轮调查结果进行评定。

您作为相关领域的专家,您的宝贵意见对本研究的顺利进行非常重要,我们将对您的回答严格保密,请填写您的真实观点。感谢您的支持和帮助!

课题组
2017 年 3 月

一、个人信息

姓名		性别		专业	
工作单位				职称	
邮箱				联系电话	

二、下列为体育传统校联动机制构造要素的评定量表,其数据由第二轮问卷得出,请您结合自己观点对数据结果进行评定,在右栏字母上划"√"。

序号	联动机制的构造要素	主要内容	总分	平均分	评定
01	联动机制的行为人	由机制的制定者、执行者和参与者构成。	80	5.00	A. 满意 B. 不满意
02	制定者	成立京津冀层面的体育传统校协同发展委员会作为联动机制的制定者,负责相关政策、规定的修改与制定。委员会由体育方面的专家、学者和京津冀各体育传统校的领导、教师代表组成。	80	5.00	A. 满　意 B. 不满意
03	执行者	成立京津冀层面的体育传统校协同发展小组作为联动机制的执行者,负责对具体政策的实施。发展小组与各级体育局相互合作,各级体育局青少处对发展小组负责。	76	4.75	A. 满　意 B. 不满意

续表

序号	联动机制的构造要素	主要内容	总分	平均分	评定
04	参与者	将京津冀区域内体育传统校重新洗牌,根据体育传统校的硬件设施、师资以及体育项目的开展情况重组体育传统校的等级划分。	74	4.63	A.满　意 B.不满意
		将体育传统校等级划分为一级、二级和三级三个标准(一级对应国家级,二级对应省[市]级,三级对应地级[市]级和区级)	76	4.75	A.满　意 B.不满意
05	联动机制的规则	统一评定标准,对京津冀区域内各体育传统校统一划分。体育传统校是联动机制的参与者,享受一定的权利,履行一定的义务。	77	4.81	A.满　意 B.不满意
06	联动机制的得益方式	联动机制最终以体育人才收益、区域经济收益、辐射带动收益、产业转型及区域发展收益作为得益方式。	80	5.00	A.满　意 B.不满意
07	联动机制的反馈系统	建立京津冀体育传统项目学校评审办公室,负责对联动机制内部各个部门及体育传统校的工作情况进行评价考核,通过实地考察、网上评议等方式对其进行评定考核,并将联动机制中出现的矛盾与问题反馈到调整机构。	79	4.94	A.满　意 B.不满意
		建立京津冀体育传统项目学校监督办公室,负责对联动机制内部各管理人员、工作人员进行监督管理,并将监督过程中发现的问题反馈至调整机构。	80	5.00	A.满　意 B.不满意
08	补充				

三、下列为体育传统校联动机制各功能的作用机理评定量表,其数据由第二轮问卷得出,请您结合自己观点对数据结果进行评定,在右栏字母上划"√"。

(一)激励功能评定量表

序号	作用机理	主要内容	总分	平均分	评定
01	诱导机制	调动各项奖酬资源,将精神、薪酬、荣誉以及升学优惠等作为诱导因素。	80	5.00	A.满　意 B.不满意

序号	作用机理	主要内容	总分	平均分	评定
02	导向机制	在联动机制的各行为人之间建立一定的导向制度,培育统御性的主导价值观。	80	5.00	A. 满 意 B. 不满意
03	幅度机制	制定奖励、激励的幅度标准,防止奖酬对行为人个体的激励效率快速下降。	78	4.88	A. 满 意 B. 不满意
04	时空机制	针对奖酬制度在时间和空间方面建立一定的限制,防止某些个体的短期行为和地理无限性。	77	4.81	A. 满 意 B. 不满意
05	规划制度	对行为人个体进行组织同行,对违规行为进行处罚和教育。	75	4.69	A. 满 意 B. 不满意
06	补充				

(二)制约功能评定量表

序号	作用机理	主要内容	总分	平均分	评定
01	分权制度	制约各行为人权力的运行,防止权力的滥用。	77	4.81	A. 满 意 B. 不满意
02	制度制约	设定制度规则,规范行为人的活动范围和边界。	75	4.69	A. 满 意 B. 不满意
03	程序制约	建立程序体系,规范行为人的互动次序。	77	4.81	A. 满 意 B. 不满意
04	权力制约	加强对行为人权利的监督。	72	4.50	A. 满 意 B. 不满意
05	文化制约	营造良好氛围,利用舆论力量制约行为人的欲望和冲动。	79	4.94	A. 满 意 B. 不满意
06	补充				

(三)保障功能评定量表

序号	作用机理	主要内容	总分	平均分	评定
01	建立经费保障政策	从经费的来源、分配和使用三个角度建立经费保障制度,保障经费的合理运行。	80	5.00	A. 满 意 B. 不满意
02	建立师资保障政策	保障师资引进高标准、学训搭配科学化、师资培训制度化和教学服务人性化。	77	4.81	A. 满 意 B. 不满意

续表

序号	作用机理	主要内容	总分	平均分	评定
03	建立场馆、设施保障政策	统一对各体育传统校场馆及体育器材的标准。	75	4.69	A. 满 意 B. 不满意
04	建立政策扶持政策	通过政策扶持,保障联动机制的运行。	70	4.38	A. 满 意 B. 不满意
05	建立利益补偿政策	建立专门性的利益补偿机制对京津冀各体育传统校的利益诉求加以平衡。	80	5.00	A. 满 意 B. 不满意
06	补充				

四、下列为体育传统校联动机制形式与载体的评定量表,其数据由第二轮问卷得出,请您结合自己观点对数据结果进行评定,在右栏字母上划"√"。

(一)激励措施评定量表

序号	激励措施	主要内容	总分	平均分	评定
01	统一激励标准	统一京津冀各地区、各等级、各体育传统项目学校激励标准,措施适度而公平。	80	5.00	A. 满 意 B. 不满意
02	改进体育传统校的等级划分	将体育传统项目学校等级划分为一级、二级和三级三个标准(一级对应国家级,二级对应省级,三级对应地级市级别)。	75	4.69	A. 满 意 B. 不满意
03	建立经费激励政策	对于体育传统项目学校按照其等级划分设计一定的经费投入,对于发展较好的体育传统项目学校鼓励其在保持自身优势的同时开发新型运行模式,对于发展一般的体育传统项目学校鼓励其学习借鉴,承接优秀体育传统项目学校的体育项目。	78	4.88	A. 满 意 B. 不满意
04	建立荣誉激励政策	以 3 年为周期,定期对体育传统项目学校进行评定考核。	75	4.69	A. 满 意 B. 不满意
		将体育传统项目学校的发展规模和数量纳入该城市评定的量化考核之中。	80	5.00	A. 满 意 B. 不满意
05	建立工作激励政策	在京津冀中考和高考中设置一定的直招名额,在传统校学生升学中给予名额奖励。	72	4.50	A. 满 意 B. 不满意
06	补充				

（二）制约措施评定量表

序号	制约措施	主要内容	总分	平均分	评定
01	实施体、教分权政策	体育传统校不同适宜分别让体育局和教育局进行管理。	80	5.00	A.满　意 B.不满意
02	建立制度约束政策	建立纪律检查小组,对人员聘用、职位晋升、招生录取、基建工程、物资采购、财务管理等环节进行监督。	80	5.00	A.满　意 B.不满意
03	建立程序制度政策	京津冀各级体育传统校要制定明确的权利运行方式和运行步骤。	77	4.81	A.满　意 B.不满意
04	建立权力制约政策	在京津冀体育传统校内部,完善教职工代表大会、学生代表大会等组织结构和运行方式,并建立健全监督检查、考核、奖惩和责任追究。	75	4.69	A.满　意 B.不满意
05	建立文化服务政策	在京津冀各级体育传统校的行政系统、组织系统中定期进行文化服务。	77	4.81	A.满　意 B.不满意
06	补充				

（三）保障措施评定量表

序号	保障措施	主要内容	总分	平均分	评定
01	完善经费保障政策	构建京津冀体育传统项目学校的经费管理机构,用以负责申报和分配专项经费。	80	5.00	A.满　意 B.不满意
02	完善师资保障政策	保持体育师资的年龄阶梯化分布,按阶段、分批次引进体育人才。确保体育师资阶梯化分布良性循环。	77	4.81	A.满　意 B.不满意
03	建立场馆、器材保障政策	在京津冀体育传统校中建设、完善相应的体育场馆。以政府采购的方式,对体育器材进行补充。	74	4.63	A.满　意 B.不满意
		京津冀各级体育传统校定期与所在区域的大型的体育场馆进行合作。	76	4.75	A.满　意 B.不满意

续表

序号	保障措施	主要内容	总分	平均分	评定
04	建立利益补偿政策	通过财政转移支付或运动员直招名额的方式对受损方进行直接补偿,通过技术资金支持、项目合作、信息共享等方式对受损方进行间接补偿。	77	4.81	A. 满　意 B. 不满意
		建立区域利益补偿机构,拓宽补偿基金的筹措渠道,利用体育竞赛、体育传媒等方式进行市场化筹资。	73	4.56	A. 满　意 B. 不满意
05	补充				

五、请您对京津冀体育传统项目学校协同发展的联动机制构建提出宝贵的意见或建议:

_____

_____

～～问卷到此结束,再次感谢您参与本次调查!　～～

附件2-3:京津冀体育传统项目学校协同发展实证研究调查问卷

附件2-3-1:京津冀体育传统项目学校协同发展联动机制构建的调查问卷

尊敬的老师:

您好! 目前正在做京津冀体育传统项目学校协同发展联动机制的研究,现对京津冀田径、篮球、排球、健美操传统校协同发展相关问题进行调查。

您的宝贵意见对本研究的顺利进行非常重要,我们将对您的回答严格保密,请填写您的真实观点。感谢您的支持和帮助!

课题组
2017 年 8 月

填写说明:

1. 请在合适选项前的"□"上划"√";如遇"　　　　　"请填写;

2. 如有填写说明请按要求填答,没有特殊说明均为单选题。

3. 根据您所在学校的传统项目在相应部分填写。

(必答题)学校及教师基本情况:

1. 贵校名称:＿＿＿＿＿＿＿＿＿＿

2. 贵校的体育传统项目是(可多选):□田径　□篮球　□排球　□健美操

3. 您的年龄:□20～30 岁　□31～40 岁　□41～50 岁　□50 岁及以上

4. 您的教龄:□0～5 年　□6～10 年　□11～20 年　□21～30 年　□30 年以上

5. 您的职称:□二级　□一级　□高级　□正高级

6. 您的学历:□专科及以下　□大学本科　□硕士研究生　□博士研究生

7. 您的运动技术等级为:□健将级　□一级　□二级　□三级　□无

运动技术等级

8. 您的专项裁判等级为：□国际级　□国家级　□一级　□二级

　　　　　　　　　　□三级

9. 您对京津冀体育协同发展的了解情况：

□非常了解　□较了解　□了解　□不了解　□非常不了解

10. 您认为京津冀体育传统校（贵校所属项目）协同发展：

□非常有必要　□较有必要　□有必要　□没必要　□非常没有必要

（田径传统校教师填写）田径传统校后备人才培养方面：

11. 贵校田径训练队周训练的次数：

□1~2次　□3~4次　□5~6次　□7次及以上

12. 贵校田径训练队每次训练的时长（答案中前者数字包括，后者数字不包含）：

□0~1小时　□1~1.5小时　□1.5~2小时　□2~2.5小时　□2.5小时及以上

13. 贵校近三年田径训练队平均每年参加比赛的情况：

全国性	□0次　□1次　□2次　□3次及以上
省（市）级（如北京市级、河北省级）	□0次　□1次　□2次　□3次及以上
市（区）级（如北京朝阳区级、河北石家庄市级）	□0次　□1次　□2次　□3次及以上
校级	□0次　□1次　□2次　□3次及以上

14. 贵校田径队运动员选材的方式：（多选）

□下一级运动队输送　□比赛中发现　□学生自愿参加

□通过别人推荐　□自己到各学校挑选　□其他

15. 贵校田径队近三年分别向左栏单位输送人才的情况：

各地市业余体校	□0人　□1人　□2人　□3人及以上
体育运动学校或体育高校	□0人　□1人　□2人　□3人及以上
普通高校或重点中学	□0人　□1人　□2人　□3人及以上
专业队	□0人　□1人　□2人　□3人及以上
其他	□0人　□1人　□2人　□3人及以上

16. 贵校体育经费是否充足：

□非常充足　□较充足　□一般　□较不充足　□非常不充足

17.贵校训练场地是否充足：

□非常充足　□较充足　□一般　□较不充足　□非常不充足

18.贵校训练器材是否充足 ：

□非常充足　□较充足　□一般　□较不充足　□非常不充足

19.您对所在地区田径传统校后备人才发展现状的满意程度：

□非常满意　□较满意　□一般　□不满意　□非常不满意

20.您对京津冀田径传统校后备人才联动培养的支持程度：

□非常支持　□支持　□一般　□不支持　□非常不支持

21.您认为影响京津冀田径传统校后备人才培养联动机制的因素有：

（多选）

□区域体育发展不平衡　□区域经济结构和体育结构不相适应

□相关政策协调性不够　□传统校配置存在体制机制障碍

□区域高层合作磋商协调机制少　□战略规划不明确

□政府扶持力度不够　□缺乏合作各自为政　□相关政策协调性不够

□缺乏制度保障

□后备人才不足　□资源、人才、基础设施等资源配置不能共享

□体育经费运行得不到合理保障　□其他_____

22.您每月与学生家长沟通的次数：

□0 次　□1~2 次　□3~4 次　□4 次以上

23.您认为家长与学校、教师及时沟通对排球项目的发展：

□非常有意义　□较有意义　□有意义　□没意义　□非常没意义

24.您认为建立京津冀排球传统校家校联动的态度：

□非常有必要　□较有必要　□有必要　□没必要　□非常没必要

25.您认为推进京津冀排球传统项目学校协调发展的关键因素是：

□加强后备人才培养　□学校与家庭相互的配合

□建立健全的组织机构　□保障经费的合理运行

□建立完善的家校联动机制　□提升体育工作者的队伍能力

□建立健全的排球赛事机构　□其他_____

26.您认为京津冀排球传统校家校联动可采取的组织形式有：（多选）

□家校交流会　□举办亲子排球赛　□学校访谈会　□家访

□家长茶话会　□趣味运动会　□学校开放日　其他_____

27. 您认为影响京津冀排球传统校家校联动机制的因素有：

□具体的实施制度不完善 □方式举措单一 □缺乏家校联动机制

□学校家庭对家校联动意识薄弱 □联动内容单一 □其他＿＿＿＿＿

28. 您认为实施京津冀排球传统校家校联动的措施：

□纳入学校学期工作计划 □制定完善的政治制度

□设立家校联动专项经费 □指定具体工作人员负责

□开展形式多样的活动 □其他＿＿＿＿＿

(健美操传统校教师填写)健美操传统校联动方面：

29. 您近三年(2015—2017 年)参加健美操培训的次数是：

□0 次 □1～3 次 □4～6 次 □7～9 次 □10 次及以上

30. 您认为健美操培训其教学训练的意义：

□非常有意义 □较有意义 □有意义 □没意义 □非常没意义

31. 您是否愿意自费参加健美操培训：

□会 □不会 □视情况而定

32. 您认为影响您参加健美操培训的因素有：

□培训内容不合理、缺乏实用性

□学校制度不合理,课务繁重、培训时间少

□学校管理层对培训重视程度不够 □内容枯燥,没有兴趣

□培训水平较低 □组织机构良莠不齐,培训走过场

33. 您对京津冀健美操传统校协同发展联动机制构建的态度：

□非常有必要 □较有必要 □有必要 □没必要 □非常没必要

34. 你认为本次调查：

□非常有意义 □较有意义 □一般 □没意义 □非常没意义

～～问卷到此结束,再次感谢您参与本次调查！～～

附件2-3-2:京津冀排球传统项目学校家校协同发展联动机制的调查问卷(家长)

尊敬的家长:

您好! 目前正在做京津冀体育传统项目学校协同发展联动机制的研究,现对京津冀学校排球协同发展相关问题进行调查。

您的宝贵意见对本研究的顺利进行非常重要,我们将对您的回答严格保密,请填写您的真实观点。感谢您的支持和帮助!

课题组

2017 年 8 月

填写说明:请在合适选项前的"□"上划"√";如遇"____"请填写;

1. 您的学历:

□小学 □初中 □高中 □大专 □本科 □研究生及以上

2. 您的职业是:

□农民 □工人 □自由职业 □公务员 □专业技术人员(医生、教师) □其他

3. 您对孩子学习排球:□非常支持 □较支持 □支持 □不支持 □非常不支持

4. 您每周与孩子沟通排球相关内容的频率:

□0 次 □1~2 次 □3~4 次 □4 次以上

5. 您是否愿意和排球教练沟通:

□非常愿意 □较愿意 □愿意 □不愿意 □非常不愿意

6. 您每月与体育教师沟通的频率:

□0 次 □1~2 次 □3~4 次 □4 次以上

7. 您认为家长参与学校教学活动的合作:

□非常有意义 □较有意义 □有意义 □没有意义 □非常没有意义

8. 您认为排球传统校家校联动对学生的发展:

□非常有必要 □较有必要 □有必要 □没必要 □非常没必要

9. 您对孩子在学校参与排球活动的情况:

□从不了解 □偶尔了解 □了解 □较了解 □非常了解

10. 您认为建立排球传统校家校联动：

□非常有必要　□较有必要　□有必要　□没必要　□非常没必要

11. 您认为孩子学习排球的目的是(可多选)：

□学习排球知识　□增强身体素质　□应付考试　□娱乐

□培养心理素质　□其他

12. 您与体育教师沟通的方式是(可多选)：

□电话联系　□微信或者QQ　□邮件　□家访　□家长会

□手机短信　□到学校与老师进行交流　□其他

13. 您愿意参与的排球传统校家校联动的组织形式有(可多选)：

□家校交流会　□举办亲子排球赛　□学校访谈会　□家访　□家长茶话会

□趣味运动会　□学校开放日　□其他

～～问卷到此结束,再次感谢您参与本次调查！ ～～

附件三　京津冀体育传统项目学校名单

截至 2016 年 12 月,京津冀国家级和省(市)级体育传统项目学校名单。

1. 北京市体育传统项目学校名单(共 238 所)

(1)北京市国家级体育传统项目学校名单(共 26 所)

地区	学校名称	体育传统项目					
东城区	北京市景山学校	排球	游泳				
东城区	北京市东直门中学	田径	篮球				
东城区	北京市第二十二中学	篮球	乒乓球				
东城区	北京市第一七一中学	田径	篮球	排球	游泳		
东城区	北京市汇文中学	田径	游泳				
东城区	北京市东城区史家胡同小学	健美操	游泳	篮球			
西城区	北京市第八中学	田径	乒乓球				
西城区	北京师范大学附属实验中学	排球	田径	游泳	高尔夫球		
西城区	北京市第四中学	篮球	游泳				
西城区	北京师范大学第二附属中学	排球	乒乓球				
西城区	北京市第六十六中学	乒乓球	健美操				
朝阳区	北京市第八十中学	田径	篮球				
海淀区	北京市第一〇一中学	田径	排球	健美操			

续表

地区	学校名称	体育传统项目						
海淀区	清华大学附属中学	田径	篮球	射击				
海淀区	中国人民大学附属中学	田径	篮球	足球	游泳	乒乓球	武术	健美操
海淀区	北京市育英学校	篮球	游泳					
海淀区	北京理工大学附属中学	田径	排球	棒球	垒球			
海淀区	北京市八一学校	田径	足球	武术	健美操	定向运动	游泳	
丰台区	北京市第十二中学	田径	排球	棒球	足球			
石景山区	北京市第九中学	田径						
通州区	北京市通州区潞河中学	田径						
顺义区	北京市顺义区第一中学	田径	篮球	羽毛球	足球	健美操		
顺义区	北京市顺义区牛栏山第一中学	田径	篮球	羽毛球	游泳	足球		
昌平区	北京市昌平区第二中学	田径						
密云区	北京市密云区第二中学	田径	篮球					
职教体协	北京市大兴区第一职业学校	足球						

（2）北京市省（市）级体育传统项目学校名单（共212所）

地区	学校名称	体育传统项目		
东城区	北京市第十一中学	篮球		
东城区	北京市第一六六中学	田径	篮球	
东城区	北京市东城区培新小学	田径		

续表

地区	学校名称	体育传统项目				
东城区	北京市第二十五中学	篮球				
东城区	北京市第二十七中学	排球				
东城区	北京市第二中学分校	篮球	乒乓球			
东城区	北京市第五十中学	田径	篮球			
东城区	北京市第五十四中学	足球				
东城区	北京市第五十五中学	田径	排球	健美操		
东城区	北京市第五中学	田径	篮球	乒乓球	武术	
东城区	北京市第六十五中学	田径	排球			
东城区	北京市东城区安外三条小学	田径	足球	健美操		
东城区	北京市第二中学	篮球	乒乓球	健美操		
东城区	北京市东城区史家小学分校	乒乓球				
东城区	北京市东城区灯市口小学	田径	篮球			
东城区	北京市东城区地坛小学	足球				
东城区	北京市第一中学	田径				
东城区	北京市东城区师范学校附属小学	足球	篮球	健美操		
东城区	北京市东城区府学胡同小学	排球	乒乓球	健美操	跆拳道	
东城区	北京光明小学	田径				
东城区	北京市广渠门中学	篮球	排球	乒乓球		

地区	学校名称	体育传统项目				
东城区	北京市东城区和平里第三小学	武术				
东城区	北京市东城区和平里第四小学	田径	篮球			
东城区	北京市东城区和平里第一小学	篮球				
东城区	北京市东城区景泰小学	田径				
东城区	北京市龙潭中学	篮球				
东城区	北京市东城区什锦花园小学	排球				
东城区	北京市东城区体育馆路小学	篮球				
东城区	北京市东城区西中街小学	足球	排球			
东城区	北京第一师范学校附属小学	田径	武术			
东城区	北京市第五中学分校	田径	篮球	乒乓球	武术	
东城区	北京市文汇中学	田径				
东城区	北京市第一零九中学	田径				
西城区	北京市第三十五中学	篮球	游泳			
西城区	北京市铁路第二中学	排球				
西城区	北京第二实验小学	田径	篮球	游泳		
西城区	北京市西城区宏庙小学	田径	篮球			
西城区	北京市西城区育民小学	排球				
西城区	北京市西城区师范学校附属小学	田径				

续表

地区	学校名称	体育传统项目				
西城区	北京市西城区黄城根小学	排球				
西城区	北京市西城区进步小学	足球				
西城区	北京市西城区西单小学	棒球				
西城区	北京市西城区奋斗小学	排球	游泳			
西城区	北京市回民学校	足球				
西城区	北京市第十五中学	田径	篮球	定向运动		
西城区	北京师范大学附属中学	田径	篮球			
西城区	北京第一实验小学	篮球				
西城区	北京市宣武师范学校附属第一小学	足球				
西城区	北京市西城区登莱小学	足球				
西城区	北京市西城区实验小学	乒乓球				
西城区	北京市宣武回民小学	足球				
西城区	北京小学	田径	游泳	乒乓球		
西城区	北京市育才学校	篮球	棒球	垒球	手球	定向运动
西城区	北京市第一五九中学	游泳	足球			
西城区	北京师范大学亚太实验学校	游泳				
西城区	北京市第四十四中学	篮球	乒乓球			
西城区	北京市三帆中学	乒乓球	排球			

续表

地区	学校名称	体育传统项目					
西城区	北京市第一六一中学	田径					
朝阳区	首都师范大学附属实验学校	篮球	田径	曲棍球			
朝阳区	北京市朝阳区第二实验小学	田径					
朝阳区	北京市朝阳区呼家楼中心小学	垒球	射箭				
朝阳区	北京市第二外国语学院附属中学	田径					
朝阳区	北京市第九十四中学	田径					
朝阳区	北京市陈经纶中学	田径	篮球	游泳	健美操	棒球	
朝阳区	北京工业大学附属中学	田径	篮球	排球	武术		
朝阳区	北京市朝阳区白家庄小学	排球					
朝阳区	北京市朝阳区望京南湖东园小学	足球					
朝阳区	清华大学附属中学朝阳学校	排球					
朝阳区	东北师范大学附属中学朝阳学校	篮球	田径				
朝阳区	北京市三里屯一中	足球					
朝阳区	北京市第十七中学	射箭					
朝阳区	华中师范大学第一附属中学朝阳学校	棒球	垒球				
海淀区	北京市第二十中学	田径	健美操				
海淀区	北京市海淀区中关村第一小学	田径	篮球	排球	健美操		
海淀区	北京市海淀区中关村第三小学	篮球	排球	跆拳道			

续表

地区	学校名称	体育传统项目				
海淀区	首都师范大学附属中学	篮球				
海淀区	北京市中关村中学	田径	篮球	武术	乒乓球	
海淀区	北京农业大学附属中学	田径				
海淀区	中国人民大学附属小学	足球	乒乓球	游泳		
海淀区	北京市海淀区翠微小学	篮球	足球			
海淀区	北京交通大学附属中学	田径	篮球	棒球	垒球	羽毛球	定向运动
海淀区	北京航空航天大学实验学校	田径	排球	乒乓球	羽毛球	
海淀区	北京市海淀实验小学	排球	垒球			
海淀区	北京市海淀区万泉小学	棒球	武术			
海淀区	北京市六一中学	武术				
海淀区	首都师范大学附属育新学校	棒球	网球			
海淀区	北京市海淀区五一小学	田径	篮球	跆拳道		
海淀区	北京市海淀区七一小学	游泳	健美操			
海淀区	北京市第十九中学	垒球	手球	定向运动	田径	
海淀区	北京实验学校(海淀)	游泳				
海淀区	北京市第四十七中学	足球				
海淀区	北京市知春里中学	垒球				
海淀区	北京市海淀实验中学	篮球	乒乓球	游泳		

续表

地区	学校名称	体育传统项目				
海淀区	北京市海淀区万泉河小学	乒乓球	武术	游泳		
海淀区	北京科技大学附属中学	定向运动				
丰台区	北京市第十八中学	乒乓球	足球			
丰台区	北京市第十中学	田径	足球			
丰台区	北京市大成学校	棒球	篮球			
丰台区	北京市丰台区师范学校附属小学	棒球	跆拳道	游泳		
丰台区	中国教育科学研究院丰台实验学校	棒球	垒球			
丰台区	北京市首都师范大学附属丽泽中学	田径	篮球	跆拳道	游泳	
丰台区	北京大学附属小学丰台分校	棒球				
丰台区	北京市海淀区实验小学丰台分校	棒球				
丰台区	北京市第十二中学洋桥学校	足球				
丰台区	中央民族大学附属中学丰台实验学校	田径				
丰台区	北京市丰台区和义学校	曲棍球				
丰台区	北京市赵登禹学校	田径				
丰台区	北京市丰台区东铁匠营第一中学	跆拳道				
石景山区	北京市苹果园中学	田径	排球			
石景山区	北京市京源学校	田径	足球			
石景山区	北方工业大学附属中学	田径				

续表

地区	学校名称	体育传统项目				
石景山区	北京市石景山区古城第二小学	田径	篮球			
石景山区	北京市石景山区六一小学	田径				
门头沟区	北京市大峪中学	田径				
门头沟区	首都师范大学附属中学永定分校	田径				
门头沟区	北京市门头沟区黑山小学	田径				
门头沟区	北京市门头沟区新桥路中学	足球	健美操			
门头沟区	北京市门头沟区大峪第二小学	田径				
门头沟区	北京市大峪中学分校	田径	篮球	武术		
门头沟区	北京市第二实验小学永定分校	足球	跆拳道	乒乓球		
门头沟区	北京市门头沟区军庄中心小学	足球				
房山区	北京市房山区阎村镇阎村中心小学	田径	足球	乒乓球	武术	
房山区	北京师范大学良乡附属中学	田径	篮球			
房山区	北京市房山区韩村河镇韩村河中心小学	田径	乒乓球			
房山区	北京房山区韩村河中学	田径	足球			
房山区	北京市房山区房山中学	田径				
房山区	北京市房山区实验中学	田径				
通州区	北京市通州区运河中学	田径	篮球			
通州区	北京市通州区第六中学	田径				

续表

地区	学校名称	体育传统项目				
通州区	北京市通州区东方小学	田径	乒乓球			
通州区	北京市通州区后南仓小学	田径				
通州区	北京市通州区宋庄镇中心小学	田径				
通州区	北京市通州区潞县镇中心小学	田径				
通州区	北京教育科学研究院通州区第一实验小学	田径				
通州区	北京市通州区第二中学	田径	篮球			
通州区	北京市通州区第三中学	足球	篮球	排球		
通州区	北京市通州区第四中学	田径				
通州区	首都师范大学附属中学（通州校区）	排球				
顺义区	北京市顺义区第二中学	田径	篮球	足球	健美操	
顺义区	北京市顺义区杨镇第一中学	田径	篮球	乒乓球	羽毛球	
顺义区	北京市顺义区第九中学	田径	篮球	足球		
顺义区	北京市牛栏山一中实验学校	田径	篮球	羽毛球	足球	游泳
顺义区	北京市顺义区仁和中学	田径	足球	羽毛球	健美操	
顺义区	北京市顺义区杨镇第二中学	田径	篮球	乒乓球	足球	羽毛球
顺义区	北京市顺义区东风小学	田径	篮球	游泳		
顺义区	北京市顺义区杨镇中心小学校	田径	足球	篮球	跆拳道	
顺义区	北京市顺义区木林中心小学校	田径	篮球	羽毛球		

续表

地区	学校名称	体育传统项目				
顺义区	北京市顺义区第八中学	篮球				
顺义区	北京市顺义区双兴小学	田径	足球	篮球	羽毛球	
顺义区	北京市顺义区第三中学	足球	篮球			
顺义区	北京市顺义区第五中学	足球	篮球	健美操		
昌平区	北京市昌平区城北中心小学	田径	定向运动			
昌平区	北京市昌平区马池口中心小学	田径				
昌平区	北京市昌平区前锋学校	田径				
昌平区	北京市昌平第二实验小学	乒乓球				
昌平区	北京市昌平区第一中学	足球	篮球			
昌平区	北京少林武术学校	武术	跆拳道			
昌平区	北京市昌平区百善学校	篮球	健美操			
昌平区	首都师范大学附属回龙观育新学校	排球	武术			
昌平区	北京市昌平区东小口中心小学	足球				
昌平区	北京市第十五中学南口学校	棒球				
大兴区	北京市第二中学亦庄学校	跆拳道				
大兴区	北京市第十四中学大兴安定分校	田径	足球			
大兴区	北京市大兴区第七中学	田径				
大兴区	北京师范大学大兴附属中学	田径				

续表

地区	学校名称	体育传统项目				
大兴区	北京市大兴区第一中学	田径	游泳			
大兴区	北京市大兴区庞各庄镇第二中心小学	田径				
大兴区	北京市大兴区兴华中学	田径				
大兴区	北京市大兴区第三中学	足球				
平谷区	北京市平谷中学	田径	篮球	健美操		
平谷区	北京实验学校	田径				
平谷区	北京师范大学附属中学平谷第一分校	足球				
平谷区	北京市平谷区第三中学	田径				
平谷区	北京市平谷区第七小学	武术				
怀柔区	北京市怀柔区第一小学	田径	乒乓球			
怀柔区	北京市怀柔区实验小学	乒乓球				
怀柔区	北京市怀柔区第一中学	田径	篮球	健美操		
怀柔区	北京市怀柔区第二中学	田径				
怀柔区	北京市怀柔区第四中学	田径				
怀柔区	北京市怀柔区第三中学	田径	篮球			
密云区	密云区第五中学	田径				
密云区	密云区不老屯镇中心小学	田径				
延庆区	延庆区第五中学	田径	篮球			

地区	学校名称	体育传统项目				
延庆区	延庆区第一中学	田径	足球			
延庆区	延庆区康庄中心小学	足球				
延庆区	延庆区第七中学	足球				
职教体协	北京一轻高级技术学校	排球	乒乓球	健美操		
职教体协	北京电子信息高级技工学校	足球	篮球			
职教体协	首钢技师学院	田径	足球	篮球		
职教体协	北京市应用高级技工学校	篮球				
职教体协	北京市市政管理学校	足球				
职教体协	北京市电气工程学校	田径				
职教体协	北京国际艺术学校	武术	健美操			
职教体协	北京市实美职业学校	田径	篮球			
职教体协	北京市实验职业学校	田径	篮球			
职教体协	北京市财会学校	田径	篮球	健美操		
职教体协	北京市黄庄职业高中	田径				
职教体协	北京市信息管理学校	田径				
职教体协	北京市昌平职业学校	足球	篮球			
职教体协	北京市门头沟区中等职业学校	篮球	健美操			
职教体协	北京市房山职业学校	健美操				

续表

地区	学校名称	体育传统项目				
职教体协	北京市房山区第二职业高中	田径	篮球			
职教体协	北京市怀柔区职业学校	田径	篮球			
职教体协	北京市求实职业学校	田径	篮球			
职教体协	北京市国际职业教育学校	田径	篮球	乒乓球		
职教体协	北京市密云区职业学校	田径	武术			
职教体协	北京市经济管理学校	篮球				
职教体协	北京商贸学校	篮球	乒乓球			
职教体协	北京市环境与艺术学校	篮球				
职教体协	北京市商业学校	排球				
职教体协	北京水利水电学校	排球				
职教体协	北京铁路电气化学校	篮球				

2. 天津市体育传统项目学校名单（共 222 所）

（1）天津市国家级体育传统项目学校名单（共 22 所）

地区	学校名称	体育传统项目			
宝坻区	宝坻区第四中学	篮球	乒乓球		
北辰区	华晨学校	田径	健美操		
北辰区	天穆小学	游泳			
滨海新区	汉沽第一中学	田径			
滨海新区	大港沙井子学校	篮球			

续表

地区	学校名称	体育传统项目			
滨海新区	塘沽第二中学	田径			
滨海新区	塘沽第一中学	田径	篮球		
东丽区	东丽中学	田径			
和平区	昆鹏小学	乒乓球			
和平区	天津市第一中学	田径			
河北区	五十七中学	篮球			
河东区	第六中学	田径			
河东区	五十四中学	足球			
河西区	南楼中学	排球			
河西区	土城小学	足球			
红桥区	红桥区第八十中学	田径	篮球		
蓟州区	蓟州区马伸桥镇初级中学	田径			
津南区	津南区实验小学	田径			
津南区	咸水沽第三中学	田径			
静海区	静海区瀛海中学	田径			
南开区	南开大学附属中学（原43中学）	排球			
南开区	天津市第25中学	篮球			

（2）天津市省（市）级体育传统项目学校名单（共200所）

地区	学校名称	体育传统项目						
宝坻区	宝坻区第一中学	田径	篮球					
宝坻区	顺驰小学	田径						
宝坻区	新安镇第一初级中学	田径						
宝坻区	大口屯镇第一中心小学	田径	篮球					
宝坻区	景苑小学	乒乓球						
宝坻区	海滨小学	田径						
宝坻区	大屯口镇初级中学	田径						
宝坻区	宝坻第二中学	篮球						
宝坻区	新开口镇初级中学	田径						
北辰区	宜兴埠第三小学	足球						
北辰区	苍园小学	田径						
北辰区	东堤头中学	足球						
北辰区	朱唐庄中学	田径						
北辰区	96中学	排球						
北辰区	青光中学	足球	乒乓球	排球				
北辰区	南仓中学	足球	篮球					
北辰区	实验小学	游泳	乒乓球					
滨海新区	渤海石油第一中学	排球						

续表

地区	学校名称	体育传统项目							
滨海新区	塘沽第六中学	乒乓球	田径						
滨海新区	汉沽第六中学	田径							
滨海新区	汉沽第八中学	足球							
滨海新区	汉沽第九中学	篮球							
滨海新区	大港第二中学	田径							
滨海新区	大港第四中学	田径	排球	武术	足球				
滨海新区	大港第九中学	排球							
滨海新区	大港油田实验中学	篮球							
滨海新区	大港油田第一中学	篮球	排球						
滨海新区	大港油田第四中学	足球							
滨海新区	天津开发区第一中学	排球							
滨海新区	塘沽第二中心小学	排球							
滨海新区	桂林路小学	足球							
滨海新区	浙江路小学	田径							
滨海新区	汉沽体育场小学	篮球							
滨海新区	汉沽河西第一小学	田径							
滨海新区	大港上古林小学	田径							
滨海新区	大港油田三号院小学	武术							

续表

地区	学校名称	体育传统项目							
滨海新区	天津开发区第一小学	排球							
东丽区	东丽区职业教育中心学校（原刘辛庄中学）	田径							
东丽区	天津市第一百中学	田径	篮球						
东丽区	天津市军粮城中学	篮球							
东丽区	天津市四合庄中学	田径							
东丽区	东丽区苗街小学	足球							
东丽区	东丽区实验小学	田径	曲棍球						
东丽区	钢管小学	足球							
东丽区	军粮城小学	篮球							
东丽区	金钟小学	足球							
东丽区	丽泽小学	乒乓球	棒球						
东丽区	振华里小学	足球							
东丽区	刘台小学	篮球							
东丽区	滨瑕小学	足球							
东丽区	华明小学	武术	足球	田径					
东丽区	津门小学	篮球							
东丽区	鉴开中学	田径	篮球						
东丽区	华明中学	田径							

续表

地区	学校名称	体育传统项目					
和平区	第二南开中学	田径					
和平区	二十一中学	乒乓球	田径				
和平区	五十五中学	田径					
和平区	岳阳道小学	排球	乒乓球				
和平区	和平区中心小学	足球	游泳				
和平区	昆明路小学	田径	足球				
和平区	天津市实验小学	游泳	田径				
和平区	新华南路小学	足球					
和平区	耀华小学	游泳					
和平区	万全小学	田径					
和平区	二十中附属小学	田径					
和平区	鞍山道小学	田径					
和平区	益中学校	田径					
河北区	第十四中学	田径	羽毛球	游泳			
河北区	扶轮中学	羽毛球	篮球				
河北区	七十八中学	排球					
河北区	增产道小学	篮球	排球				
河北区	天津市第二中学	乒乓球	游泳	田径			

293

续表

地区	学校名称	体育传统项目					
河北区	红光中学	排球	篮球	足球			
河北区	扶轮小学	游泳	田径	足球			
河北区	光明小学	体操	篮球	田径			
河北区	昆明路第一小学	田径					
河北区	靖江路小学	武术	篮球				
河北区	红星路小学	足球					
河北区	天泰小学	田径	足球				
河北区	金沙江小学	足球	田径				
河北区	兴华小学	足球	篮球				
河北区	育婴里小学	乒乓球	足球				
河东区	第八十二中学	女足					
河东区	第七中学	田径	足球				
河东区	第一○二中学	足球	田径				
河东区	华英中学	篮球	田径	足球			
河东区	四十五中学	篮球	田径	足球			
河东区	第二中心小学	田径	击剑	足球			
河东区	河东区缘诚小学	足球	篮球				
河东区	街坊小学	乒乓球	足球				

续表

地区	学校名称	体育传统项目						
河东区	实验小学	足球	田径	篮球	乒乓球			
河东区	福东小学	击剑						
河东区	香山道小学	足球	田径					
河东区	中心东道小学	田径	篮球					
河东区	三十二中学	篮球	田径					
河西区	滨湖小学	足球						
河西区	上海道小学	田径						
河西区	东楼小学	游泳						
河西区	梅江中学	足球						
河西区	实验中学	田径						
河西区	三水道小学	田径						
河西区	水晶小学	田径						
河西区	微山路中学	田径						
河西区	湘江道小学	乒乓球						
红桥区	天津市第三中学	田径	篮球					
红桥区	天津市第五十一中学	田径						
红桥区	天津市第五中学	足球						
红桥区	师范附属小学	足球						

续表

地区	学校名称	体育传统项目						
红桥区	天津市复兴中学	田径						
红桥区	民族中学	田径	篮球					
红桥区	工人新村小学	田径						
红桥区	洪湖里小学	排球						
红桥区	佳宁里小学	足球						
红桥区	佳园里小学	篮球						
红桥区	实验小学	足球						
红桥区	瑞景中学	田径						
红桥区	跃进里小学	篮球	乒乓球					
红桥区	红星职专	篮球						
蓟州区	邦均中学	田径						
蓟州区	城关第二中学	篮球	田径					
蓟州区	桑梓镇桑梓中心小学	篮球						
蓟州区	东二营初级中学	田径						
蓟州区	桑梓镇桑梓初级中学	篮球						
蓟州区	第八小学	篮球						
蓟州区	城关第六小学	篮球						
蓟州区	第一小学	乒乓球	田径					

地区	学校名称	体育传统项目						
蓟州区	白塔子初级中学	田径						
蓟州区	侯家营镇初级中学	田径						
蓟州区	罗庄子镇初级中学	篮球						
蓟州区	下窝头镇初级中学	田径						
蓟州区	渔阳中学	篮球						
蓟州区	第一中学	篮球						
蓟州区	下仓中学	田径						
津南区	咸水沽第一中学	篮球						
津南区	葛沽实验小学	篮球	田径					
津南区	白塘口联合小学	足球						
津南区	小站实验小学	乒乓球						
静海区	大邱庄中学	田径						
静海区	独流中学	田径						
静海区	静海区第一中学	篮球						
静海区	实验小学	篮球						
静海区	大邱镇津海小学	篮球	田径					
静海区	第六小学	乒乓球						
静海区	第四小学	田径						

续表

地区	学校名称	体育传统项目							
静海区	独流镇第二小学	田径							
静海区	第二中学	田径							
静海区	双塘镇中学	篮球							
静海区	蔡公庄镇中学	田径							
静海区	大邱庄万全小学	田径							
南开区	华夏小学	田径							
南开区	天津大学附属中学（原109中学）	足球	田径						
南开区	天津市崇化中学（原31中学）	篮球	足球	武术					
南开区	天津市第50中学	田径	射击	篮球					
南开区	天津市第43中学（原74中学）	篮球	田径	垒球					
南开区	天津市南开中学	篮球							
南开区	天津市南开区风湖里小学	田径							
南开区	天津市南开科技实验小学（原黄河道小学）	排球	足球	武术					
南开区	南开小学	乒乓球	武术	足球					
南开区	华宁道小学	排球							
南开区	中营小学	足球	篮球	排球	棒球	田径	击剑	游泳	乒乓球
南开区	水上小学	足球							
南开区	咸阳路小学	足球	垒球	举重					

地区	学校名称	体育传统项目						
南开区	第9中学	田径	乒乓球					
宁河区	桥北新区第一小学	田径						
宁河区	芦台第五中学	田径	篮球					
宁河区	大北涧沽镇中学	田径						
宁河区	东棘坨镇中学	田径						
宁河区	芦台一中	田径	篮球					
宁河区	芦台二中	足球						
武清区	王庆坨镇初级中学	篮球	乒乓球					
武清区	杨村第二中学	篮球						
武清区	杨村第三中学	田径	篮球					
武清区	杨村第四中学	田径	篮球	乒乓球				
武清区	王庆坨镇光明小学	乒乓球						
武清区	城关镇城关小学	田径						
武清区	王庆坨镇胜利小学	乒乓球						
武清区	杨村第十小学	篮球	田径					
武清区	杨村第四小学	篮球						
武清区	杨村街第二小学	网球						
武清区	上马台镇中心小学	田径						

续表

地区	学校名称	体育传统项目					
武清区	杨村街上朱庄育才小学	田径					
武清区	崔黄口镇初级中学	田径					
武清区	城关镇初级中学	田径					
武清区	杨村第五中学	田径	篮球				
武清区	徐官屯街初级中学	田径					
武清区	曹子里镇初级中学	篮球					
武清区	杨村第一中学	篮球	田径	乒乓球			
武清区	杨村九小	篮球					
西青区	付村中学	田径					
西青区	九十五中学	篮球					
西青区	杨柳青一中	篮球	田径	乒乓球			
西青区	张家窝中学	田径	篮球				
西青区	中北第二小学	田径					
西青区	师大三附小	田径					
西青区	大柳滩小学	田径					
西青区	工大附小	田径					
西青区	南北口雅爱中心小学	乒乓球					
西青区	辛口镇中心小学	足球					

地区	学校名称	体育传统项目						
西青区	富力中学	田径						
西青区	杨柳青第三中学	篮球						

3.河北省体育传统项目学校名单(共198所)

(1)河北省国家级体育传统项目学校名单(共19所)

地区	学校名称	体育传统项目		
石家庄市	石家庄市第二中学	篮球	田径	
石家庄市	石家庄市第十五中学	排球	田径	
石家庄市	石家庄市东风西路小学	田径		
邯郸市	邯郸市第四中学	田径		
邯郸市	河北省邯郸市第一中学	篮球	足球	田径
邢台市	邢台市第一中学	田径	篮球	
邢台市	河北省邢台市沙河市第二中学	足球		
保定市	保定市第二中学	乒乓球		
保定市	保定市第七中学	举重	篮球	
唐山市	唐山市第十六中学	田径	篮球	
唐山市	河北省唐山市第四十九中学	田径		
秦皇岛市	秦皇岛市第一中学	田径		
衡水市	衡水中学	田径		
承德市	河北省隆化存瑞中学	篮球	田径	

续表

地区	学校名称	体育传统项目		
承德市	河北省承德市平泉市 河北蒙古族高级中学	毽球		
张家口市	张家口市第一中学	田径	健美操	
廊坊市	霸州市第一中学	田径		
沧州市	沧州市第一中学	篮球	田径	
辛集市	河北辛集中学	田径		

（2）河北省省（市）级体育传统项目学校名单（共179所）

地区	学校名称	体育传统项目				
石家庄市	河北正定中学	田径	篮球			
石家庄市	无极县武术学校	武术	散打	跆拳道		
石家庄市	河北师范大学附属小学	羽毛球	网球	棒球		
石家庄市	石家庄市第一中学	田径	排球	健美操		
石家庄市	石家庄市和平西路小学	乒乓球	田径			
石家庄市	河北平山中学	田径	足球			
石家庄市	河北平山北马冢小学	足球	田径			
石家庄市	石家庄市第十三中学	赛艇	皮划艇			
石家庄市	石家庄市第二十二中学	田径	足球	乒乓球		
石家庄市	石家庄市第二十七中学	田径	健美操			
石家庄市	石家庄市第十七中学	武术	田径			

续表

地区	学校名称	体育传统项目				
石家庄市	石家庄市师大附中	田径	游泳	篮球		
石家庄市	河北平山回舍中学	田径	足球			
石家庄市	石家庄市第十九中学	田径	射击			
石家庄市	石家庄市第六中学	足球	田径			
石家庄市	石家庄市维明路小学	足球	田径			
石家庄市	石家庄市第四中学	足球	田径			
石家庄市	石家庄市第二十四中学	篮球	田径			
石家庄市	石家庄市翟营大街小学	田径	足球			
石家庄市	石家庄市建明小学	篮球	健美操			
石家庄市	石家庄市第九中学	田径	足球			
石家庄市	石家庄外国语学校	田径	足球	武术	乒乓球	羽毛球
石家庄市	石家庄市南王小学	足球	田径			
石家庄市	石家庄市谈固小学	足球	田径			
石家庄市	新乐市第一中学	田径	健美操			
石家庄市	藁城区尚西中学	田径	篮球			
石家庄市	石家庄市范西路小学	足球	田径			
石家庄市	鹿泉区第一中学	篮球	田径			
石家庄市	井陉县微水村北方学校	田径	篮球			

续表

地区	学校名称	体育传统项目				
石家庄市	石家庄市第十六中学	田径	足球			
邯郸市	邯郸市第十中学	田径	篮球			
邯郸市	邯郸市丛台区广安小学	足球	田径			
邯郸市	邯郸市第十二中学	篮球	排球			
邯郸市	邯郸市邯山区胜利街小学	田径	乒乓球			
邯郸市	邯郸市邯山区绿化路小学	象棋	田径			
邯郸市	邯郸市复兴区人民小学	乒乓球	足球			
邯郸市	邯郸市复兴区岭南路小学	篮球	田径			
邯郸市	邯郸市丛台区实验小学	乒乓球	田径			
邯郸市	邯郸市邯山区实验小学	田径	篮球			
邯郸市	邯郸市第二十七中学	田径	足球			
邯郸市	邯郸市邯山区兴华小学	足球	田径			
邯郸市	邯郸市丛台区展览路小学	篮球	田径			
邯郸市	永年区十中	乒乓球	武术			
邯郸市	大名县一中	田径	篮球			
邯郸市	邯郸市汉光中学	田径	篮球			
邯郸市	邯郸市永安中学	田径	篮球			
邯郸市	邯郸市邯山区南关小学	乒乓球	田径			

续表

地区	学校名称	体育传统项目				
邯郸市	邯郸市第十一中学	国际象棋	乒乓球			
邯郸市	邯郸市育华中学	田径	篮球			
邯郸市	磁县一中	田径	篮球			
邯郸市	河北工程大学附属学校	足球	田径			
邯郸市	邯郸市邯山区渚河路小学	田径	足球			
邢台市	邢台市第五中学	田径	篮球			
邢台市	威县第二中学	足球	毽球			
邢台市	巨鹿县第二中学	排球	足球			
邢台市	隆尧县第一中学	篮球	田径			
邢台市	临西县实验中学	跆拳道	篮球	田径	排球	
邢台市	平乡县第一中学	篮球	田径			
邢台市	清河县长江小学	田径	毽球			
邢台市	邢台市第二中学	田径	篮球			
邢台市	邢台市第三中学	田径	篮球			
邢台市	邢台市第四中学	田径	足球			
邢台市	邢台市第六中学	田径	足球			
邢台市	邢台市第八中学	排球	田径	篮球		
邢台市	邢台市第十九中学	田径	篮球			

续表

地区	学校名称	体育传统项目			
邢台市	邢台市第二十三中学	武术套路	田径		
邢台市	临城中学	田径	篮球		
邢台市	邢台市逸夫小学	田径	跳绳		
邢台市	邢台市马路街小学	田径	足球		
邢台市	邢台市金华实验小学	田径	足球		
邢台市	临城县第二小学	毽球	跳绳		
邢台市	南和县北关学校	田径	毽球		
邢台市	邢台市南大郭小学	田径	足球		
保定市	保定市第一中学	足球	田径		
保定市	保定市第三中学	田径	篮球		
保定市	河北保定外国语学校	篮球	田径		
保定市	河北保定师范附属学校	国际象棋	篮球		
保定市	保定市乐凯小学	游泳	篮球	乒乓球	
保定市	保定市前卫路小学	足球	田径		
保定市	保定市第三中学分校	田径	足球		
保定市	保定市天鹅小学	乒乓球	田径		
保定市	保定市乐凯中学	田径	篮球		
保定市	保定市红星路小学	田径	足球		

续表

地区	学校名称	体育传统项目			
保定市	徐水小学	田径	乒乓球		
保定市	高碑店市东环路小学	武术	乒乓球		
保定市	安国市实验中学	足球	田径		
保定市	安新县实验中学	田径	篮球		
保定市	定兴县西高里乡西高里村小学	乒乓球	田径		
保定市	河北省蠡县中学	田径	篮球		
保定市	徐水区第二中学	田径	篮球		
保定市	保定市前进小学	篮球	足球		
保定市	保定市新市场小学	游泳	足球		
保定市	保定市址舫头小学	足球	篮球		
保定市	保定市东马池小学	足球	空竹		
保定市	保定市沈庄小学	足球	田径		
唐山市	唐山市师范附属小学	田径	足球		
唐山市	唐山市第八中学	田径	健美操	排球	
唐山市	唐山市第十中学	田径	篮球		
唐山市	唐山市第十一中学	田径	排球	篮球	健美操
唐山市	唐山开滦第一中学	田径	乒乓球		
唐山市	唐山路北区西山路小学	田径	排球		

续表

地区	学校名称	体育传统项目				
唐山市	唐山路北区荣华道小学	田径	乒乓球			
唐山市	唐山路北区机场路小学	田径	足球			
唐山市	唐山市北区第五十四中学	田径	足球			
唐山市	唐山迁安市第三初级中学	田径	篮球			
唐山市	唐山古冶区第三中学	田径	羽毛球			
唐山市	唐山丰南区银丰学校	田径	篮球			
唐山市	唐山丰润区杨官林镇石佛林小学	田径	篮球			
唐山市	唐山滦南县胡各庄初级中学	田径	举重			
唐山市	唐山滦南县滦南一中	田径	篮球			
唐山市	唐山玉田县林南仓中学	田径	篮球			
唐山市	唐山玉田一中	田径	足球	乒乓球	网球	跆拳道
唐山市	唐山曹妃甸镇新立小学	田径	篮球			
唐山市	唐山曹妃甸第三完全小学	田径	乒乓球			
唐山市	唐山乐亭县第三实验小学	田径	篮球			
唐山市	唐山乐亭县姜各庄初级中学	田径	篮球			
唐山市	唐山滦县三中	田径	篮球			
唐山市	唐山滦县龙山初级学校	田径	篮球			
唐山市	唐山汉沽第一中学	田径	篮球			

续表

地区	学校名称	体育传统项目				
秦皇岛市	秦皇岛市新世纪高级中学	田径	篮球			
秦皇岛市	秦皇岛山海关区第三中学	田径	柔道	举重		
秦皇岛市	秦皇岛市第七中学	田径	足球			
秦皇岛市	秦皇岛北戴河育花路小学	乒乓球	足球			
秦皇岛市	昌黎县汇文第二中学	田径	篮球			
秦皇岛市	秦皇岛市第十中学	田径	篮球			
秦皇岛市	秦皇岛海港区建国路小学	田径	足球			
秦皇岛市	抚宁区第一中学	田径	篮球			
秦皇岛市	秦皇岛开发区第一中学	田径	游泳			
秦皇岛市	卢龙县第三实验小学	田径	乒乓球			
秦皇岛市	青龙县马圈子中学	田径	排球			
衡水市	深州市乔屯乡南网头中学	田径	篮球			
衡水市	衡水市第六中学	田径	射击			
衡水市	衡水市第五中学	田径	篮球			
衡水市	衡水市第二中学	田径	篮球			
衡水市	武邑县第二中学	田径	篮球			
衡水市	故城县坛村中学	田径	乒乓球			
衡水市	景县龙华镇中心小学	足球	篮球			

续表

地区	学校名称	体育传统项目			
衡水市	景县龙华镇中学	田径	篮球		
承德市	承德市宽城县第三中学	摔跤	篮球		
承德市	承德市第二中心	田径	篮球		
承德市	承德市营子区滨河路小学	羽毛球	篮球		
承德市	承德市平泉市第二中学	田径	篮球		
承德市	承德市兴隆县北营房中学	举重	田径		
承德市	承德市双滦区民族小学	田径	足球		
承德市	承德市滦平县第三小学	田径	足球		
承德市	承德市围场县第二中学	田径	篮球		
承德市	承德市隆化县第二中学	田径	篮球		
承德市	承德市双滦区第一小学	乒乓球	足球		
承德市	承德市丰宁县第二中学	田径	篮球		
张家口市	张家口市桥西区南菜园小学	足球	田径		
张家口市	张家口市桥东区铁路斜街小学	足球	田径		
张家口市	张家口市桥东区回民小学	足球	田径		
张家口市	张家口市宣化区第四中学	足球	田径		
张家口市	张家口市第十六中学	足球	田径		
张家口市	张家口市宣化区阁西街小学	足球	田径		

续表

地区	学校名称	体育传统项目			
张家口市	张家口市第五中学	田径	篮球		
张家口市	张家口市第七中学	足球	排球		
张家口市	张家口市第二十一中学	足球	田径		
廊坊市	霸州市第五小学	田径	篮球		
廊坊市	廊坊市第七中学	健美操	乒乓球		
廊坊市	霸州市开发区小学	乒乓球	篮球		
廊坊市	霸州镇范家坊完全小学	田径	篮球		
廊坊市	廊坊市第五中学	健美操	篮球		
廊坊市	三河市第七中学	篮球	田径		
廊坊市	三河市燕郊中学	足球	田径		
沧州市	沧州市第二中学	篮球	足球	武术	
沧州市	河北黄骅中学	田径	篮球		
沧州市	华北油田第二中学	田径	排球	游泳	
沧州市	沧州市第三中学	田径	篮球	足球	
沧州市	沧县中学	田径	篮球		
沧州市	沧州市第十中学	田径	篮球		
沧州市	沧州市迎宾路小学	田径	武术	足球	
沧州市	沧州市新华小学	田径	篮球	武术	

续表

地区	学校名称	体育传统项目				
沧州市	沧州市第二实验小学	田径	篮球	足球		
沧州市	沧州市中宇小学	田径	篮球	武术		
定州市	定州市中心实验小学	田径	乒乓球			
定州市	定州中学	田径	篮球			
辛集市	辛集市第一中学	田径	篮球			
辛集市	辛集市信德中学	篮球	武术			